Über das Buch

Täter vor Gericht: Strafverteidiger Bernd Hesse kennt und erzählt ihre Geschichten vom Ausgangspunkt an und in allen Verästelungen. Wahre Kriminalfälle aus dem Bereich des »Organisierten Verbrechens« und dem Rotlichtmilieu, der Doppelmord eines Jurastudenten an seinen Eltern, die Tat eines geständigen Mörders, die Zweifel aufkommen lässt an der Wahrheit seines Geständnisses. Spannende Lektüre, die in tragische Verwicklungen »ganz normaler Bürger« und in seelische Abgründe blicken lässt.

Über den Autor

Bernd Hesse wurde 1962 in Bad Saarow geboren. Nach Schulzeit, Abitur und Ausbildung arbeitete er als Rohrleitungsmonteur für Erdölanlagen. Er studierte Jura an der Freien Universität Berlin und promovierte zum Dr. iur. Nach einem Studium der Kulturwissenschaften mit Schwerpunkt Literaturwissenschaft/Linguistik promovierte er zum Dr. phil. Er betreibt eine Rechtsanwaltskanzlei in Frankfurt (Oder) sowie in Berlin, ist als Strafverteidiger tätig und Lehrbeauftragter der Juristischen Fakultät der Europa-Universität Viadrina Frankfurt (Oder). Neben einer Vielzahl juristischer Publikationen veröffentlichte er die Kriminalromane »Rubel, Rotlicht und Raketenwerfer« und »Wodka, Weiber, Wasserleiche«. Im Verlag Das Neue Berlin erschien die Sammlung authentischer Kriminalfälle »Die Hinrichtung«.

Bernd Hesse

DURCH DIE HÖLLE

Wahre Kriminalfälle

Das Neue Berlin

Inhalt

Sieben Leben

Das Testament

Paulina Persokeit saß in einem bequemen, alten Ohrensessel, vor sich auf dem Tisch ein Fläschchen und ein Glas sowie ein paar Dokumente.

Es hätte das mit dem Leben in Einklang stehende Bild einer würdig in die Jahre gekommenen älteren Dame sein können, das sich dem Betrachter bot, wenn da nicht die ohnehin nur noch schlecht sehenden Augen gewesen wären, die zusammengekniffen die vor ihr liegenden »Schuldscheine« fixierten. Paulina rechnete zufrieden die Beträge zusammen, die sie von ihren Schuldnern, auch der angeheirateten Verwandtschaft, eintreiben lassen würde. Mit runzeliger, zittriger Hand schenkte sie sich ein Glas ein, um gleich besser schlafen zu können. Es war kein »guter Tropfen«; für so etwas war sie nicht bereit, extra Geld auszugeben. Ein Goldbrand aus dem kleinen Dorfladen tat es auch. Einen guten Schnaps hatte sie zuletzt getrunken, als sie den alten Architekten eingewickelt hatte, der ihr das Haus herrichten sollte. Aber nachdem er seine Schuldigkeit getan hatte, gab es keinen Grund mehr, für irgendjemanden einen besonderen Tropfen bereitzuhalten.

Natürlich würden diese Schnorrer angekrochen kommen, wenn sie sie einlüde. Aber darauf konnten die lange warten. Sie hatte sogar den großen Tisch wieder aus dem Haus entfernen lassen, damit niemand auch nur auf die

Idee käme, sich bei ihr einzuladen. Sie kam nicht auf den Gedanken, dass sich freiwillig niemand zu ihr einladen würde.

Ihre meist abendlichen Gäste wollten unerkannt bleiben und kamen im Schutze der Dunkelheit. Niemand gab öffentlich zu, einer ihrer Schuldner zu sein, und dennoch standen so viele mit ihr im Bunde.

Kurz überlegte die alte Persokeit, ob sie das Auto nicht doch noch in die Garage fahren sollte, bevor es jemand stehlen könnte. Sie entschied sich dagegen. Es war ja nicht ihr erster Schnaps gewesen, und es war schon dunkel. Das fehlte ihr noch, dass sie versehentlich mit dem Auto in den nahen See abrutschte und wie eine Katze aus einem Wurf, den niemand haben wollte, ersaufen würde! Da würden sich viele ihrer Schuldner aber freuen, wenn sie verreckte. Diese Freude würde sie ihnen nicht bereiten.

Als sie nun die Dokumente in dem sehr alten und hübsch anzusehenden Sekretär verschloss, spürte sie, wie die kurze Freude, die sie beim Rechnen empfand, erlosch. Ein verzerrtes Lächeln zeichnete sich auf ihrem Gesicht ab, als sie darüber nachdachte, wie viele von diesen einfältigen Menschen in diesem ungeliebten Dorf von ihr abhängig waren. Die waren alle nicht in der Lage, alleine zu wirtschaften und zu leben. Sie brauchte niemanden weiter, um glücklich zu sein. Bei diesem Gedanken schüttelte sie unmerklich den Kopf. Nein, glücklich, das war auch sie nicht. Aber was war das schon, dieses »Glück«? Ein flüchtiger Moment, ohne den es sich auch leben ließ. Sollten diese anderen Kreaturen sich doch etwas vormachen, ihre Fratzen auf Fotos oder diesen neumodischen Selfies zu einem Lächeln verziehen – sie kannte die wirklichen Gesichter dahinter, wenn sie zu ihr kamen und bettelten. Da lächelte keiner.

Sie sinnierte, dass sie eigentlich nie in dieses idyllisch im Oderbruch gelegene Dorf gehört hatte. Aber wer gehört schon wirklich in ein Dorf, der dort nicht geboren und aufgewachsen ist? Das kann vielleicht eine zweite Generation bewerkstelligen.

Dafür war sie hier im Dorf in aller Munde, und das verschaffte ihr ein wenig Genugtuung. Es freute sie, wenn die Leute im kleinen Dorfladen anfingen zu tuscheln, sobald sie eintrat, sich aber niemand getraute, sie direkt anzusprechen. Das wünschte sie auch nicht. Und die angetrunkenen Bauern am Stehtisch in der Ecke des Ladens, mit denen wollte sie offiziell auch nichts zu tun haben. Wenn sie ihre Wirtschaft mal wieder schlecht geführt hatten, ein weiteres Balg ins Haus stand, etwas am Haus gerichtet werden musste oder nur mal ein Wunsch in Erfüllung gehen sollte, den sie sich nicht leisten konnten, und Geld benötigten, das ihnen keine Bank mehr bereit war zu geben, dann kämen sie schon angekrochen.

Paulines Vater, Ottmar Persokeit, war durch die Kriegswirren nach Brandenburg gelangt und hatte festgestellt, dass man auf dem Land nicht so sehr hungerte wie in der Stadt. Er nahm sich eine junge Frau, deren Mann im Krieg gefallen war, zeugte eine Tochter und faulenzte herum. »Das Land ist viel zu schön, um es zu bearbeiten«, meinte er immer. Als man ihn aus dem Dorf vertrieb, hatte die Mutter Paulina, ein widersetzliches und nur aufs Geld schielendes Kind, dem faulen und genauso dem Hang zum Gelde verfallenen Vater gleich mit an die Hand gegeben. Der Vater schaute sich – gut sechs Jahrzehnte war das her, aber was bedeutet das in einem Dorfe schon! – im nächsten Ort nach einem der größeren Häuser um und wurde fündig: Das Staroski-Haus verhieß eine gute Partie.

Nach einiger Zeit heiratete Ottmar die Tochter eines der reichsten Bauern des Dorfes, Gudrun Staroski. Sie hatte einen spät geborenen Bruder, der zu dieser Zeit noch ein Kind war. Gudruns Vater warnte vor dieser Verbindung mit einem Tagedieb und Taugenichts. Wann je hätten verliebte junge Mädchen auf derlei Warnungen der Eltern gehört?

Der Standesunterschied zwischen Ottmar Persokeit und Gudrun wurde scheinbar aufgehoben, als die Landwirtschaftliche Produktionsgenossenschaft gegründet wurde. Die Ländereien von Gudruns Vater weckten die Begehrlichkeiten der LPG. Gudruns Vater war mit seinem Eintritt in die LPG zwar nicht enteignet worden, denn er hatte ja einen Genossenschaftsanteil, aber dass jemand sein Land je zurückbekäme, schien ausgeschlossen.

Gudruns Vater verstarb und niemand hielt es für nötig, sie und den viel jüngeren Bruder überhaupt noch als Erben von Land, dessen Gemarkungen kaum einer mehr kannte, in die Grundbücher eintragen zu lassen. Der Grundstücksverkehr selbst war in diesem Teil des Landes nahezu zum Erliegen gekommen. Der alte Staroski blieb auch nach seinem Tode im Grundbuch stehen.

Gudruns und Ottmars Ehe blieb kinderlos, und so schien es Gudrun auch nur recht, in den Achtzigerjahren zusammen mit ihrem Mann ein Testament aufzusetzen, wonach Ottmars Tochter Paulina Persokeit nach dem Letztverstorbenen alles alleine erbe. Von diesem Testament erzählte Gudrun ihrem Bruder, dem sowieso sein Teil vom Land des Vaters zustand, nichts, da sie mit ihrem Erbteil ja machen könne, was sie wollte, und für Paulina hatte es zunächst wenig Bedeutung: Das Land war von der LPG vereinnahmt worden und der wirtschaftliche Wert des zwar großen, aber ebenso alten Bauernhauses tendierte gegen null. In den Orten des Oderbruchs, in denen ebenso große Häuser standen, wurden diese mittlerweile zur Betreibung von Kindergärten, Dorfläden, Klubhäusern und Ähnlichem genutzt. So konnten wenigstens einige Mittel für die Instandsetzung dieser Gebäude gewonnen werden.

Das alte Staroski-Haus, das von den Einheimischen auch heute noch so genannt wird, obwohl die Persokeits einige Jahrzehnte lang darin gewohnt hatten, verfiel nach und nach. Nur die allernotwendigsten Reparaturen wurden durchgeführt. Für mehr waren weder Geld noch Mittel da, geschweige denn Fleiß des neuen Hausherrn.

Das Haus hätte insbesondere wegen der Feuchtigkeitsschäden grundlegend saniert werden müssen. Die Instandsetzung war zu DDR-Zeiten kein leichtes Unterfangen. Um die notwendigen Arbeiten realisieren zu können, brauchte man Verwandte und Freunde. Von den Staroskis wollte Ottmar Persokeit keine Hilfe annehmen. Er schaffte es sowieso sein Lebtag, sich mit allen Menschen zu überwerfen, ausgenommen mit seiner Tochter Paulina, die jedoch ihrerseits wenig von ihrem Vater und noch weniger von der Stiefmutter Gudrun wissen wollte. So gab es für das immer weiter verfallende Haus keine Hilfe; es schien seinem Ende entgegenzugehen.

Paulina hasste das Dorf, das nach Moder riechende Haus, die im Dorfe lebenden Menschen und ihre Lebensweise. Sie strebte nach Höherem, worunter sie Ansehen, eine nicht in körperlicher Arbeit bestehende Beschäftigung, Geld und ein schönes, neues Haus verstand. Weshalb Menschen darauf stolz waren, etwas mit ihrer Hände Arbeit zu schaffen, das blieb ihr ewig ein Rätsel. Wenn die Verwandtschaft ihrer Stiefmutter vom Feld kam, schmutzig, geschafft und müde, dann wusste sie genau, dass das nicht die Arbeit war, die sie machen wollte. Und es war noch mehr: Paulina schaute auf diese Menschen herab. Die konnten getrost hierbleiben; sie jedoch musste weg.

Gudruns Bruder wurde sehr viel später Vater zweier Söhne, Matthias und Uwe Staroski. Sie waren mehr als eine Generation jünger als ihre Cousine Paulina, zu der sie nur selten Kontakt hatten. Matthias, der ein wenig ältere Bruder, schien eher besonnen, legte schon zeitig etwas Ehrgeiz an den Tag und musste seinen jüngeren Bruder Uwe aus vielerlei Situationen retten, in die der immer wieder hineinschlitterte. Hatte Uwe im Dorfe wieder jemanden provoziert und es stand eine Prügelei ins Haus, stand Matthias seinem jüngeren Bruder zur Seite.

Paulina hatte zum Zeitpunkt der Geburt ihrer Cousins Matthias und Uwe das Dorf längst verlassen und war gen Süden nach Frankfurt an der Oder gezogen, wo sie einen Arzt heiratete, mit dem sie einige Jahre später das Land in Richtung Westen verließ und wo Tochter Paula zur Welt kam.

Als Ottmar Persokeit verstarb, reiste Paulina Ende der Achtzigerjahre ohne ihren Mann zur Beerdigung ihres Vaters in den Osten. Sie fuhr ihren Mercedes nicht ohne Stolz auf das, was sie aus ihrer Sicht erreicht hatte, durch das Dorf, welches sich in den Jahren nur wenig verändert hatte. Sie sah sich in ihrem Entschluss, das alles hinter sich zu lassen, nur bestätigt. Mit diesen Menschen hier hatte sie aber auch gar nichts mehr gemein. Die ließen sich vom Schicksal nur treiben, ohne ihr Leben und ihr wirtschaftliches Schicksal wirklich in die Hände zu nehmen. Ihre Verachtung für diese Menschen konnte sie nicht immer verbergen; besondere Mühe gab sie sich damit auch nicht.

Ihre Cousins Matthias und Uwe hatten die Schule bereits abgeschlossen, Matthias lernte den Beruf des Klempners und Installateurs, was ihm aufgrund seines handwerklichen Geschicks und technischen Verständnisses auch lag, und Uwe den des Agrotechnikers, mit dem er sich nicht so recht anfreunden konnte. Die beiden Jungen schlichen, nicht unbemerkt von ihrer alten Cousine, häufig um deren Mercedes C-Klasse-Modell herum, was ihrer Eitelkeit schmeichelte.

Zu Paulinas Verwunderung traf zur Beisetzung das halbe Dorf ein. Nachdem Ottmar unter die Erde gebracht worden war, begriff sie, dass alle Besucher nur ihrer Stiefmutter Gudrun Trost und ein paar nette Worte spenden wollten. Über Paulinas Vater Ottmar verlor selbst bei dieser Gelegenheit kaum einer ein gutes Wort. Nur der Trauerredner sprach von einem liebevollen Ehemann und Vater, von einem Bauern, der geachtet worden sei und seinen Platz in der Dorfgemeinschaft gefunden hatte. Einige der Trauergäste mussten sich bei dieser Rede ein Lächeln verkneifen.

Die engere und weitere Verwandtschaft traf sich nach der Beisetzung in dem unansehnlichen Bauernhaus.

Paulina konnte mit ihrer Meinung nicht hintern Berg halten: »Das Klingelschild habt ihr zwar sehr schön beschriftet, aber ansonsten sieht es traurig aus!«

Während der Feier hörte Paulina, wie Gudruns Bruder seiner Schwester anbot, mit seinen beiden Jungen am Haus zu helfen. Matthias könne die Wasserinstallation erneuern.

»Jetzt ist das doch möglich, oder?«, fragte er seine Schwester.

»Das wäre schön. Gerade oben am Giebel, da müsste was gemacht werden. Da kommt der Regen durch. Das Holz darunter ist schon morsch.«

»Das habe ich gesehen. Das bekommen wir schon hin.«

»Da fällt mir ein Stein vom Herzen. Ja, und die Wasser- und Abwasserleitungen müssten auch erneuert werden. Ein paar Jahre möchte ich hier schon noch leben«, sagte Gudrun und blickte dankbar zu ihrem Bruder.

»Ehrensache! Es ist doch unser Vaterhaus.«

Dass dereinst Paulina dieses Haus erben würde, davon ahnten weder er noch seine Jungen etwas. Paulina verfolgte interessiert das Gespräch zwischen den Geschwistern und war nicht abgeneigt, wenn diese etwas zur Wertsteigerung ihres künftigen Erbes beitrügen.

Am Abend zeigte Paulina Fotos von spanischen Stränden und ihrem Ferienhaus an der dortigen Küste. Bewundernd schauten die Gäste die Bilder an und reichten sie weiter.

»Warum ist denn dein Mann auf den Bildern nicht zu sehen?«, erkundigte sich Gudrun. »Der hat wohl immer fotografiert?«

Paulina schüttelte den Kopf. »Die Bilder hat meist Paula gemacht. Mein Mann hat so viel Arbeit in der Klinik und dann hier noch einen Kongress und da noch einen Vortrag, da konnte er nicht mit nach Spanien reisen.«

»Ihr macht getrennt Urlaub?«, stellte Gudruns Bruder mehr fest, als dass er fragte.

»Das ist bei uns völlig üblich«, erklärte Paulina.

»Bei uns auch«, erwiderte Gudruns Bruder grinsend, »wenn man den anderen satt hat.«

Es folgte ein Streit über Urlaub, den man im Westen, und solchen, den man im Osten machte, über zugeteilte Urlaubsplätze in Urlauberheimen der DDR und Reisefreiheit und individuelle Urlaubsgestaltung im Westen.

Das konnte aber nicht verhindern, in Matthias und Uwe beim Anblick der Strände das Fernweh zu wecken. Es blieb Paulina nicht verborgen.

»Wenn ihr rüberkommt«, bot sie ihnen an, »könntet ihr euch um dieses Haus kümmern, nach dem Rechten sehen und in Spanien Urlaub machen.«

Gudruns junger Bruder fuhr dazwischen: »Du spinnst! Die Jungs sollen das Risiko auf sich nehmen, in den Westen abzuhauen, für Jahre in den Knast zu gehen, um bei dir den Hausmeister zu spielen?«

Paulina schüttelte mit dem Kopf. »Wenn ihr Staroskis zu dumm seid, eine Chance zu erkennen und zu ergreifen, dann tut es mir leid.«

Sie blickte ihre Cousins an, sah in Matthias' blaue, gütig wirkende Augen, und die nach ihrer Meinung verschlagenen kleinen Iltisaugen von Uwe, deutete auf Matthias und erklärte: »Eigentlich brauche ich nur den. Der scheint ja der Tüchtigere von beiden zu sein.«

Erzürnt gab Gudruns Bruder zurück: »Meine Jungs lasse ich nicht auseinanderdividieren. Die Persokeits sind vor fast dreißig Jahren hier nur mit dem, was sie am Leibe trugen, und einem Koffer eingefallen und haben jetzt Land und Haus meiner Eltern.«

Paulina nickte. »Was meine Ansicht nur bestärkt, dass die Persokeits gewiefter sind als die Staroskis. Aber«, meinte sie sich umschauend, »so weit ist's mit dem Haus ja auch nicht mehr her und das Land, na ja, das hat nun eure LPG.«

Als Paulina am nächsten Morgen in ihren Benz stieg, um abzureisen, musste sie sehen, dass der Stern auf der Motorhaube abgebrochen war und nur noch ein kleiner Stummel emporlugte. Sie stieg aus und fluchte.

»Solche Vandalen!«, schimpfte sie. »Hier im Osten wissen die Eigentum nicht zu schätzen.«

»Im Westen werden auch die Sterne geklaut«, hielt Uwe dagegen.

Paulina schaute ihn giftig an. »Das habt ihr wohl in eurem Schwarzen Kanal über den Westen gehört?«

Nun war es Matthias, der entgegnete: »Bei Böll gelesen, in ›Frauen vor Flusslandschaft‹.«

Es schwang Erstaunen in der Stimme, als sie fragte: »Du liest?«

Die Gruppe blickte zu Matthias, der das mit einer Art entschuldigender Geste und einem »Hm« bestätigte. Ein wenig sonderbar erschien er der Familie schon.

Gudrun, ihr Bruder und die beiden Jungen gingen dichter ans Auto, um das Malheur zu betrachten.

Paulina blickte ihren jungen Cousins abwechselnd in die Augen, entschied sich für Uwe und schrie diesen an: »Du warst das, Staroski! Von dir bekomme ich den Schadensersatz.«

»Lass meinen Jungen aus dem Spiel!«, forderte sein Vater.

Matthias protestierte für beide Brüder: »So was machen wir nicht!«

Und auch Gudrun stand ihnen zur Seite: »Paulina, von der Familie macht doch so was keiner!«

»Das ist mir eine feine Familie. Ich habe jetzt auch noch den ganzen Ärger mit der Versicherung.«

Matthias ging dicht an das Fahrzeug heran und betrachtete den Rest des Sternenfußes. Kenntnisreich gab er zum Besten: »Der das gemacht hat, hat nicht Böll gelesen. Dort wird kräftig gegen den Stern geschlagen und dieser herausgedreht. So bekommt man den ganzen Stern heraus. Hier hat jemand mit Gewalt am Stern gehebelt, bis der an der Sollbruchstelle nachgab.«

Paulina schüttelte den Kopf. »Bedienungsanleitungen für Diebe schreiben und dafür noch den Nobelpreis kassieren! Das ist ja abartig! Wer Böll liest, der kann auch gleich im Osten bleiben. Dafür habe ich keinerlei Verständnis.«

Nachdem Paulina abgefahren war, nahm Uwe seinen Bruder beiseite und zog etwas aus seiner Hosentasche. Stolz präsentierte er den in der Sonne glänzenden Mercedes-Stern.

Als Paulina einige Zeit nach ihrer Reise vom Verhältnis ihres Mannes mit einer jüngeren Arzthelferin erfuhr, ließ sie über ihren Anwalt einen Scheidungsantrag einreichen. Parallel zum Scheidungsverfahren einigten sich die Eheleute durch eine notarielle Scheidungsfolgenvereinbarung darauf, dass Paulina das Haus, in dem sie wohnte, und eines der Ferienhäuser an der spanischen Küste erhielt. Und da gab es noch ein kleines Detail: Die Tochter Paula, die es ja auch noch gab, die durfte der Vater behalten.

Nach dem Fall der Mauer kehrte Paulina ins Oderbruch zurück, kaufte sich in Dorfnähe ein einzeln stehendes Bauernhaus in bester Lage, direkt am See, ließ es mithilfe eines neuen Bekannten, eines pensionierten Architekten, wiederherrichten und trennte sich, als das Haus fertig war, wieder von ihm.

Paulina prahlte nicht mit ihrem Geld und ihren Immobilien. Alle wussten, dass sie es zu einem ansehnlichen Vermögen gebracht hatte. So war sie nicht abgeneigt, dem ein oder anderen Bauern, dem die Banken keine Kredite mehr gewährten, finanziell unter die Arme zu greifen, wenn er Hilfe benötigte. Sie nahm als Sicherheit neben Bürgschaften und Belastungen von Grundstücken auch Familienschmuck, Jagdwaffen, Fahrzeugbriefe mit Zweitschlüsseln und so mancherlei anderes Erlaubtes und auch andere Dinge entgegen. Die Zinsen, die sie sich versprechen ließ, waren überhöht, aber die Bittsteller hatten keine Wahl.

Die von Uwe betriebene Landwirtschaft geriet in Zahlungsschwierigkeiten; auch hier half sie aus. Als er seine erste Rate zurückzahlen wollte, zog die Alte zusätzlich 200 Euro ab. Auf Uwes Frage, was das solle, antwortete sie: »Für den abgebrochenen Mercedes-Stern damals, nebst Zinsen für zwanzig Jahre.«

Uwe hatte immer wieder Probleme, die Pacht für die Ländereien zu zahlen, die er hinzupachten musste, um die Landwirtschaft wirtschaftlich betreiben zu können. Ohne die von seiner Tante Gudrun zu Familienpreisen gepachteten Flächen wäre es sowieso nicht rentabel gewesen.

Matthias und Uwe kümmerten sich weiter um das Haus ihrer Tante Gudrun und um die Tante selbst, als sie ein Pflegefall wurde. Sie änderte aus Dankbarkeit das Testament, welches zunächst nur Paulina bedacht hatte, zugunsten ihrer Neffen. Als sie starb, gab es einen langwierigen und kostspieligen Rechtsstreit um Gudruns Erbe. Sie hätte nach dem Tod ihres Ehemannes das ursprüngliche gemeinschaftliche Testament nicht mehr einseitig zu Paulinas Lasten ändern dürfen.

Paulina erbte Haus, Hof und den Acker ihrer Stiefmutter, wie es im ursprünglichen Testament niedergeschrieben war. Dabei handelte es sich um die Ackerflächen, die Uwe unbedingt benötigte. Die Pachtverträge mit Uwe kündigte Paulina jedoch mit sofortiger Wirkung, und sicherheitshalber sandte sie auch noch ordentliche Kündigungen der Landpachtverträge hinterher, um das Land an eine Agrargesellschaft verkaufen zu können, die einen anderen Pächter auf dem Land nicht duldete. Diese Kündigungen hätten wieder den wirtschaftlichen Untergang des Landwirtschaftsbetriebes bedeutet. Also verklagte diesmal Uwe seine Cousine. In diesem erneuten Rechtsstreit wurde festgestellt, dass Paulina die Pachtverträge nicht ohne Weiteres hätte kündigen dürfen. Die außerordentlichen Kündigungen wurden kassiert, jedoch blieben die Kündigungen rechtens und in der Welt, die mit ordentlicher Kündigungsfrist ausgesprochen worden waren. Folglich war es nur eine Frage der Zeit, wann Uwe das ursprünglich von Tante Gudrun gepachtete Land zurückgeben musste; die Uhr tickte.

Nun musste auch Matthias wegen des Ausfalls mehrerer Zahlungen eines Großkunden bei der Cousine um einen Kredit bitten. Der Ärger mit Uwe war für sie kein Grund, um auf das Geschäft mit Matthias zu verzichten, den sie von den beiden Brüdern ohnehin immer vorgezogen hatte.

Die Alte hatte all die Unterlagen, auch die zu ihren Neffen, wieder im Sekretär verschlossen. Sie erhob sich aus ihrem Sessel. Es war spät geworden. Mit schweren, müden Beinen ging sie eine Etage hinauf in ihr Schlafzimmer. Bevor sie in einen leichten Schlaf hinabtauchte, dachte sie kurz darüber nach, ob es nicht doch besser gewesen wäre, das Fahrzeug in die Garage zu fahren.

Sie wusste nicht, wie spät es war, als sie wieder erwachte. Das Bett war noch nicht warm. Lange konnte sie nicht geschlafen haben.

Was war das? Ein Geräusch, das nicht in das Haus passte. Wach war sie ohnehin. Da konnte sie auch gleich nachschauen, was es da gab. Einbrecher? Das würde hier keiner wagen. Und wenn doch, denen würde sie schon Beine machen. Sicher war es wieder ein Iltis oder so ein komischer Nager, der sich im Dachstuhl des Hauses eingenistet hatte.

Sie stand auf und machte sich auf die Suche. Das konnte es doch nicht geben! Da stand ein großer Mann in Handschuhen und mit einer lächerlich wirkenden Skimaske über dem Kopf.

»Was machen Sie denn hier? Aber raus aus meinem Haus!« Beherzt ging sie auf den Mann zu. »Ich spreche mit Ihnen. Antworten Sie gefälligst! Was soll diese Scharade?

Von wegen ›Ihnen‹«, meinte sie, die Augen zusammenknei-
fend, »ich weiß ganz genau, wer du bist! Du siehst selbst in
dieser Verkleidung lächerlich aus.«

Der Einbrecher stand nur wortlos da und wusste nicht,
was er nun machen sollte.

Die Alte stellte sich dicht vor den großen Mann und
musste sich ziemlich recken, um ihm die Maske vom Kopf zu
reißen. »Wusste ich's doch, der …«

Der Mann griff den Hals der Alten und drückte zu.
Drückte immer noch zu, als ihre Beine schon wichen.

Das Beispiel »Jauchegrube-Fall«

Am Ende der bepackten Arbeitswoche in verschiedenen Gerichten des Landes ging es wieder zu unserem Kanzleisitz in
Frankfurt an der Oder. Ein Blick auf das Smartphone verriet,
dass meine Mandantin Frau Wuschich eigentlich schon seit
fünf Minuten einen Beratungstermin bei mir hatte.

Als ich die Tür aufschloss, rief mir unsere Rechtsanwalts-
fachangestellte Doreen ein »Guten Morgen!« entgegen, ohne
mich schon gesehen zu haben, so als ob wir in einem Wett-
kampf um das erste Grußwort stünden.

»Guten Morgen!«, entgegnete ich munter und warf vom
Flur einen ersten Blick in den Empfangsbereich des Büros.
Als ich Doreens Haltung und Gesichtsausdruck sah, er-
gänzte ich sogleich: »Alles klar?«

Unserer Rechtsanwaltsfachangestellten verschlägt nichts
so schnell die Sprache. Jedoch musste sie sich einen kurzen
Augenblick sammeln. Sie winkte mich heran und mir war
klar, dass sie wie immer strikt darauf achtete, dass nicht ein
Mandant Kenntnis von den anderen in der Kanzlei bearbei-
teten Fällen bekam.

Fast im Flüsterton teilte sie mir mit: »Du bekommst vielleicht eine neue Mordsache. Gleich nach deinem Termin

kommt die Mutter des Beschuldigten vorbei. Da konnte ich was verschieben. Ein junger Mann soll die angeheiratete Tante ermordet haben. Irgendwie gleich mehrfach …« Sie verzog den Mund und zuckte, den Inhalt ihrer Aussage selbst bezweifelnd, mit den Schultern.

»Also erst ein Mordversuch und dann ein Mord?«

»Nein. Mehrere Taten.«

»Ah, wie beim ›Mord im Orient-Express‹. Zwölf Täter und jeder sticht einmal zu?«, forschte ich, angesichts des unverfänglichen Themas in die übliche Stimmlage übergehend, weiter.

»Nein, nur ein Täter.«

»Ich fand das bei Agatha Christies Buch immer sehr interessant, aber auch unglaubwürdig.«

»Wir haben aber nur einen Täter und mehrere Tathandlungen.«

»Da wollte aber jemand auf Nummer sicher gehen. Reizender Neffe.«

»Quatsch. So nicht! Der hat irgendwie geglaubt, dass er die Tante schon umgebracht hatte, und wollte nur die Leiche verschwinden lassen. Dabei ist sie dann aber in Wirklichkeit erst gestorben.«

»Ah, der Jauchegrube-Fall«, schoss es mir über die Lippen.

»Wie?«, erkundigte sich Doreen mit erhobener Stimme. »Das hört sich ja eklig an. Man könnte glauben, da gibt's einen obersten Rat von Juristen, in dem ausgekungelt wird, wie man einem Fall den fiesesten Namen verpassen kann.«

Ich bekam aus dem Augenwinkel mit, dass sich meine wartende Mandantin weit vorlehnte, um den Anlass der Empörung mitzubekommen.

»Ein Klassiker aus den ersten Semestern des Jurastudiums«, entgegnete ich, »jemand erwürgt eine Frau und beseitigt sie anschließend in der Jauchegrube. Was er nicht weiß, ist, dass sie nur bewusstlos war und er sie erst durch das Hineinwerfen in die Jauchegrube getötet hat.«

»So war's doch mit einem der Staroski-Jungen«, mischte sich Frau Wuschich ungefragt in unser Gespräch ein. Da wir nicht darauf reagierten, fuhr unsere Mandantin fort: »Na, haben Sie das nicht in der Zeitung gelesen? Der Staroski-Matthias hat doch seine eigene Cousine erst erwürgt, dann erschlagen, erstochen, ersäuft, zerstückelt und verbrannt.«

Wir blickten zu Frau Wuschich, die in unser Schweigen Zweifel an ihrer Schilderung interpretierte und ihren Vortrag nun zu bekräftigen suchte.

»Also die war ja auch wirklich zäh, die Alte. Es ist traurig, und so spricht man nicht über eine Tote, das ist mir klar. Aber gemocht hat die niemand im Dorf. So viel ist erst mal sicher.«

»Kein Grund, jemanden abzuschlachten«, kommentierte Doreen.

»Richtig, richtig«, gab Frau Wuschich zu. »Aber die hat Geld zu Höchstzinsen verliehen und sich das Land zur Sicherheit überschreiben lassen, obwohl sie mit der Landwirtschaft überhaupt nichts am Hut hatte. Wenn man den Staroski-Matthias nicht gleich als Täter ausfindig gemacht hätte, wären es viele Bauern in der Umgebung gewesen, die ein plausibles Motiv gehabt hätten, sie zu ermorden. Den anderen Staroski-Jungen, den Uwe, hätte sie durch die Wegnahme des Landes beinah in die Insolvenz getrieben. Der stand kurz davor, seinen Landwirtschaftsbetrieb dichtmachen zu müssen. Und Vater ist der Uwe jetzt auch noch mal geworden. Die Familie wäre ruiniert gewesen. Und nun hatte sie sich darangemacht, den Matthias plattzumachen.«

Ich hatte kein Motiv, Frau Wuschich zu unterbrechen. Auch wenn die Hälfte der Erzählung ausgedacht war oder der dörflichen Legendenbildung entsprang, war ich für jede Information dankbar, die ich schon vor dem ersten Gespräch mit der Mutter meines Mandanten erhielt.

Frau Wuschich fuhr fort: »Sie können mir glauben, dass keiner um die Cousine eine Träne vergießt.«

»Und wie hatte Uwe seine Landwirtschaft vor der Insolvenz noch retten können?«, wollte ich wissen.

»Na, der hat nun von der Erbin der Paulina, deren einziger Tochter Paula, das Land zur Pacht angeboten bekommen. So hat er es nicht wieder zurück, aber kann es wenigstens bewirtschaften.«

»Bei dem jetzt Inhaftierten war es ähnlich?«, erkundigte ich mich.

»Der hat einen gut gehenden Klempnerbetrieb. Sie wissen schon …«

Nein, ich wusste nicht. Noch nicht. Aber Frau Wuschich würde uns gleich aufklären.

»Der soll durch die Insolvenz eines größeren Bauträgers, für den er schon in Größenordnungen die Sanitärinstallation erledigt hatte, in Schwierigkeiten geraten sein. Hatte sich an die alte Paulina gewandt, und dann kam es zum Streit.«

»Und nun geht der Klempnerbetrieb des Festgenommenen den Bach hinunter?«

»Nein! Da kümmert sich jetzt der Uwe drum; neben seiner Landwirtschaft.«

»Und weshalb«, erkundigte ich mich, »geht man bei den vielen Motiven, die auch andere gehabt haben könnten, davon aus, dass dieser Matthias Staroski der Täter sein soll?«

Frau Wuschich schaute mich an, als ob ich ein wenig begriffsstutzig wäre. »Na, weil die Kripo ihn festgenommen hat und sie es im Dorf erzählen.«

Natürlich! Da hätte ich selber draufkommen können.

Beim Beratungsgespräch mit Frau Wuschich beeilte ich mich, damit sie in der Kanzlei nicht mit der ihr offensichtlich bekannten Mutter des Matthias Staroski zusammentraf.

Gleich nachdem ich Frau Staroski begrüßt hatte, ließ sie mich wissen, dass ihrem Sohn bereits ein Anwalt als Pflichtverteidiger beigeordnet worden war und er daneben auch noch einen »Staranwalt« beauftragt hatte, der ihm aus der BILD-Zeitung bekannt war.

»Da scheint Ihr Sohn anwaltlich doch gut vertreten«, erklärte ich ihr in dem Bemühen, meine Stimme so neutral wie möglich klingen zu lassen.

»Mein Sohn sieht das anders. Da gab es neulich eine wiederholte Befragung durch einen oder mehrere Beamte. Mein Sohn hat das Gefühl, dass er da Sachen gesagt hat, die er gar nicht so meinte … aber irgendwie schon …«

»Aber er hat das Protokoll unterzeichnet?«

»Das weiß ich nicht«, antwortete die Frau.

»Und was sagen die Anwälte dazu?«, forschte ich.

»Das ist es ja. Sein Staranwalt hat sich nach Bezahlung der ersten Rechnung noch nicht blicken lassen, und der Pflichtverteidiger meinte, dass er später die Vernehmungsprotokolle lesen werde. Das sei ausreichend. Aber mir geben sie ja keine Auskunft. Das habe ich alles erst von meinem Sohn erfahren.«

»Bei der Vernehmung war keiner der Anwälte zugegen?«

Die Mutter blickte mich mit blassblauen, wässrigen Augen an. »Müssen sie ja nicht, meinten die Anwälte und auch die vernehmenden Beamten.«

»Ja klar«, nickte ich bestätigend mit dem Kopf. »Aber Sinn hätte es in der gegenwärtigen Situation schon.«

»Sagen die ja selber.«

»Ein Urteil kann ich mir in der Sache überhaupt nicht erlauben. Dazu müsste ich mir die Akte angesehen und Ihren Sohn gehört haben.«

»Dann übernehmen Sie die Verteidigung?«

»So schnell geht das nicht. Ich habe keine Lust, gegen einen anderen Wahlverteidiger zu arbeiten. Zwei Wahlverteidiger können in komplexen Verfahren Sinn haben. Aber hier liegt die Sache anders. Und wenn Ihr Sohn nicht mehr an dem zunächst beauftragten Wahlverteidiger festhalten will …«

»So habe ich's verstanden. Sie sollen das Mandat übernehmen.«

»Wenn Ihr Sohn den anderen Wahlverteidiger nicht mehr möchte, müsste er jenes Mandatsverhältnis kündigen, bevor er mich beauftragt.«

Sie nickte. »Und der Pflichtverteidiger?«

»Da, glaube ich, wird's nicht so einfach. Ich kann dem Gericht dann mitteilen, dass ich der neue Wahlverteidiger bin und für den Fall, dass ich als Pflichtverteidiger beigeordnet werde, das Wahlmandat beende, aber darauf muss sich das Gericht nicht einlassen. Irgendetwas, was das Verhältnis zum bisherigen Pflichtverteidiger so erschüttert hat, dass man davon ausgehen kann, dass das notwendige Vertrauen unüberwindbar zerrüttet ist, ist für mich jetzt erst mal nicht ersichtlich.«

»Und dass mein Sohn den Eindruck hat, dass der sich nicht genügend engagiert?«

»Das reicht nicht aus. Woran wollen Sie das festmachen? Nur daran, dass der Pflichverteidiger nicht bei den Vernehmungen dabei war? Wenn man alle Ermittlungsverfahren nimmt, ist es sogar die weitaus größere Masse, in denen Beschuldigtenvernehmungen ohne den Anwalt erfolgen. Das kann man auch im vorliegenden Fall nicht als Grund einer unüberbrückbaren Störung des Vertrauensverhältnisses heranziehen.«

»Also bleibt der alte Pflichtverteidiger?«

»Danach sieht es bisher aus.«

»Und die Kosten für Ihre Inanspruchnahme?«

»Die müsste in der vorliegenden Konstellation Ihr Sohn tragen.«

Eine Woche später stand ich am Besuchereingang der Justizvollzugsanstalt Brandenburg und wurde durch verschiedene Schleusen und Gänge in die Besucherzelle geschickt und geführt. Es ist die größte JVA im gleichnamigen Land; das älteste Gefängnis im Lande, inzwischen komplett modernisiert. Die neuen Besucherzellen sind mit den Möbeln und der Farbe wie kleine Büros gehalten. Für meinen Mandanten machte es die Sache aber nicht besser. Weder war bis zu diesem Zeitpunkt die Strafakte vom Gericht an die Kanzlei geschickt, noch war abgestimmt worden, dass wir sie in einer Geschäftsstelle abholen könnten. So war ich denkbar schlecht vorbereitet. Gleichwohl war es mir wichtig, den Mandanten so schnell wie möglich aufzusuchen.

Als der Untersuchungsgefangene Staroski in die Besucherzelle geführt wurde, war mein erster Gedanke, dass doch so kein Mörder aussehen dürfte. Er war zwar groß und kräftig, sodass er körperlich durchaus in der Lage wäre, ein Opfer zu erwürgen, aber mit seinen auffällig blauen und gütig blickenden Augen mit den Lachfältchen an den Seiten wirkte er völlig friedfertig.

Nach den Haftbedingungen gefragt, antwortete ein äußerlich gelassen wirkender Mensch: »Das geht schon alles in Ordnung.«

Er wollte offensichtlich den Eindruck vermitteln, dass er sich in sein Schicksal füge.

Völlig atypisch waren dann auch seine Angaben zur Tat.

Ja, er habe seine Tante umbringen wollen. »Nicht ganz zu Beginn, da wollte ich noch … Aber das lief dann alles aus dem Ruder.« Er stockte.

»Hm.« Ich nickte. »Was wollten Sie zu Beginn?«

»Ich wusste doch gar nicht, dass sie so einen leichten Schlaf hat. Ich war mucksmäuschenstill. Eigentlich wollte ich nur die Unterlagen klauen, meine und die all der anderen, die sie auspresste. Zur Sicherheit habe ich mir auch eine Skimaske aufgesetzt. Das hätte ich doch nicht getan, wenn ich sie von Anfang an hätte umbringen wollen.«

»Es sei denn«, widersprach ich, »Sie wollten trotz einer Mordabsicht von Ihrem eigentlichen Willen durch das Tragen einer Maske ablenken. Oder Sie trugen sie, um bei der Verwirklichung Ihres Mordplanes nicht von Dritten erkannt zu werden.«

Er überlegte nur kurz. »Könnte sein. Aber Dritte waren nicht zu befürchten. Freiwillig ist keiner zur Tante gekommen. Aber letztlich habe ich sie umgebracht, und deshalb sitze ich hier und Sie da drüben. Das hat alles seine Richtigkeit.« Mein Mandant blickte zu meiner Seite des Tisches, den Blick gesenkt, die Zähne aufeinanderbeißend.

Das sah so aus, als ob da noch etwas hinaussprudeln wollte aus ihm, was er unterdrückte. Das war nicht üblich. Kein Widerspruch, kein Rechtfertigungsversuch.

»Welche Unterlagen wollten Sie denn stehlen?«

»Die Bürgschaftsurkunde natürlich. Sie hatte mir zur Überbrückung meiner Zahlungsschwierigkeiten ein Privatdarlehen gewährt.« Er blickte sich im Raum um. »Größere Summen Geld hatte sie auch immer im Haus.« Wieder unterbrach er sich. »Letztlich hat das dann alles nicht geklappt. Sie kam dazu, ich bekam Panik und habe sie getötet.« Wieder machte er eine kleine Pause. »Aber dann hätte ich auch noch die anderen Dokumente geklaut, mit denen sie andere Leute auspresste.«

»Ihren Bruder Uwe zum Beispiel?«

Er sah mir direkt in die Augen. In seinen lag immer noch der gütige Ausdruck und auch ein wenig Traurigkeit.

»Uwe lassen Sie da mal schön raus. Dass das klar ist! Mit dem war die Alte doch schon fertig. Mein Bruder steht völlig hinter mir. Der leitet sogar meine Firma für mich weiter, während ich hier sitze.«

Ich versuchte wieder, seinen Blick einzufangen. »Alles aus reiner Bruderliebe? Oder hat er etwas gutzumachen?«

Matthias Staroski blieb ruhig. »Wie ich schon sagte. Meinen Bruder lassen Sie aus dem Spiel … Sonst entziehe ich Ihnen auch gleich wieder das Mandat.«

»Okay. Sie sind mein Auftraggeber. Aber Sie müssen es mir nachsehen, dass ich alle Möglichkeiten erwäge, um der Sache auf den Grund und Zweifeln an Ihrer Schuld nachzugehen.«

»Aber nicht in Richtung meines Bruders. Der hat mit der Sache nichts zu tun! Sie sollen mich so gut wie möglich unter der Bedingung verteidigen, dass ich Frau Paulina Persokeit umgebracht habe.«

Ich machte eine Kopfbewegung, die er als ein Nicken wertete.

»Wenn Sie schon eingebrochen und das Opfer umgebracht haben wollen, weshalb nahmen Sie dann letztlich kein Geld und die Sie betreffenden Unterlagen mit?«

»Nicht ›umgebracht haben wollen‹, sondern ›umgebracht habe‹«, korrigierte er mich. »Ja, wenn ich das wüsste. Das ging alles so schnell, und dann wollte ich nur noch irgendwie die Leiche wegbekommen, egal wie.«

»Und was geschah weiter?«, forschte ich.

»Wie weiter?«

»Na, fangen wir doch vorne an. Sie gingen also hinein ins Haus. War es offen?«

»Quatsch! Mit einem Stemmeisen habe ich eines der Wohnzimmerfenster aufgehebelt.«

»Das ging so einfach?«

»Schon. Die war ja geizig und hat bloß solche Billigdinger vom Baumarkt einbauen lassen.«

»Aber Krach hat das doch schon gemacht, oder? Sie meinten vorhin, dass Sie mucksmäuschenstill gewesen seien.«

Der Anflug eines Lächelns huschte über sein Gesicht. »Da war die Maus dann eben doch ein wenig lauter.«

»Ist Frau Persokeit dadurch wach geworden?«

»Kann schon sein. Sie kam herunter, schrie mich an und riss mir die Maske vom Kopf. Dabei schrie sie so etwas wie ›Wusste ich's doch, der Staroski‹ oder so ähnlich.«

Ich vergegenwärtigte mir die Größe des Mandanten. »Wie groß war denn das Opfer?«

Er durchschaute sofort meine Frage. »Sie musste sich schon etwas recken, um mir die Maske vom Kopf zu reißen.«

»Ihr Bruder, ist der größer oder kleiner als Sie?«

Sein Blick versteinerte wieder.

»Wie gesagt: Den lassen Sie da mal raus! Der war es ganz gewiss nicht.«

Mich beschlich das Gefühl, dass ich hier nicht weiterkommen würde, und ich beschloss, das Gespräch hinsichtlich des weiteren Tatgeschehens für diesen Tag zu beenden. So erkundigte ich mich, ob es sonst noch etwas gäbe, das ich wissen müsste.

»Bei der Vernehmung neulich, da ist einiges schiefgelaufen, glaube ich. Ich habe die Alte umgebracht. Dafür bin ich zu bestrafen. Aber für mehr als ich wirklich getan habe, möchte ich auch nicht sitzen.«

»Ihre Mutter deutete so etwas an. Was ist denn da schiefgelaufen?«

»Die hatten da bei der Kripo irgend so ein Inhouse-Seminar, da war ein Vernehmer vom BKA der Dozent. Und den haben sie mir da gleich mal vorgesetzt. Geht das denn?«

»Anders als beim Gericht haben Sie während der Ermittlungen keinen Anspruch auf das Tätigwerden bestimmter Ermittler … Wurde Ihnen für den Fall bestimmter Angaben irgendetwas zugesagt oder sonst wie versprochen? Wurde Ihnen gedroht?«

»Nein, das nicht, aber … Es war so, als ob er mir das Wort im Munde umdrehte.«

»Wie das?«

»Na ja, zuerst sagte ich, dass ich Frau Persokeit nicht umbringen wollte, weil ich da ja nur Unterlagen klauen wollte. Als ich sie dann würgte, wollte ich sie schon umbringen. Aber dann dachte ich doch, dass sie schon tot sei. Da wollte ich doch keine Leiche mehr umbringen.«

»Davon gehe ich aus.«

»Aber der Beamte meinte, dass dann, wenn ich sie erst erwürgen wollte und dann die Leiche im Auto verbrennen wollte und sie schließlich mit dem Auto in den See fahren wollte, dass ich sie dann doch die ganze Zeit umbringen wollte, egal durch welche Einzelhandlung. Es sei mir doch letztlich darauf angekommen, dass sie tot sei.«

Mit einem »Und?« animierte ich ihn fortzufahren.

»Und da sagte ich ›Ja‹. Das klang doch so auch plausibel.«

Ich nickte. »Da ging es dem vernehmenden Beamten um die Frage des Mordvorsatzes. Ist schon klar, daran wollten die nicht den Mordvorwurf scheitern lassen. Das haben die gut hingebogen.«

»Und nun?«

»An der Rechtslage wird das letztlich nichts ändern. Selbstverständlich werde ich darauf hinarbeiten, den Geschehensablauf zu zerlegen, und argumentieren, dass es zwischen den Einzelhandlungen immer eine Zäsurwirkung gab. Aber die Rechtsprechung ist in solchen Fällen recht eindeutig. Trotz aller feinen Unterschiede, die man da sonst macht, stellt man in solchen Fallkonstellationen eher auf den Erfolg des Geschehens ab, also auf die Tötung des Opfers. Und wenn da einmal eine Mordabsicht im Spiel war, schlägt diese, untechnisch gesagt, auch auf die weiteren Handlungen durch.«

»Dann ist meine Aussage gar nicht so schlimm?« Es war so, als ob eine Last von ihm fiele.

»Sie macht dem Gericht die Argumentation, dass Sie ein Mörder und nicht nur ein Totschläger oder gar nur fahrlässiger Totschläger sind, schon leichter. Aber am Ergebnis wird sie wohl wenig ändern. Abschließend kann ich mir dazu aber nur eine Meinung bilden, nachdem ich die Akte gesehen habe.«

»Kommen Sie dann noch mal vorbei?«

»Natürlich. Den genauen Tatverlauf gehen wir noch durch. Wir müssen auch das Verhandlungsverhalten durchsprechen, ob Sie sich zum Tatvorwurf einlassen wollen oder besser schweigen sollten. Wenn Sie sich zum Tatvorwurf einlassen, stellt sich die Frage, ob Sie da selbst etwas sagen möchten oder dies durch Anwaltserklärung erfolgen soll, ob auf Fragen durch die Staatsanwaltschaft oder das Gericht geantwortet werden soll und so weiter. Wir werden die Beweisaufnahme vorbereiten, die Zeugen und ihr mögliches Aussageverhalten in der Verhandlung durchgehen und das, was wir fragen wollen, worauf es uns ankommt. Das geht bis hin zum Ende der Verhandlung und Ihrem letzten Wort.«

»Hm.«

»Damit ist aber noch lange nicht Schluss. Wenn ich die Akte durchgearbeitet habe und anhand der vorliegenden Beweismittel, die dann in den Strafprozess eingeführt werden, den Verhandlungsverlauf absehen kann, können wir einschätzen, ob es zu einer Verurteilung kommen wird. Das Gericht macht es genauso. Die Anklage wird nur zur Verhandlung zugelassen, wenn das Gericht davon ausgeht, dass es zu einer Verurteilung kommt. Dann sollten wir uns überlegen, ob wir das Urteil so annehmen werden oder ein Rechtsmittel dagegen einlegen. Das sollte man ebenfalls nicht blind tun, sondern genau überlegen, was man damit erreichen kann.«

»Dann machen wir das so. Hört sich nach viel Arbeit an.«

»Das ist erst die Vorbereitung der Verhandlung, damit wir die Verteidigungsstrategie festlegen können. In der Verhandlung selbst müssen wir flexibel bleiben. Da kommt es auf das Verhalten sämtlicher Verfahrensbeteiligter an.«

Als Doreen Band für Band der Strafakte einscannte, blieb ihr genug Zeit, die Akte querzulesen. Mit ihrem Urteil über den Ausgang des Verfahrens liegt sie meist ganz dicht am später vom Gericht gefundenen Ergebnis. Ihre Einschätzung damals: »Ganz klar ein Mörder, der wird verknackt.«

Nach über tausend Seiten Aktenstudium war ich immer noch nicht geneigt, mich Doreens Ergebnis unumwunden anzuschließen.

»Versuchter Mord«, hielt ich dagegen.

Doreen schüttelte in unserer Zwei-Personen-Verhandlung den Kopf. »Und die Beschuldigtenvernehmung? Er hat doch selbst eingeräumt, dass er sie umbringen wollte.« Sie unterbrach ihre Anklage für einen kurzen Moment, um die Wirkung ihrer Kopfschüttelei zu erhöhen, und fuhr fort: »Selbst als er sie schon tot glaubte, wollte er sie weiter töten.«

»Genau da will ich ja einhaken. Klingt doch absurd, dass jemand einen Toten töten möchte, oder?«

Sie blickte mich mitleidlos an. »Kommt es darauf an, was absurd klingt, oder darauf, was dein Mandant bei der Vernehmung eingeräumt hat? Er jedenfalls hat die Mordabsicht zugegeben.«

Ich schaute sie an. »Genau diese Aussage des Mandanten wird sich als Problem herausstellen. Dass es so war, das glaube ich kaum, aber das steht nun in den Akten. Da hat der vernehmende Beamte taktisch geschickt mehr aus ihm herausgekriegt, als da zuvor drinnen war.«

»Ja, ja, deine Mandanten sind wieder einmal alle unschuldig«, spottete sie.

»Darum geht es überhaupt nicht. Aber er kann nicht für mehr verurteilt werden, als er tatsächlich begangen hat. Und das war nun mal nur ein versuchter Mord, wenn er es denn überhaupt war.«

Die letzte Bemerkung überhörte Doreen geflissentlich: »Er wollte sie doch umbringen.«

»Das eben ist fraglich«, erwiderte ich. »Aber selbst wenn man es bejaht, dann hat er es doch zunächst nicht geschafft.«

»Zunächst! Ganz genau!« Doreen nickte zur Bekräftigung ihrer Aussage. »Aber letztlich ist sie doch durch sein Handeln umgekommen.«

»Aber da dachte er doch, dass er sie schon vorher umgebracht hätte. Wenn jemand eine Leiche umbringt, dann ist das kein Mord mehr … Vielleicht Störung der Totenruhe oder so ein seltsames Delikt, aber eben kein Mord. Allenfalls, wenn er irgendwie hätte erkennen können, dass sie noch nicht tot war, dann könnte ein Totschlag oder eine fahrlässige Tötung in Betracht kommen.«

Schnippisch erklärte Doreen: »Mal sehen, ob das Gericht das auch so sieht.«

Ich fuhr fort: »Das hoffe ich ja auch. Ich befürchte aber, dass das Gericht die verschiedenen Handlungen nur als eine Art Gesamtheit ansieht, in der der Wille des Täters zur Tötung des Opfers zum Ausdruck kommt. Auf eine Differenzierung zwischen erster Tötungshandlung und weiteren Handlungen, die auf den Tod des Opfers abzielen, käme es dann überhaupt nicht mehr an.«

Die Anklageschrift flatterte für eine Mordsache ungewöhnlich schnell ins Haus. Auch sie besprach ich mit dem Mandanten. Neue Beweisanträge, die Zweifel an seiner Täterschaft begründen könnten, sollten ausdrücklich nicht eingeführt werden, da sie meist in die Richtung des Bruders führten, der im Verfahren von unserer Seite nicht benannt werden sollte. Mein Mandant wollte die Tat umfassend gestehen und auch auf Fragen des Gerichts antworten.

Mordanklagen landen in Deutschland gewöhnlich beim Schwurgericht. Das sind erstinstanzlich beim Landgericht eingerichtete Kammern, die für die Verhandlungen bei Tötungsdelikten zuständig sind.

Das Strafverfahren wurde vor dem Landgericht Frankfurt an der Oder eröffnet.

Der Mörder mit den gütigen Augen

Matthias Staroski wurde in einem der weißen, gesicherten Personentransporter mit der Aufschrift JUSTIZ von der JVA Cottbus zum Landgericht gefahren. Besondere Maßnahmen zur Sicherheit mussten nicht angeordnet werden, da angesichts seines schon außergerichtlich gezeigten Aussageverhaltens weder mit einem Befreiungs- noch mit einem Fluchtversuch, einem Versuch der Selbsttötung oder Ähnlichem zu rechnen war. Im Verhandlungssaal wurden ihm die Handfesseln abgenommen und ich begrüßte ihn.

Als das Gericht eintrat, glaubte ich in den Gesichtern der Richter, die meinem Mandanten zum ersten Mal gegenübertraten, genau den Gedanken zu lesen, der mich überkam, als ich ihm den ersten Besuch in der JVA abstattete: Wie kann ein Mensch mit so gütig wirkenden Augen töten?

Die Verhandlung wurde mit der Feststellung der üblichen Formalitäten eröffnet. Nach der Verlesung der Anklageschrift durch den Staatsanwalt ließ sich der Mandant umfassend zur Tat ein.

Auch wenn ein Täter ein Geständnis ablegt, hat das Gericht die Verhandlung durchzuführen und sich zu vergewissern, dass derjenige, der auf der Anklagebank neben seinem Verteidiger sitzt, die Tat auch wirklich begangen hat. Seine Meinung bildet sich das Gericht aufgrund in der Verhandlung eingeführter Beweismittel wie der Anhörung von Zeugen und Sachverständigen, der Verlesung von Dokumenten, der Inaugenscheinnahme von Fotos oder Videos und so weiter.

Aber das Gericht bekommt üblicherweise nur das zu sehen, was ermittelt wurde. Wenn Ermittlungen also zu frühzeitig in nur eine bestimmte Richtung geführt wurden, so birgt das die Gefahr, dass der wirkliche Täter unentdeckt bleibt. Kommt dann noch das Geständnis desjenigen dazu, kann das durchaus in einem Justizirrtum münden, das heißt, ein Unschuldiger könnte verurteilt werden.

Das Gericht kann jedoch auch eigene Ermittlungen anstellen. Im Strafprozess gelten verschiedene Grundsätze, wie zum Beispiel die der Unmittelbarkeit und der Mündlichkeit. Deshalb werden quasi die Fragen, die Gegenstand des Ermittlungsverfahrens waren, auch Gegenstand des Strafverfahrens. Dabei werden aber Vernehmungen und Gutachten nicht einfach verlesen, sondern die entsprechenden Zeugen und Sachverständigen vom Gericht gehört.

Von den Gutachten war natürlich dasjenige von besonderem Interesse, welches eine Aussage zur Todesursache traf.

Staroski erklärte, dass er ursprünglich nur bei der alten Personeit einbrechen und den »Schuldschein« stehlen wollte, der ihn betraf; vielleicht auch noch die Unterlagen zu anderen Schuldnern, aber dazu habe er sich keine konkreten Gedanken gemacht.

Als seine Cousine so forsch die Treppe hinunterlief und ihn anschrie, was er hier mache, er mit ihr reden solle, und ihm dann auch noch die Maske vom Kopf riss, da sei es mit ihm durchgegangen. Ja, da habe er sie töten wollen.

Die alte Frau lag vor ihm und atmete nicht mehr. Er glaubte sie tot und dachte nur noch daran, wie er nun die Tote loswürde.

Da kam ihm das Auto in den Sinn, welches er vor dem Haus hatte stehen sehen. Die Fahrzeugschlüssel hingen am Schlüsselbrett im Flur. Er trug die Totgeglaubte zum Auto, öffnete den Kofferraum und legte sie hinein. Sie bewegte sich nicht und atmete nicht; jedenfalls nicht für ihn erkennbar. Aus der Küche holte er eine Plastikflasche, füllte sie mit Spiritus und ging wieder zum Auto der Alten. Dort angelangt, überlegte er, wie er es in Brand setzen könnte. Aus seinem Fahrzeug holte er ein Putztuch, das einmal ein Geschirrtuch gewesen war, riss einen größeren Streifen ab, um so eine Art Molotow-Cocktail zu bauen. Dann steckte er das in den Flaschenhals gesteckte Stück Lappen in Brand, öffnete eine Fahrzeugtür, warf die Flasche hinein und schloss die Tür wieder. Aber das funktionierte nicht, und das Feuer erlosch.

»Da bekam ich langsam Panik«, fuhr der Angeklagte fort. »Das wollte einfach alles nicht klappen. Es lief alles schief an diesem Abend – und die Cousine war tot, lag leblos im Kofferraum. Mein Blick fiel auf den unmittelbar an das Grundstück grenzenden See und plötzlich hatte ich die Eingebung, das Auto samt Leiche im See zu versenken. Es ist ja bekannt, dass der See an dieser Stelle steil hinabgeht und sehr tief ist, und da …«, er stockte kurz, »da hatte ich den Einfall, das Auto mit der Leiche im See zu versenken.« Er machte eine Pause. Sein Unterkiefer bewegte sich leicht. »Den Fahrzeugschlüssel hatte ich ja noch bei der Hand. Ich startete das Auto, legte den ersten Gang ein und fuhr es an den See. Ich hatte die Tür offen gelassen und wollte herausspringen. Aber dann stoppte ich doch noch kurz vorher, nahm den Gang raus, stieg aus und schob den Wagen in den See.«

Der Staatsanwalt fragte nach der zusammenhängenden Darstellung des Angeklagten, ob dieser als handwerklich geschickter Mensch wirklich geglaubt habe, mit einer nicht zerbrechenden Plastikflasche und geschlossenen Fensterscheiben einen Brand legen zu können.

Mein Mandant antwortete: »Darüber habe ich mir gar keine Gedanken gemacht. Ich wollte nur irgendwie die Leiche wegbekommen. Das war alles, was ich im Sinn hatte. Sonst wäre ich doch auch nicht auf die blöde Idee gekommen. Im Film geht da immer alles gleich in Flammen auf und explodiert auch noch.«

Die weiteren Fragen der Richter und des Staatsanwalts richteten sich auf den Tötungsvorsatz des Mandanten, der einräumte, dass er seine Cousine zum Zeitpunkt des Würgens zwar zunächst habe töten wollen, dann aber erklärte, dass er das später nicht mehr wollte. Da wäre es ihm nur noch um die Beseitigung der Leiche gegangen.

Es war klar erkennbar, dass das Gericht stringent darauf hinarbeitete, die für eine Verurteilung wegen Mordes erforderlichen objektiven und subjektiven Tatbestände in der Verhandlung abzuklären und zu dokumentierten.

Bei der Zeugenvernehmung geht man als Verteidiger immer planvoll vor. Man fasst generelle Vernehmungsziele ins Auge und konkrete Ziele bezüglich der durch die Ladung bekannten Zeugen. Natürlich kommt es in der konkreten Vernehmungssituation auch darauf an, auf welchen Typ Zeugen man trifft, was nicht immer aus dem Akteninhalt ersichtlich ist. Es gibt da beispielsweise den sogenannten durchgehenden Zeugen, der im Zusammenhang, gedanklich klar und meist chronologisch erzählt, den sich nicht erinnernden Zeugen und auch den, der die eigentlich gestellte Frage nicht beantwortet.

Auch macht man sich Gedanken, wie die Ziele durch eine entsprechende Vernehmungsatmosphäre am besten zu erreichen sind. So kann man versuchen, eine spürbar auf Konsens abzielende Atmosphäre zu schaffen, eine deutlich abgekühlte und versachlichte Atmosphäre oder gar eine, bei der Zeugen Druck und Stress auslösende Konfrontation suchen. Alle sogenannten Berufszeugen, wie Polizisten und Gutachter, sind gut beraten, einfach nur sachlich zu antworten. Andere Zeugen kann man durch die Gestaltung der Vernehmungsatmosphäre leichter zur Durchsetzung der konkreten Vernehmungsziele nutzen.

Der vernehmende Beamte, der meinem Mandanten die Aussage entlockt hatte, dass es ihm die ganze Zeit über darauf angekommen sei, das Opfer zu töten, konnte meine Frage, welchen Sinn es denn gehabt haben sollte, einen Tötungsvorsatz für einen Zeitraum zu gestehen, in dem der Täter davon ausgegangen sei, das Opfer bereits getötet zu haben, nicht so recht beantworten. Das Gericht sprang ihm wie vorauszusehen zur Seite und erklärte, dass der Zeuge nur zu seinen Wahrnehmungen, aber nicht zum Sinn des Geständnisses meines Mandanten aussagen könne.

Diese Frage wollte ich dennoch nicht zurückstellen. Für eine Verurteilung nach der herrschenden Rechtsprechung zu dieser Problematik kam es ja gerade nicht darauf an, ob die Mordabsicht bei jeder einzelnen der Teilhandlungen vorgelegen habe. Ich wollte jedoch in Absprache mit meinem Mandanten den Weg zur Revision offenhalten, um prüfen zu lassen, ob der Bundesgerichtshof in Strafsachen an seiner früheren Auffassung auch weiterhin festhielt.

Die ermittelnden Beamten befragte ich danach, aufgrund welcher Umstände sie auf eine Täterschaft meines Mandanten gekommen seien.

Die Beamten beantworteten die Frage mit dem Auffinden der Stoffreste und der Unterlagen zu meinem Mandanten im Haus des Opfers. Ich fragte dann, ob die Ermittlungen sich auch gegen andere Personen gerichtet hätten, wenn bei ihnen ein solches Geschirrtuch gefunden worden wäre wie bei meinem Mandanten.

Ich nahm wahr, dass mein Mandant, der bisher die Zeugenvernehmungen in der Beweisaufnahme der Hauptverhandlung weitgehend teilnahmslos über sich ergehen lassen hatte, sich plötzlich aufrichtete und der Verhandlung wieder interessierter folgte. Hatte er mir nicht alles mitgeteilt, was er wusste?

Der Beamte bejahte meine Frage.

Die Folgefrage, ob denn bei den anderen Personen, die durchaus ein Tatmotiv gehabt hätten, auch nach einem solchen Tuch gesucht worden sei, konnte er nicht beantworten. Offensichtlich war man nach dem Fund schnell von einer Täterschaft meines Mandanten ausgegangen.

Die darauf mit einer weiteren Frage zielende Hypothese, dass es doch noch viele Verdächtige mehr gegeben hätte, wenn festgestellt worden wäre, dass beispielsweise bei einem Dorffest vor zehn Jahren derartige Geschirrtücher in einer Tombola zu Dutzenden verlost worden seien, beantwortete der Beamte damit, dass er von einer solchen Tombola nichts wisse.

Das wiederum beantwortete meine Frage nicht und war von ihm geschickt pariert, weil er sich auf seine Wahrnehmungen stützte, zu denen er antwortete.

Ich versuchte, mit meinen Fragen darauf abzuzielen, dass viele Verdächtige mehr in Betracht kämen, die ein Motiv und die Gelegenheit gehabt hätten, das Opfer umzubringen, und es überhaupt nicht sicher sei, dass mein Mandant der Täter sei.

Wenn der Verteidiger dann dem Gericht keine andere schlüssige Version des möglichen Tatverlaufs präsentiert, weckt er kaum Zweifel oder gar Interesse, zumal wenn ein Geständnis des Angeklagten vorliegt und alles so schön passt.

Wie schon erwähnt, war das Gutachten über die Todesursache von besonderem Interesse. Da die Verteidigung unter anderem darauf aufbaute, dass der Angeklagte das Opfer zum Zeitpunkt der eigentlichen Tötungshandlung – das Schieben des Fahrzeugs in den See – überhaupt nicht mehr umbringen wollte, war es wichtig, dass der Gutachter bestätigte, dass Frau Persokeit nicht erwürgt worden, sondern ertrunken sei.

Man nennt diese Todesart auch heute meist »Ertrinken«, obwohl seit fast zweihundert Jahren unter den Medizinern Einigkeit darüber besteht, dass die eigentliche Todesursache beim sogenannten Ertrinken das Ersticken ist, weil die Luft, die für das Leben notwendig ist, von der Flüssigkeit abgeschlossen wird.

Nun bekommt der geübte Krimi-Leser häufig zu lesen, dass bei einem Tod, der vor dem Ertrinken eingetreten ist, kein Wasser in der Lunge nachzuweisen ist, hingegen sich Wasser in der Lunge befindet, wenn das Ertrinken die Ursache ist, weil der Tote ja noch versucht habe zu atmen. Das geht aber an den vielen Möglichkeiten des Todes durch Ertrinken vorbei. Wasser, das beim Einatmen in die Lunge gerät, kann durchaus über die Lungenbläschen in den Blutkreislauf aufgenommen und wegtransportiert werden. Deshalb wird beim Tod durch Ertrinken häufig eine trockene, aufgeblähte Lunge festgestellt. Die Vorstellung, dass beim Ertrinken immer Wasser in der Lunge sein muss, ist nicht haltbar. Wie in der Strafverteidigung, so kommt es bei der Untersuchung von Todesursachen auch immer auf den Einzelfall an.

Das Opfer hier war bewusstlos, und mein Mandant hatte eine normale Atemtätigkeit schon nicht mehr feststellen können; diese war also zumindest eingeschränkt und die Lunge nicht mehr in der Lage, das Wasser in dem Umfang in den Blutkreislauf umzusetzen, wie es in die Lunge drang.

Deshalb sind Gutachter auch auf die Informationen angewiesen, die sie den Akten entnehmen können, wie den Auffindungsort, die Zeit zwischen Eintritt des Todes und dem Auffinden der Leiche und so weiter. Im konkreten Fall konnte der Gutachter durch die Untersuchung von Gewebeproben verschiedener innerer Organe nachweisen, dass in ihnen Stoffe vorhanden waren, die er auch im See festgestellt hatte, in dem das Fahrzeug versenkt worden war. Damit war der Nachweis erbracht, dass der Körper des Opfers noch Flüssigkeit aufgenommen und verarbeitet hatte, als es in den See gefahren wurde. Es hatte zu diesem Zeitpunkt also noch gelebt.

Das Gericht hatte am Ende der Verhandlung keinen Zweifel daran gelassen, dass es meinen Mandanten als den Schuldigen ansah. Nach dem Urteil erklärte ich Matthias Staroski die geringen Erfolgsaussichten eines Rechtsmittels. Wir wogen Für und Wider ab; letztlich entschied er sich für die Einlegung der Revision.

Der Beschluss des Bundesgerichtshofes über die Revision kam in die Kanzlei geflattert. Doreen ließ den Datumsstempel auf das Dokument krachen, überflog die Entscheidung und kommentierte sie wie folgt: »Na, Doc, das hast du wohl verkackt!«

Als Strafrechtler liest man das erste Wort der Entscheidung und weiß, wie das Verfahren ausgegangen ist. Beginnt sie mit dem Wörtchen »die«, dann wurde die Revision des

Angeklagten verworfen. Man braucht das Papier dann auch nicht weiterzulesen. Es ist genauso wie ein Kommentar in sozialen Medien, der damit beginnt, dass jemand behauptet, zwar für die Gleichberechtigung von Mann und Frau zu sein, aber … Dass man trotzdem weiterliest, steht auf einem völlig anderen Blatt.

Hingegen darf man hoffen, wenn das Wörtchen »auf« am Beginn steht. Denn dann hat die ursprüngliche Entscheidung »auf« die Revision des Angeklagten hin eine Änderung erfahren.

Der mir gerade zugestellte Beschluss begann mit dem Wörtchen »die«.

Der Bundesgerichtshof sah keine Veranlassung, von seiner früheren Rechtsprechung abzuweichen, wonach – um es auf eine einfache Formel zu bringen – der Wille des Täters zur Tötung des Opfers im Gesamtgeschehen zum Ausdruck kommt. Die Tatnacht wurde demnach nicht in einzelne Handlungen zergliedert, bei denen der Täter einmal eine Tötungsabsicht hatte, dann aber ohne diese weiterhandelte. Das mag man so sehen, aber zwingend ist dieser Schluss nicht.

Der Jurastudent,
der seine Eltern zerstückelte

Der »Bratpfannen-Fall«

Wenn man schon keine Zeit hat, sollte man auch nicht »nur mal schnell« die Nachrichten auf dem Smartphone checken. Ich tat es auf dem Wege zu einer Gerichtsverhandlung dennoch.

»Lieber Bernd,

ich habe eine Frage. Kannst Du Dir Steffen Dietrichs Fall anschauen? Der Junge tut mir so leid. Jetzt sitzt er schon fünf Jahre im Gefängnis. Verurteilt als Mörder. Er hatte nie eine Chance im Leben. Bezahlen wird er Dich nicht können.

LG Charlotte«

Ui! Die Nachricht würde ich in Ruhe noch einmal lesen müssen. Zwei Stunden später saß ich im Auto, atmete nach der Verhandlung kurz durch und las die Nachricht auf dem Facebook-Messenger noch einmal.

Dann ging ich auf das Profil: Charlotte Flug, gut aussehende Mittsechzigerin mit einem offenen, freundlichen, aber auch entschlossenen Gesicht. Wie können Frauen um die fünfundsechzig Jahre heute noch wie fünfzig aussehen? Vielleicht hat das mit dem ganzen Beauty-Kram doch etwas für sich! Wohnt in Berlin, wir sind seit zwei Jahren auf Facebook miteinander befreundet.

Alles klar! Sie war es! Ich hatte sie bei einer Lesung kennengelernt, sie hatte mich in der Pause angesprochen, dass sie einen interessanten Fall kenne, in den sie involviert sei, und mich mal um meinen Rat bitten würde; zwar nicht heute, bei der Lesung, da passe das wohl nicht, aber später, da würde sie sich melden. Die meisten solcher Ankündigungen werden nicht wahr gemacht. Aber diese energische Frau schien umzusetzen, was sie sich einmal in ihren hübschen Kopf gesetzt hatte.

Nach ein paar Minuten meldete ich mich zurück.

»So einfach ist das leider nicht, liebe Charlotte. Bevor ich da ein Mandat annehme, müsste ich wissen, worauf eine Wiederaufnahme des Verfahrens gestützt werden soll, also welche neuen Umstände bekannt geworden sind, aufgrund derer von einer Änderung der ursprünglichen rechtskräftigen Entscheidung ausgegangen werden könnte. Derartige Wiederaufnahmeverfahren gehören zu den kompliziertesten und aussichtslosesten Verfahren überhaupt. Das bedeutet nicht, dass die Sache völlig hoffnungslos ist.

Derzeit sind sowohl die Kanzlei als auch ich persönlich mit der Bearbeitung von Mandaten so gut beschäftigt, dass derart aufwendige Sachen eigentlich nicht angenommen werden. Da ich nur einer der Sozien der Kanzlei bin, müsste ich das zuvor mit den Kollegen besprechen. Bestätige mir bitte, dass ich das so tun darf.

Dann bräuchten wir auch weitere Informationen zum Gang des Verfahrens damals und gerne weitere Hintergrundinformationen, die den Ermittlungs- und Gerichtsakten nicht zu entnehmen sind. Auch möchten wir wissen, welches Dein Motiv ist, Steffen helfen zu wollen, und ob Du schon während des ersten Strafverfahrens von den Umständen Kenntnis hattest, die jetzt eine andere rechtliche Beurteilung begründen sollen.

Bevor wir in dieser Sache in der Kanzlei eine Entscheidung treffen, würden wir Akteneinsicht in die Gerichtsakten nehmen. Dazu bräuchten wir eine von Steffen unterzeichnete Vollmacht. Wir würden ihn dann auch in der Justizvollzugsanstalt besuchen und mit ihm die Angelegenheit besprechen. Denn letztlich wäre er es, der uns in dieser Sache beauftragen müsste.«

Charlottes Antwort ließ nicht lange auf sich warten.

»Oje, so ein großes Fass wollte ich gar nicht öffnen!!! Den Jungen würde ich mit Vollmachten und so noch nicht beunruhigen wollen. Nicht, dass er am Ende noch Hoffnung schöpft und denkt, dass sein Gefängnisaufenthalt ein vorzeitiges Ende finden könnte. Wenn das dann nicht einträfe, würde es Steffen gänzlich zerstören.

Gerne werde ich Dir all die Unterlagen und meine Notizen von den Verhandlungen übersenden. Nein. Ich werde sie Dir lieber in einem Gespräch übergeben.

Hintergrundinformationen, die nicht im Fall Erwähnung fanden? Davon habe ich mehr als genug. Steffen hat seine Eltern umgebracht. Monika, seine Mutter, war eine Kommilitonin von mir und über Jahre meine Freundin. Jedenfalls so lange, bis ich mitbekam, was mit ihrem Sohn läuft. Dann hielt ich den Kontakt um Steffens willen. Gebracht zu haben scheint es ja nichts. Monika und ich haben beide Chemie studiert. Aber finde damit mal eine Arbeit, wenn Du einmal ausgestiegen bist und später den Anspruch hast, Dich nicht unter Wert zu verkaufen! Monika war die letzten zwanzig Jahre arbeitslos. Sie hatte versucht, eine Erwerbsunfähigkeits- oder Erwerbsminderungsrente durchzubekommen. Wegen der Arbeitslosigkeit, ihrer Rentenbegehren und später Hartz IV legte sie dann immer Widersprüche ein und klagte vor dem Sozialgericht und Landessozialgericht. Mit ihren Anwälten war sie nie zufrieden. Deshalb sollte Steffen auch unbedingt Jura studieren. Das wollte er aber nie. Monika war der Meinung, dass das ein angesehener Beruf sei und ihr Junge dann ihre ganzen Verfahren durchführen könne … Ich muss jetzt Schluss machen. Melde mich später.«

Am Morgen des nächsten Tages war Kanzleitag in Frankfurt an der Oder. Wie fast immer fand die morgendliche Teambesprechung bei Bäcker Dreißig gegenüber unsrer Kanzlei in den Lenné-Passagen statt, während die Kanzleihunde Anja und Ebby das Büro bewachten.

Im Lenné-Park gibt es neben den botanischen Schönheiten vor allem Mütter mit Kinderwagen, Erholungssuchende auf den Wiesen, aber auch Zigarettenschmuggler aus östlichen Gefilden und Dealer von härterem Stoff. Die verschlungenen Pfade, die vielen Zugänge und ruhigen Zonen wissen eben nicht nur unbescholtene Besucher zu schätzen.

Grit, die freundliche Mitarbeiterin von Bäcker Dreißig, wusste, dass jetzt wieder der kleine Kaffee, der Cappuccino und die zwei Milchkaffees fällig waren, als Doreen, Peter, Stephan und ich dort eintraten. Peter, seit wir seine britischen Freunde kennengelernt haben, nennen auch wir ihn Pete, hatte vor einigen Wochen eine Änderung im Angebot erbeten; er verabscheute die Fertigcreme, die man landauf, landab überall in Bäckerläden auf die belegten Brötchen schmierte; von ihm stammte die Idee, auf das Hörnchen Butter streichen zu lassen. Für Pete legte Grit nun ein Croissant mit Käse und Schinken mit einem Hauch Butter in den Ofen; ein weiteres Croissant wurde für Stephan dazugelegt, der sich längst dieser Neuerung angeschlossen hatte. Mit flinken Händen arbeitete sie unsere Bestellung ab, der Milchschaum spritzte in die Tassen, und immer hatte sie einen coolen Spruch auf den Lippen.

Einige Minuten später, wir hatten schon die ersten Schlucke unseres Kaffees genossen, während die beiden Spezial-Croissants noch im Ofen schmorten, erschien es mir günstig,

Charlottes Anliegen dem Team zu unterbreiten. Die Reaktionen kamen prompt.

Doreen, unsere Realistin, sagte freiheraus, was sie davon hielt: »Hast du zurzeit keine andere Arbeit? Da liegt eine Kiste Strafakten in der Kanzlei. Wann bitte möchtest du die prüfen? Für diesen Fall hast du überhaupt keine Zeit. Und …«, sie legte eine kleine Pause zur Erhöhung der Dramatik ein, »wie sieht es in der Sache selbst aus? Was du von der ersten Nachricht dieser Frau erzählt hast, klingt in etwa so: ›Mein Lieblingsneffe ist vor fünf Jahren verstorben. Es geht so ungerecht auf der Welt zu. Warum sterben die Guten immer so früh …!‹«

Stephan warf seinen Gedanken ein: »Weil wir vom Tode der Guten, die nach uns sterben, nichts mehr mitbekommen.«

Doreen fuhr fort: »Schauen Sie sich ihn noch mal an und sagen mir, ob Sie ihn nicht wiederbeleben können.«

Stephan ging enthusiastischer an die Sache, während Pete noch laut abwog: »Hört sich interessant an. Den müssen wir unbedingt im Knast besuchen …«

Diesmal unterbrach Doreen ihn: »Na klar, beide auch noch …«

Unbeirrt entwickelte Peter seinen Plan weiter: »Da gibt es vielleicht Parallelen zum Bratpfannen-Fall. Sicher ist das …«

Doreen feuerte noch einmal dazwischen: »… wieder so ein komischer Juristencode, der einem Familiendrama eine kulinarische Note beschert?«

Peter wandte sachlich ein: »Mutter und Tochter, oder Sohn, das weiß ich nicht mehr so genau, wurden über Jahre vom cholerischen und trinkenden Ehemann und Vater tyrannisiert. Nach einem Streit, bei dem der Mann wegen Nichtigkeiten ausgetickt war, verschwand er in der Küche. Die Frau folgte ihm, er stand dort, den Rücken ihr zugewandt. Die alte, gusseiserne Pfanne lag auf dem Herd. Da …«

Weshalb sollte nicht auch Pete von Doreen unterbrochen werden? Sie vollendete den Plot.

»… kam die Tochter dazu, nahm die gusseiserne Pfanne vom Herd und schlug zu. Beide droschen abwechselnd auf den Alten ein und schlugen ihn, bis ihnen die Arme schmerzten und der Kopf ihres Piesackers die gleiche Form wie die Pfanne hatte.« Sie ergänzte Peters Gedanken mit so viel Energie, dass man den Eindruck bekam, sie sähe die falschen Filme.

Wir drei Anwälte blickten stumm zu Doreen. Grit kam gerade mit dem Tablett an unseren Tisch; der Duft der frischen Croissants wehte über den Tisch. Sie hatte Doreens Schilderung des Bratpfannen-Falls mitbekommen und blickte sie nun ungläubig an.

Mein Kommentar dazu war: »Gibt es bei euch irgendwelche Spannungen in der Beziehung?«

»Quatsch! Mit Basti kann man sich gar nicht streiten. Der schaltet auf Durchzug und schweigt.« Grit stellte die duftenden Teile auf den Tisch und verschwand.

Doreen blickte in die Runde und endete bei mir, der ich gerade einen Schluck meines Milchkaffees schlürfte. »Doc, kommt das jetzt in dein nächstes Buch?«

»Ich muss zugeben, der Gedanke kam mir. Wäre auch zu schade, die Situation nicht zu beschreiben. Natürlich werde ich deine Erzählung von den beiden Pfannenhauerinnen noch ein wenig aufpeppen. Du wirst dann noch dazugesagt haben, dass die beiden Frauen fröhlich das Lied vom Koch sangen, der mit der Kelle den Mops zu Brei schlug.«

»Bei dem Buch ›Die Hinrichtung‹, da hast du die Mandanten gefragt, ob du deren Geschichte nutzen darfst.«

»Ja.«

»Hast du uns gefragt, ob du unsere Namen und Geschichten verwenden darfst?«

»Nein.«

»Das ist rechtswidrig.«

»Ja.«

»Gut, dass wir darüber gesprochen haben.«

Alle nahmen wir einen Schluck aus unseren Tassen.

»Jedenfalls«, versuchte Peter eine Fortführung der Fallerzählung, »schlug die Frau von hinten mehrmals auf den Mann ein.«

»Wie gesagt«, meinte Doreen zustimmend, »verdient ist verdient.«

Peter ließ sich nicht beirren: »Dann verließ sie die Küche in dem Glauben, dass sie ihn getötet hatte. Die Tochter betrat danach die Küche, sah den blutenden Mann, meinte: ›Sicher ist sicher‹, und schlug auch noch einmal kräftig zu. Es war nicht zu ermitteln, durch welche Schläge der Mann nun umgekommen war. Tot war er, unklar war eben nur, ob die Schläge der Mutter schon tödlich waren oder erst die Tochter ihm den Garaus gemacht hatte.«

»Ist das denn wichtig? Erinnert ihr euch an Docs Fall mit den Brüdern Staroski? Da kam es dem Gericht doch letztlich auch nicht darauf an, durch welche der Handlungen die Cousine umgekommen ist. Die Mordabsicht wirkte doch fort.«

»Genau das ist der Knackpunkt. Dort war es ein möglicher Täter und hier sind es zwei Täter. Beim Bratpfannen-Fall stellt sich die Frage, wem der Taterfolg zuzurechnen ist. Geht das überhaupt? Die typische Gefahr der Ersthandlung durch die Mutter ist ja gerade nicht, dass ein zweiter Täter daherkommt, um die erste Tat auszunutzen, damit er seine tödliche Zweithandlung begehen kann. Deshalb wird von der Rechtsprechung in diesen Konstellationen üblicherweise anders argumentiert. Es ist ein Taterfolg eingetreten, aber von jedem der Täter wurde je nur ein Versuch unternommen. Den möglichen Taterfolg des einen Täters kann man eben nicht so einfach dem jeweils anderen zurechnen.«

»Ihr müsstet euch mal hören«, sagte Doreen lachend, »so spricht doch kein normaler Mensch! Ihr seid ja alle berufskrank.« Dann stockte sie. »Und weshalb sollte man das nicht können? Wenn die Mutter schon den Schädel von dem Alten verformt hatte, weshalb sollte sie nicht auch darauf kommen, dass die Tochter nicht die gleiche Lust verspürt?«

»So was wird auch vertreten«, gab Stephan zu. »Wenn die typische Gefahr darin besteht, dass ein anderer weitermacht, dann wird dessen Handeln dem Ersttäter zugerechnet. Dazu gibt's zig Theorien.«

»Und warum meintest du vorhin, dass der Fall mit dem Elternmörder dann etwas mit dem Bratpfannen-Fall zu tun hat? Der Sohn hat doch beide Eltern alleine getötet.«

»Schon«, warf ich ein. »Aber Stephan meinte sicher einen anderen Aspekt des Falles. Nämlich, dass weder von einer Notwehrsituation noch von irgendeiner anderen Rechtfertigung ausgegangen worden ist.«

Stephan nickte und warf nun ein paar Voraussetzungen ein, die erfüllt sein müssten, um von einer Notwehrsituation ausgehen zu können: »Weil kein gegenwärtiger Angriff des Vaters mehr erfolgte und es fraglich erscheint, ob die Tötung eines Menschen verhältnismäßig ist gegenüber dem Angriff und so weiter.«

»Genau deshalb finde ich den Fall ja so interessant«, erklärte ich. »Es ist in der Gesellschaft überhaupt nicht anerkannt, wie sich Opfer körperlicher oder psychischer Gewalt fühlen. Man denkt einfach, dass die doch aussteigen und einfach abhauen können. Die Abhängigkeiten sind häufig aber so subtil, dass Außenstehende das kaum erkennen können. Diejenigen aber, die das ausnutzen, die wissen ganz genau um diese Wirkung. Und diese ganze erlittene Qual, das Unrecht, das muss irgendwann raus. Dann macht der Schalter klick. Das eigentliche Opfer ist nun Täter und findet vor der Rechtsordnung keine Gnade und die Tyrannen tragen über ihren Tod hinaus den Sieg davon.«

»Oh, oh«, argwöhnte Doreen. »Das klingt ja theatralisch. Da hat wohl schon jemand für das Plädoyer geübt.«

Mit Pete erklang die Stimme der Vernunft. »Wiederaufnahmeverfahren? Wenn die Zahlen sich nicht in den letzten Jahren geändert haben, liegt die Erfolgsaussicht bei der Wiederaufnahme eines Verfahrens bei circa 3 Prozent. Selbst wenn einer der im Gesetz genannten Wiederaufnahmegründe gegeben ist, reicht das noch lange nicht aus. Du musst bereits im antragstellenden Schriftsatz das Gericht unter anderem durch die genau zu bezeichnenden Beweismittel davon überzeugen, dass der Antrag mit dem konkret benannten Wiederaufnahmegrund zulässig ist. Wie willst du das bewerkstelligen, wenn du nichts über einen triftigen Grund weißt?«

Peters Resümee: »Lass es sein!«

»Ich werde mich mal mit Charlotte treffen, sie wird mir ihre Sicht der Dinge erläutern und mir das Material geben und dann sehen wir weiter.«

Doreen war der Verzweiflung nahe: »Weshalb fragst du dann erst, wenn du sowieso dein Ding machst?«

»Weil mich eure Meinung interessiert und überhaupt noch nichts entschieden ist. Wie Pete schon sagte, ohne Wiederaufnahmegrund werde ich die Hände vom Fall lassen.«

Das letzte Wort musste wieder einmal Doreen haben: »Ich werde dich daran erinnern.«

Mit Charlotte schrieb ich mich noch einige Male, bis wir ein Treffen vereinbarten. Ihre Hartnäckigkeit und meine Neugierde führten uns zusammen. Wir trafen uns in Berlin in einem netten kleinen Café. Charlotte sah so aus wie auf den Bildern in ihrem Facebook Profil. Das sprach durchaus für sie. Wir mochten uns vom ersten Moment an. Die Lebendigkeit ihres Erzählstils, die Mimik und Gestik, die wachen Augen, ihre schnellen Reaktionen auf Fragen, das Einschieben kleiner Bonmots ließen sie jünger wirken. Nur in den Momenten des Ernstes, der tiefen Trauer um das Geschehene offenbarte sich die Last der Jahre.

So war ich nach zwei Milchkaffees und zwei kleinen Wassern im Wissen um einige Menschenschicksale reicher, die so viele unerfüllte Hoffnungen, angestaute Wut, nicht gelebte Chancen und angehäuftes Leid in sich trugen, dass es für noch ein paar Leben gereicht hätte.

Seltsame Freundschaft

Monika und Klaus Dietrich freuten sich riesig. Sie würden endlich ein Kind bekommen. Kaum zu glauben. Lange haben sie darauf warten müssen, fast zu lange, und nun wird es wahr werden: Sie werden eine kleine Familie sein.

Monikas Bruder war inzwischen schon zweimal Vater geworden. Sie hingegen wollte erst ihr Studium schaffen. Und das war in einer naturwissenschaftlichen Richtung schon schwer genug. Danach kam die Karriere; immerhin hatte sie es in kürzester Zeit bis zur Abteilungsleiterin geschafft.

Noch ahnten beide nicht, dass sich ihr Leben durch die Geburt des Kindes drastisch ändern würde. Das ist eigentlich bei der Geburt eines Kindes nichts Besonderes und glücklicherweise wissen Eltern beim ersten Kind üblicherweise noch nicht, worauf sie sich da wirklich einlassen: Ihr Leben wird völlig umgekrempelt, das Kind steht nun im Mittelpunkt mit seinen Essens- und Schlafzeiten, und die Natur hat es so eingerichtet, dass man in den kurzen Ruhephasen völlig geschafft darniederliegt, es aber für das Selbstverständlichste auf der Welt hält. Die Liebe der Eltern zu ihren Kindern ist bedingungslos. Wenn Liebe blind machen sollte, dann gilt das für das Verhältnis zu den eigenen Kindern umso mehr.

In der Kanzlei muss ich innerlich stets lächeln, wenn mir insbesondere Mütter straffällig gewordener Jugendlicher versichern, dass ihr Kind ja ein gutes sei, sich das Missverständnis sicher noch aufklären werde, und dann, wenn es sich gerade nicht aufklärt und deutlich wird, dass der Spross nicht so unschuldig war wie geglaubt, dass der Umgang mit den anderen missratenen Burschen den Ausschlag gegeben habe.

Aber mit dem Kind, das hier geboren werden sollte, würde es noch eine besondere Bewandtnis haben.

Bis zum Kind der Familie Dietrich war es ein langer Weg gewesen. Ein Weg, der seit dem gemeinsamen Studium von Monikas bester oder besser gesagt einziger Freundin Charlotte begleitet worden war. Es war eine seltsame Verbindung der beiden Freundinnen, die von ihrem Wesen und ihren Ansichten kaum hätten verschiedener sein können.

Charlotte war das Studium von Anfang an leichter gefallen als Monika. Ihre Freundin hatte, wie Monika erkannte, einen ganz natürlichen Zugang zu der Materie ihres Studiums. Charlotte konnte sogar ins Schwärmen geraten, wenn sie über Chemie sprach. Alles war Chemie, das ganze Universum, und das Geheimnis bestand darin, die Atome richtig zu mischen und zu platzieren. Selbst der menschliche Organismus bestand zum Großteil aus Sauerstoff, Kohlenstoff und Wasserstoff. Bestimmte Stoffe konnte man zu sich nehmen, die der Körper auch brauchte und verarbeitete, und andere wiederum, da war das eben nicht so einfach. Sie lachten gemeinsam über den früheren Glauben, demzufolge man durch das Essen von Löwenherzen auch Eigenschaften wie Mut und Entschlossenheit, hingegen durch das Verspeisen des Herzens eines Rehs auch dessen Schnelligkeit gewinnen konnte.

Charlotte, die der eher nüchternen Monika immer ein wenig überdreht vorkam, die aber einfach nur lebensbejahender und neugieriger war, überlegte laut: »Das Hirn welchen Professors müssten wir vor der Prüfung essen, um uns dessen Wissen anzueignen?«

»Das ist ja eklig!«

»Ach, du schon wieder. Komm, mach mit!«

Monika hatte keine Idee. Also machte Charlotte weiter, die Gefallen an diesem Spiel fand. Sie überlegte, wie weit sie noch gehen könne. »Vielleicht …«, sie sah die Freundin an, »sollte Klaus ein paar Stierhoden essen, damit das mit dem Kind klappt.«

»Du bist blöd! Klaus braucht so was nicht. Das möchte ich aber nicht mit dir ausdiskutieren!«

Okay, dachte sich Charlotte, hier hatte sie wohl eine Grenze überschritten. »Ich meinte ja nur, wenn ihr euch ein Kind wünscht und es wird nichts …«

»Das hat nichts mit seinen Fähigkeiten zu tun …« Jetzt lächelte Monika doch ein wenig verschwörerisch, um gleich wieder tiefernst zu werden. »Klaus möchte erst im Beruf Fuß fassen, bevor Familie und Kind ihn zu sehr in Beschlag nehmen. Da sind wir uns einig. Wenn ich im Studium ein Kind bekäme, wer weiß, ob ich das alles dann noch packe.«

»Na klar! Ich helfe dir. Mit deinem Fleiß und deinem Ehrgeiz schaffst du das.«

»Möchtest du Kinder?«

»Da ist nichts geplant. Mit meinem jetzigen Freund kann ich mir das gut vorstellen. Ich würde das aber nicht am Mann festmachen wollen. Frauen und Männer lieben unterschiedlich. Wenn es passiert, dann ist es so und dann werde ich mein Kind auch großbekommen. Schön wäre es mit einer Familie. Aber wenn nicht …«

»Du nimmst das so locker?«

»Im Gegenteil. Nur wenig nehme ich so ernst.«

Monika überlegte. Vielleicht war Charlotte ihr gar nicht so eine gute Freundin, wie sie immer geglaubt hatte. Die ganze Hilfe für und die Lernerei mit ihr waren eventuell nicht so selbstlos, wie es immer schien, ging es Monika plötzlich durch den Kopf. Charlotte konnte den Stoff dabei gleich wiederholen, und für ihr Selbstbewusstsein war es auch nicht das Schlechteste, immer auf Monika herunterzuschauen.

Monika schüttelte den Kopf. So ein Quatsch! Ihre beste Freundin. Schnell wollte sie so verquere Gedanken vertreiben. Als ob sie das Hilfsangebot überhaupt nicht gehört hätte, fuhr sie fort: »Und wenn ich dann erst im Berufsleben stehe, möchte ich mich auch nicht gleich durch ein Kind ausknocken lassen. Wenn ich fest im Sattel sitze, kann ich mich auf das Nächste einlassen. Und das wäre dann ein Kind.«

»Das wäre mir alles zu geplant. So ist das Leben nicht. Da kommt doch immer wieder was dazwischen.«

»Ich glaube, dass wir unser Leben viel mehr im Griff haben können, als wir glauben. Natürlich kann immer etwas dazwischenkommen, Schicksalsschläge können einen treffen und alles über den Haufen werfen. Aber mit Ehrgeiz, Fleiß, Disziplin und Wille ist viel zu schaffen … Man wird nicht so leicht zum Spielball und kann sein Leben zum Gutteil selbstbestimmt leben. Wir sollten in unserem Alter in der Lage sein, vernünftig zu handeln.«

»Ach du«, machte sich Charlotte über die Freundin lustig. »Das ist langweilig. Vernünftig … wie das klingt. Wie tot, nur ein bisschen früher. Aber so falsch lagen die mit ihrem Glauben doch auch wieder nicht …«, provozierte Charlotte den Widerspruch ihrer Freundin.

Und es klappte. Monika entfuhr ein »Bitte? Du springst so sehr mit deinen Gedanken. Da ist es schwer, dir zu folgen«.

Charlotte erklärte: »Man nahm bei den Griechen an, dass ein Krieger eine Stärkung dadurch erführe, dass er Wasser trinke, in dem zuvor ein Schwert gestanden hatte. Natürlich wusste man noch nichts über die Wirkung von Eisen insbesondere auf unser Blut. Aber die Erfahrung gab ihnen schon damals recht.«

»Woher du so etwas schon wieder weißt …!«

»Na, gelesen.«

»Ist doch gar kein Prüfungsstoff.«

»Es gibt so viel interessante Chemie, die nicht Prüfungsstoff ist, gerade in Grenzgebieten zu anderen Wissenschaften …«

Wieder einmal schüttelte Monika über die Freundin verständnislos den Kopf. Für sie waren dies verschlossene

Türen. Aber sie hatte sich nun einmal für dieses Studium entschieden und versuchte, mit Fleiß wettzumachen, was ihr an Begeisterung für das Fach fehlte. In ihrer Familie war man vor Schwierigkeiten noch nie zurückgeschreckt, und niemand würde verstehen, wenn sie hier aufgäbe. Die Berufschancen auf eine anspruchsvolle Tätigkeit sahen zwar nicht rosig aus. Und wenn man dann wie Monika gerade so seinen Abschluss hinbekommen hatte, war das auch keine Empfehlung. Aber mit ihrem Ehrgeiz würde sie das schon alles schaffen, daran ließ sie auch sich selbst gegenüber keinen Zweifel laut werden.

Für einige Zeit verloren sich die Freundinnen nach erhaltenem Diplom aus den Augen, dann kreuzten sich ihre beruflichen Wege immer mal wieder. Charlotte arbeitete zunächt als Technologin, bevor sich ihr Wunsch erfüllte und sie einen der begehrten Jobs an einem Forschungsinstitut erhielt. Beruflich waren beide so eingespannt, dass sich die ständigen Versicherungen, auch mal einen kleinen Plausch halten zu wollen, nicht erfüllten. Die Freude war auf Charlottes Seite umso größer, als die Implementierung einer neuen Technologie in betriebliche Abläufe die Anwesenheit der Forscher erforderte und Charlotte so auf Monika traf, die gerade zur Abteilungsleiterin in jenem Unternehmen aufgestiegen war.

Die Freude hielt nicht lange an.

Charlotte eilte auf die frühere Freundin zu und wollte sie in die Arme nehmen, als sie eine Wand aus Distanz und Fremdheit spürte, die nur noch in einen Handschlag mündete. Monika bat Charlotte förmlich darum, Platz zu nehmen, und bot ihr eine Tasse Kaffee an.

»Da sage ich doch nicht Nein«, antwortete Charlotte in einem fröhlichen Ton.

Die Abteilungsleiterin drückte von ihrer Seite des Schreibtischs aus eine Taste auf einem Gerät, sprach die junge Dame, an der Charlotte auf dem Weg ins Zimmer der Freundin gerade vorbeigegangen war, in altmodischer Manier mit Fräulein Soundso an und orderte zwei Tassen Kaffee. Dann erklärte sie der Studienfreundin, dass sie gerade eine Menge auch unangenehmer administrativer Arbeiten zu erledigen habe, weswegen ein Ingenieur ihrer Abteilung Charlotte während der ganzen Zeit zur Seite stehen würde. Wenn dieser nicht spure, solle sie ihr gleich Bescheid geben. Dem würde sie dann schon Beine machen.

Das Fräulein Soundso klopfte leise an der Tür. Durch einen Blick in Monikas Gesicht erkannte Charlotte, dass diese das Klopfen auch gehört haben musste, aber nicht reagierte. Nun klopfte es wiederholt und lauter, woraufhin Monika rief: »Kommen Sie schon herein! Sie müssen nicht erst die Tür einschlagen.«

Mit devoten Gesten servierte die junge Frau den Kaffee, ohne ein Wort des Dankes von Monika dafür zu hören. Als die Sekretärin davongehuscht war, erklärte Monika: »Ich möchte meine Untergebenen nicht für jede Leistung loben müssen, die eine einfache Aufgabenerfüllung darstellt. Sonst nutzt sich mein Lob ab. Es soll was Besonderes bleiben.«

»Ach du liebe Güte«, brach es aus Charlotte hervor, »wie bist du denn drauf?«

Sie erntete einen eisigen, strafenden Blick. »Du bist in einem Forschungsteam und hast da auch was zu sagen. Ihr Wissenschaftler macht ja häufig einen auf Kumpelgetue. Das kann man sich leisten, wenn man in höheren Sphären schwebt. Aber hier in der Praxis läuft das anders. Da muss ganz klar sein, wer das Sagen hat.«

»Na ja, ganz so läuft es in einem Forschungsinstitut nicht …«, wollte Charlotte widersprechen, als ihr Monika in die Parade fuhr.

»Aber im Prinzip schon, was?« Monika versuchte ein Lachen, das gespielt wirkte. »Und was ich dir über den Ingenieur sagen wollte, als wir unterbrochen wurden …« Sie lehnte sich ein wenig vor und klärte in einem verschwörerischen

Ton auf: »Der hat bei der Ausschreibung um meinen Platz hier nur den zweiten Sieger gemacht.«

Charlotte nickte und stellte tonlos fest: »Sonst würdest du ja nicht auf diesem Stuhl sitzen.« Sie nahm einen Schluck Kaffee, der ihr nicht recht schmecken wollte.

Als ob sie jemand von ihrem Stuhl reißen wollte, umklammerte die Abteilungsleiterin die Lehnen desselben. »Genau! Und jetzt ordnet er sich nur schwer in die Hierarchie ein. Aber das bringe ich ihm schon bei! Die Chefetage soll ja nicht den Eindruck gewinnen, dass ich mit meinen Unterstellten nicht zurechtkomme.«

Später sagte Charlotte zu dem von Monika angekündigten Ingenieur: »Da haben Sie ja Glück mit Ihrer Abteilungsleiterin, ich kenne sie noch vom Studium.«

»Ach deswegen«, meinte der nur und nickte bestätigend.

»Weshalb sagen Sie das in einem so komischen Ton?«

»Sie hat Sie ja schon angekündigt und gesagt, dass Sie eine gute Wissenschaftlerin seien, wir aber darauf zu achten hätten, dass sich das alles für das Unternehmen rechnet. Zahlen seien Ihnen egal.«

»Danke für Ihre ehrliche Antwort.« Der Mann gefiel ihr. Charlotte hatte dennoch das unbestimmte Gefühl, sich vor ihre Freundin stellen zu müssen. »Eigentlich liegt sie damit gar nicht so neben der Sache. Wir freuen uns über unsere Entwicklung, und man möchte, dass auch die industrielle Anwendung klappt. Es ist ja nicht selten so, dass Forschung auch in eine Sackgasse führt oder zum Zeitpunkt der Erfindung ihrer Zeit noch voraus ist. Dass man als Forscher den unmittelbaren Nutzen für ein Unternehmen nicht an erste Stelle setzt, ist schon zu erklären.«

»Und Sie sind einer Frau gegenüber loyal, die es vielleicht nicht ganz so verdient hat.«

»Das glaube ich nicht. Wir sind sehr verschieden. Aber man muss im Leben die Menschen so nehmen, wie sie sind. Man kann sich ja nicht dauernd neue backen. Das ist vielleicht auch ein spannendes Element im Umgang mit Menschen.«

»Sie sind erstaunlich offenherzig. Das gefällt mir. Die Abteilungsleiterin folgt da einem anderen Prinzip. Die Menschen haben sich ihr unterzuordnen. Sie haben sich zu verändern, sonst sind sie im Weg.«

»So drastisch würde ich es nicht gleich ausdrücken. Ich glaube schon, dass das Unternehmen mit ihr einen guten Griff gemacht hat.«

Der Mann schaute, als ob jemand einen schlechten Witz gemacht hätte. »Wenn man einen Feldwebel als Chef mag, vielleicht.«

Er machte eine kleine Pause und schien bereut zu haben, was er gerade von sich gegeben hatte. Er relativierte seine Aussage. »Vielleicht bin ich in dieser Sache auch nicht der Objektivste. Auf den Posten des Abteilungsleiters hatte ich mich ebenfalls beworben.« Sein ungläubiges Kopfschütteln war kaum wahrzunehmen. »Fachlich sind meine Qualitäten wohl stärker ausgeprägt. Aber im Umgang mit Mitarbeitern hat sie eben Eigenschaften, die die Unternehmensleitung zu schätzen weiß.«

Monika blickte ungläubig, was ihrem Gegenüber nicht verborgen blieb.

Also erklärte er weiter: »Sie sprach ohne Probleme die Kündigungen aus, die aus Sicht des Unternehmens bei der Einführung Ihrer neuen Technologie möglich waren. Das hat der Chefetage natürlich imponiert. Und auch dabei gibt es unterschiedliche Möglichkeiten, wie man sie übergibt. Vielleicht ist ihr zugutezuhalten, dass sie relativ neu in der Firma ist und die Mitarbeiter, denen sie die Kündigungen überreicht hat, noch nicht lange kannte.«

Ein Haus wie eine Festung

Charlotte wollte trotz der ernüchternden Erfahrung mit Monika die Verbindung zu ihrer ehemaligen Studienfreundin nicht ohne Weiteres aufgeben und das berufliche Zusammentreffen nutzen, um ihre Freundschaft wieder ein wenig aufzufrischen. In der Firma war Monika zwar weiterhin distanziert, aber sie verabredeten sich bald auf eine Tasse Kaffee im Haus von Monika und Klaus Dietrich.

Charlotte traf zum verabredeten Zeitpunkt in der Brandenburger Kleinstadt ein und klinkte an der Gartenpforte, die verschlossen war. Dann erst fiel ihr das Klingelschild »Dipl.-Ing. Monika Dietrich, Dipl.-Ing. Klaus Dietrich« auf und sie klingelte.

Das Grundstück war mit großen, alten Bäumen bewachsen. Der Garten sah eher aus wie ein alter Park, und Charlotte überlegte, ob man den Kaffee im kühlespendenden Schatten der Bäume zu sich nehmen würde. Einen kurzen Augenblick schoss Charlotte das Bild einer Bediensteten durch den Kopf, die Dienstmädchenkleidung tragend den Kaffee servierte. Dieses Bild passte zu dem alten, aber sehr gepflegt wirkenden Haus und noch mehr zu dem Park.

Weiter hinten im Garten sah sie blaue Plastiktonnen und erkannte sie sofort als Behältnisse aus Monikas Betrieb, in denen die Farbe für die chemischen Kunstfasern angeliefert wurde. Möglicherweise nutzte sie die Fässer für die Zwischenlagerung von Gartenabfällen oder zum Auffangen von Gartenwasser.

So sehr Charlotte um die Erleichterungen wusste, die Wissenschaft und Chemie den Menschen brachten, so sehr ärgerte sie sich über den unbedachten Umgang damit. Plastik ist dort, wo es gebraucht wird, eine wunderbare Sache. Aber die Welt damit zumüllen, das ging ihr gegen den Strich! Diese großen blauen Tonnen im Garten würden da noch in hundert Jahren stehen, sofern die Sonne die Weichmacher nicht vorher auslöste. Aber die wären dann auch nicht weg, sondern würden ihre Wirkung in veränderter Struktur entfalten. Die Menschen gingen so unachtsam mit ihren Erkenntnissen um, dass man ernsthaft Zweifel daran laut werden lassen könnte, ob man ihnen eine Vernunftbegabung zuschreiben durfte.

Endlich kam Monika mit einem Schlüssel in der Hand aus dem Haus.

Nach der Begrüßung fragte Charlotte: »Da habt ihr euch ja wie in einer Festung gesichert.«

»Ja, man weiß ja nie, wer sonst einfach das Grundstück betritt.«

»Der Postbote vielleicht oder ein Paketzusteller?«, spöttelte Charlotte.

Im ernsten Ton erklärte Monika: »Hier kann jeder klingeln, der möchte, aber wir entscheiden, wer ins Haus kommt.« Mit Blick auf das hübsch hergerichtete Haus erklärte sie: »Das Haus ist seit Generationen in den Händen unserer Familie, und es wurde von allen gehütet und gepflegt.« Nun lächelte sie ein wenig verstohlen. »Und unser Kind wird es genauso tun.«

Charlotte, die inzwischen selber längst Mutter eines Sohnes war, wusste ja seit der Studienzeit, dass die Dietrichs ein Kind sorgsam planten. »Oh, du bekommst ein Kind!«, rief sie erfreut aus und umarmte die Freundin. »Wie sehr ich mich für euch freue!«

Diesmal fühlte Charlotte nach langer Zeit der Entfremdung endlich wieder die Herzlichkeit und Ehrlichkeit der Umarmung.

Charlotte blickte auf Monikas Bauch. »Wann ist es denn so weit?«

Monika schaute ebenfalls auf ihren Bauch und fasste lächelnd darauf. »Ist noch viel Zeit.«

Sie tranken im Haus den Kaffee in der guten Stube, an deren Einrichtung die letzten Generationen sicher nichts mehr verändert hatten. Und genau wie bei dem Gedanken mit dem Dienstmädchen vorhin blitzte nun das Bild einer unglücklich und viel zu früh verheirateten hübschen, jungen Frau aus dem vorletzten Jahrhundert auf, die hier gesessen haben könnte. Charlotte musste an Fontanes Effi Briest denken.

Mit alten Möbeln ausgestattete Räume mögen sogar etwas Anheimelndes haben – wobei Charlotte sie nur altmodisch fand –, aber dieses Zimmer strömte wie das ganze Haus eine beklemmende Atmosphäre aus.

Klaus Dietrich, Monikas Mann, verabschiedete sich nach einer Tasse Kaffee mit der Bemerkung, dass die Frauen sicher noch viele Geschichten aus dem Studium austauschen wollten und er ohnehin noch einige Arbeit mit nach Hause gebracht hätte, die erledigt werden müsse.

Als Klaus das Zimmer verlassen hatte, platzte es aus Charlotte heraus: »Dein Mann hat aber auch einen ganz schönen Stock im Arsch.«

»Bitte?«, tat Monika entsetzt.

»Du weißt schon, was ich meine«, entgegnete Charlotte. »Der ist ja kein bisschen locker, dein Klaus.«

»Die Menschen sind nun mal unterschiedlich. Er ist halt der ruhige Typ.«

»Um ruhig geht es dabei gar nicht so. Er ist mehr …« Dann fiel ihr ein, was sie sagen wollte, aber sie wusste nicht recht, ob sie es wirklich äußern sollte, weil es auch auf Monika zutraf. Sie tat es dennoch. »… so distanziert.«

»Aber das muss man doch nicht so rüde ausdrücken«, schulmeisterte die Freundin sie.

»Ja, aber so bin ich nun mal«, meinte Charlotte zu ihrer Rechtfertigung.

»Und er …«, und nun überlegte Monika einen Moment, »… und ich auch sind eben so distanziert. Wir finden nicht so schnell Kontakt und öffnen uns nicht jedem. Du warst seit der Schulzeit meine erste Freundin und eine andere habe ich auch nicht mehr kennengelernt. Und ehrlich gesagt, möchte ich das auch gar nicht. Und Klaus, na ja, der hat auch keine Freunde weiter.«

Monika verkniff sich die Frage danach, was mit »weiter« gemeint sei.

»Jetzt, wo das Kind kommt, werden wir auch noch anbauen«, meinte Monika unvermittelt.

Charlotte schaute sich in der großen guten Stube um. »Ist das Haus denn nicht groß genug für euch drei?«

»Nein! Man sieht es erst auf den zweiten Blick. Wir bewohnen nur die eine Hälfte des Doppelhauses.«

»Ist doch immer noch mehr, als viele andere haben«, meinte Charlotte munter.

»Das mag sein. Aber andere sind doch kein Maßstab. Das Mädchen braucht …«

»Ihr wisst schon, was es wird?«

»Nein. Ich bin mir aber ganz sicher, dass es ein Mädchen wird. Ich fühle es. Wir werden sie Amelie nennen. So heißt hier noch kein Kind. Sie wird etwas ganz Besonderes werden. Und wenn sie in die Schule kommt, braucht sie Platz zum Lernen, einen großen Schreibtisch und so.«

Charlotte schüttelte den Kopf.

»Lass das Kind doch erst mal auf die Welt kommen, bevor du schon wieder Aufgaben verteilst. Eine glückliche Kindheit ist doch viel wichtiger als eine von Aufgaben und Leistungsdruck geprägte.«

»Das schließt einander doch nicht aus. Wenn sie nach mir kommt, und da bin ich mir ebenfalls sicher, dann schöpft sie aus ihrem Erfolg das Glück.«

»Und wenn es ein Junge wird?«

Monika tat, als ob sie grübelte: »Behalten wir ihn trotzdem.« Sie lachten beide.

»Dann habt ihr noch die Baufirmen vor der Geburt im Haus? Nicht dass das zu viel Stress für dich wird in der Schwangerschaft«, sorgte sich Charlotte.

»Wieso Baufirmen? Das machen wir alles selbst.«

»Wie ›wir‹?«, erschrak Charlotte. »Du wirst doch in deinem Zustand nicht noch selber mit Hand anlegen wollen!«

»Doch! Schwangerschaft ist doch keine Krankheit. Und mein Klaus, der ist handwerklich begabt, der kann so viel allein machen. Da muss ich ihm einfach zur Hand gehen.«

Charlotte ergriff die Hände der Freundin. »Du musst mir aber versprechen, dich nicht zu übernehmen. Versprichst du das? Auch um der Kleinen willen.«

Monika schaute die Freundin an. »Natürlich!«

Als sie sich voneinander verabschiedeten, lud Charlotte ihre Freundin und deren Mann zu sich nach Hause ein. »Da lernst du auch gleich meinen Mann kennen.«

»Das ist ganz lieb von dir«, säuselte Monika. »Aber wir würden das nicht wirklich wollen. Glaube mir. Ihr hättet da keinen Spaß an uns. Dir fällt immer was Witziges oder einfach Unterhaltsames ein. Wir sind da eher nüchtern.«

»Ach bitte«, forderte Charlotte. »Ihr könnt euch doch nicht so von der Außenwelt abkapseln.«

»Bitte, drängel nicht weiter. Wir wünschen das wirklich nicht. Du bist hier aber jederzeit gerne gesehen.«

»Zahme Vögel singen von Freiheit. Wilde Vögel fliegen«

Klaus würde nach ihren bisherigen Absprachen zur Geburt auch im Kreißsaal dabei sein wollen. So richtig wusste Monika nicht, ob sie sich das überhaupt wünschen sollte. Zu ihrem Glück bekam Klaus kalte Füße und war bei der Entbindung dann doch nicht mit dabei. Die psychische Belastung, so meinte er, wäre für ihn zu groß.

Als Monika das Baby nach Stunden des Kampfes erschöpft in ihren Armen hielt, war das ein wunderbares Gefühl. Es war ein Teil von ihr. Sie hatte ihr Leben weitergegeben. So jedenfalls fühlte sie sich. Wie ein kleines Wunder.

»Was ist denn mit den Füßen?«, erkundigte sich die Mutter erregt.

Die Ärztin meinte im beruhigenden Tonfall: »Sogenannte Klumpfüße.«

»Wie?«, entfuhr es der Mutter. »Das geht doch aber weg?«

»Er hat heutzutage gute Chancen. Fehlstellungen sind keine Seltenheit. Da können Orthopäden mit einer rechtzeitigen Behandlung vieles richten. Und bei diesen Füßen schafft man viel mit speziellen Gipsverbänden. Das geht bis zur völligen Korrektur.«

»Warum ausgerechnet mein Kind?«

»Das tritt viel häufiger auf, als man denkt.«

»Was ist denn die Ursache?«

»Machen Sie sich jetzt nicht zu viele Gedanken darum. Zu den möglichen Ursachen gibt es verschiedene Erklärungsansätze.«

Nun war es auch egal, dass es ein Junge war. Na und? Wie hieß der Chefarzt der Frauenklinik mit Vornamen? Steffen? Na gut, geht auch. Eben Steffen.

»Nie«, hauchte sie dem Baby ins Ohr, »wird uns etwas trennen können. Mein Schatz!«

Monika entschloss sich, für ihr Kind zu Hause zu bleiben und die Arbeit und ihre Karriere, die ihr so viel bedeutet hatten, an den Nagel zu hängen. Ein Umstand, den Steffen noch Tausende Male von ihr als Vorwurf zu hören bekommen würde. Der Junge brauchte ihrer Auffassung zufolge nun all ihre Energie und ihre besondere Zuwendung, so viel war erst einmal klar. Sie würde schauen, wie sich das mit den Füßen des Jungen weiterentwickeln würde.

Leider gibt es auch Fälle, in denen jegliche ärztliche Kunst versagt; trotz Versuchen, die Füße zu richten, und zweier Operationen änderte sich an der Fehlstellung nur wenig. Zeitlebens würde Steffen durch die Welt humpeln müssen. Ein Umstand, den trotz allen Einfühlungsvermögens nur Menschen vollständig zu erfassen vermögen, die sich mit den täglichen Ärgernissen einer körperlichen Behinderung herumzuschlagen haben.

Steffen wuchs behütet, nein, bewacht im elterlichen Haus und auch dort räumlich beschränkt im Anbau auf, den die Eltern bis zu seiner Geburt weitgehend alleine fertiggestellt hatten. Charlotte suchte nicht mehr häufig den Kontakt zu ihrer früheren Freundin – dazu waren Besuche dort zu unerfreulich –, besuchte diese und den Jungen aber gelegentlich und kam zu Steffens Geburtstagen vorbei. Immer mehr hatte sie den Eindruck, dass die Freundschaft zu Monika der Sorge um Steffen gewichen war.

Die Geburtstage glichen sich: Gefeiert wurde im Zimmer unten im Anbau; Steffens Geburtstage schienen nicht so wichtig, als dass sie in der guten Stube gefeiert werden müssten. Charlotte überbrachte auf Nachfrage fast immer ein Geldgeschenk, weil schon in der Kindergartenzeit für die Zeit des Studiums gespart werden sollte. Den dem Jungen überreichten Umschlag konfiszierte die Mutter immer gleich; eine Handlung, die sie noch fortsetzte, selbst als Steffen längst volljährig geworden war. Das eine Mal, als Charlotte auf ihr Drängen hin etwas anderes schenkte, um Steffen so etwas wie eine kleine Freude zu bereiten, geriet der Geburtstag zur völligen Katastrophe; zu einer Qual wurde er jedes Mal. Bis zum völligen Abbruch der Beziehungen blieb es dann über all die Jahre bei einem Umschlag mit Geld.

Der einzige Gast bei den Kindergeburtstagen war Charlotte. Es waren alles Kindergeburtstage, die ohne andere Kinder gefeiert wurden. Wie sie erfuhr, gab es aber auch sonst keinerlei Besuch von anderen Kindern. Steffen würde sein Leben lang nie einen Menschen an seiner Seite haben, den er »Freund« nennen konnte.

Mit ihrem Bruder hatte sich Monika zerstritten; worüber, das teilte sie Charlotte nie mit. Monikas Mann verschwand regelmäßig nach der ersten Tasse Kaffee und trug zu der sich meist hinschleppenden Unterhaltung nichts bei, und der Junge wurde ständig gemaßregelt, dass er gerade sitzen, nicht schmatzen und die Füße stillhalten solle.

»Er ist so ein Zappelphilipp«, rügte die Mutter bei einem Geburtstag im Vorschulalter.

Charlotte widersprach: »Da muss die Energie doch raus. Er ist eben ein Kind und möchte sich bewegen, wenn er schon nicht so gut laufen kann.«

Steffens Gesicht hellte sich ein wenig auf.

»Ach! Er hat sich zu benehmen.« Dann wandte sie sich an den Jungen. »Wenn du nicht still sitzt, musst du eine Stunde auf den Stuhl und sitzen üben. Du kommst bald in die Schule und musst dort auch still sitzen und dich konzentrieren. Sonst wirst du nichts lernen … Möchtest du nicht mir und Tante Charlotte etwas vorlesen?«

Steffen verstand, dass es sich um keine Frage der Mutter gehandelt hatte, sondern um einen Befehl, der auszuführen war. Er zog sich an Stuhllehne und Tischkante hoch und humpelte in Richtung seines Zimmers.

Charlotte glaubte im ersten Moment an einen Scherz, jedoch wurde ihr schnell bewusst, dass in diesem Hause nicht gescherzt wurde. »Steffen soll doch erst in der Schule lesen lernen.«

»Ach, das kann er schon längst. Er interessiert sich für Bücher und liest jeden Abend vor dem Schlafengehen. Liest denn dein Junge viel?«

»Immer noch nicht. Und für die Schule nur das Nötigste. Abends lese ich ihm vor.«

»Was, in seinem Alter?«, tat Monika erstaunt.

»Natürlich! Für mich ist es wichtig, dass er Spaß dabei hat und wir zusammen sind. Wenn mein Mann dann hereinkommt, meint er oft, dass das richtig vertraut aussieht, wie wir da zusammen kuscheln.«

Darauf erwiderte Monika nichts weiter. Als jedoch Steffen mit drei Büchern unterm Arm ins Zimmer gehumpelt kam, musste sie etwas zu ihm sagen, was als Antwort für Charlotte gedacht war. »Du hast es gerade nicht gehört, Steffen, aber Tante Monika erzählte gerade, dass sie ihrem Sohn zum Schlafengehen noch vorliest, und das, obwohl er schon zur Schule geht.«

Steffen antwortete nichts. Charlotte wollte in seinen Augen lesen, dass er das auch gerne so haben würde.

Das Vorlesen geriet zu einer Art grotesker Vorstellung, bei der die Mutter immer eifriger klatschte, je komplizierter die Texte wurden; solche Gefühlsausbrüche hatte Charlotte selten an Monika beobachten können.

Ein Geburtstag aber schien anders als die anderen, bevor die bedrückende Stimmung im Hause Dietrich schnell wieder jede Herzlichkeit und jeden Frohsinn erstickte. Damals ging Steffen schon zur Schule. Charlotte bog in die Straße ein und sah vor dem Haus der Familie Dietrich einige Kinder Fußball spielen. Sie ging langsamer, um zu sehen, ob Steffen humpelnd oder im Tor stehend mitspielte, und freute sich an den Kindern. Ihr Junge hätte hier auch gut hergepasst.

Einen Schreck bekam sie, als sie Steffen am Gartenzaun lehnend den anderen Kindern beim Spielen nur sehnsuchtsvoll zusehen sah. Sie ging zu ihm und beide begrüßten sich über den Zaun.

»Herzlichen Glückwunsch zum Geburtstag, Steffen.«

»Danke«, antwortete der Junge nur kurz.

»Na, möchtest du nicht mitspielen? Einfach so ein wenig mitmachen, soweit du kannst.«

Der Junge nickte. »Das darf ich aber nicht. Die anderen Kinder sollen auch nicht hier vor dem Haus spielen.«

Jetzt war es Charlotte, die nickte. Mit Blick auf das Gartentor fragte sie: »Ist wieder abgeschlossen?«

»Hm.«

»Dann hol mal den Schlüssel.«

Steffen schüttelte den Kopf. »Das darf ich auch nicht. Ich weiß überhaupt nicht, wo Mama ihn aufbewahrt.«

Charlotte zog erstaunt die Augenbrauen hoch. Der Junge war eingesperrt, beraubt um jede Möglichkeit einer Kontaktaufnahme mit anderen Kindern außerhalb der Schule. Charlotte war wirklich gezwungen, am Gartentor zu klingeln, um Monika zum Öffnen zu bewegen.

Als Monika sie begrüßt hatte, fragte Charlotte gleich danach, ob Steffen nicht draußen bleiben solle, um mit den anderen Kindern zu spielen.

Monika schaute, als ob Charlotte etwas Anstößiges gefragt hätte. »Wie? Also nein! Das kommt nicht infrage. Weißt du, wie teuer die orthopädischen Schuhe sind, die der Junge braucht? Wenn die kaputtgingen, könnten wir uns keine neuen leisten. Seit ich seinetwegen nicht mehr arbeiten kann, können wir solche Sonderausgaben nicht mehr stemmen.«

Charlotte versuchte, Steffen zur Begrüßung zu drücken, spürte aber, wie er mit dem Oberkörper zurückwich. Als sie dann mit der Hand über seinen Kopf streicheln wollte, zog er auch diesen zurück.

Der Kindergeburtstag, wenn man das Zusammentreffen so nennen konnte, geriet sehr kurz. Vater Klaus trank schweigend seine Anstandstasse mit, bevor er ging. Charlotte erfuhr, dass es zu seinem Geburtstag eine Ausnahme war, dass Steffen aus dem Haus durfte. Er hatte jetzt nämlich Zimmerarrest.

Was sonst?, überlegte Charlotte. Hausarrest hat der Junge schon sein ganzes Leben lang.

»Er ist in der Schule von einem Notendurchschnitt von eins Komma zwei auf eins Komma fünf abgesackt.«

»Da geht die Welt nicht von unter.«

Monika blitzte die Bekannte an. Mehr war es nicht mehr; nur noch eine alte Bekanntschaft.

»Was macht denn dein Junge jetzt? Ist er auf dem Gymnasium?«

»Nein! Das wollte er nicht und hätte es auch von den Noten her nicht geschafft. Aber Steffen bewirbt sich doch nicht mit den diesjährigen Noten für das Gymnasium. Da hat es doch noch Zeit.«

Die letzte Bemerkung außer Acht lassend, fauchte Monika: »Da hättest du ein wenig mehr hinterher sein müssen, etwas Druck machen. Es geht doch schließlich um das Leben deines Jungen.«

Charlotte blickte auf Steffen und dachte bei sich, dass sie alles richtig gemacht hatte. »Genau!«, bestätigte sie. »Es ist sein Leben und nicht meins. Es ist doch wichtig, dass er glücklich wird und seine Räume entdeckt, in denen er sich entwickeln kann.«

Monika erfasste nicht, dass diese Sätze nicht auf Charlottes eigenen Jungen gemünzt waren, sondern auf Steffen.

»Glück, Glück … hatten wir das nicht schon damals, während des Studiums, diskutiert? Ich weiß nicht mehr um unsere Auffassungen. Aber Kinder in dem Alter können doch noch nicht einschätzen, was sie später glücklich macht. Da sind wir in der Verantwortung. Ich bin für Steffen verantwortlich und drücke mich nicht darum.«

Steffen saß am Tisch, verfolgte das Gespräch und schien sich seine Gedanken zu machen. Das Gesicht jedoch blieb ausdruckslos. Er sagte nichts, wenn er nicht ausdrücklich von seiner Mutter gefragt wurde. Selbst wenn ihn die Mutter ansprach, wollte sie eigentlich nur eine Bestätigung des von ihr Gesagten erhalten, und Steffen blieb einsilbig. Von Geburtstag zu Geburtstag zog sich der Junge immer weiter in sich zurück und wurde immer einsilbiger.

Charlotte empfand, dass sie aus Sicht der Familie Dietrich zu den Personen gezählt wurde, die der unfreundlichen Umwelt zugerechnet wurden, die ihr feindlich gegenüberstanden.

Vor dem nächsten Geburtstag rief Charlotte wieder an und fragte nach einem Geschenk. Es kam die alljährliche Antwort, der zufolge Geld gewünscht war.

»Aber was wünscht sich Steffen? Es ist doch sein zehnter Geburtstag. Da möchte ich etwas schenken, was er braucht, was er möchte.«

»Steffen möchte, was ich möchte. Er ist vernünftig genug, um zu wissen, was gut für ihn ist. Und das ist nun mal sein Studium.«

»Immer nur Geld, das ist mir zu unpersönlich.«

»Du hast leicht reden. Bei uns fehlt es an allen Ecken und Enden. Seit ich wegen Steffen nicht mehr arbeiten kann … Und Klaus …«

»Ja?«, erkundigte sich Charlotte.

»Ach nichts … oder besser: Das erzähle ich dir bei dem nächsten Besuch.«

Charlotte staunte, mit welcher Sicherheit Monika überhaupt noch davon ausging, dass sie sich weiterhin bei der Familie Dietrich sehen lassen würde. Okay, dachte sie sich, diesmal ist es ja klar. Sonst hätte ich mich nicht wegen eines Geschenks erkundigt. Aber die Selbstverständlichkeit erstaunte sie schon ein wenig.

»So schlimm?«, wollte Charlotte dennoch wissen.

Monika blieb unerbittlich. »Wie gesagt, wenn du hier bist, können wir alles besprechen.«

Mit einem »In Ordnung« signalisierte Charlotte, dass sie nicht weiterbohren würde. »Und wie wäre es mit einem kleinen Freund für ihn?«

»Für Klaus?«

»Nein, für Steffen!«

»Ein was?«

Charlotte hatte das Gefühl, etwas Ungehöriges ausgesprochen zu haben, und wiederholte: »Einen Freund. Ich dachte an einen Vogel.«

Schweigen auf der anderen Seite des Telefons.

Charlotte erklärte: »Wir haben auch so einen kleinen lustigen Kerl, einen Kanarienvogel. Er macht uns viel Freude.«

»Aha«, erklang es nüchtern aus dem Hörer.

Da für sie Monikas ablehnende Haltung offensichtlich war, versuchte Charlotte, ihr Vorhaben im Sinne Monikas geschickter zu verpacken: »Da lernen die Kinder, was es heißt, Verantwortung zu übernehmen, und es gibt ihnen die Ahnung einer Vorstellung davon, was wir an Kraft und Mühe aufwenden, um uns um sie zu kümmern.«

»Hm«, klang es schon interessierter.

»Hat Steffen mal den ›Kleinen Prinz‹ von Antoine de Saint-Exupéry gelesen?«

»Ja, sicher. Ist ja mittlerweile ein Klassiker der Weltliteratur. So was hat er schon lange durch.«

»Da gibt es doch so ein Zitat, dass man zeitlebens für das verantwortlich ist, was man sich vertraut gemacht hat.«

»Im Zusammenhang mit der Zähmung des Fuchses?«

»Glaube ja. Das wird mit so einem Piepmatz für ihn ganz deutlich.«

»Mal sehen. Ist vielleicht gar keine schlechte Idee. Ich frage meinen Mann.«

Charlotte hatte den kleinen Transportkäfig mit dem Vogel auf den Beifahrersitz gestellt, auf der Rückbank der große Vogelbauer. Als sie um die Straßenecke bog und die verwaiste Straße sah, musste sie an die spielenden Kinder des Vorjahres denken. Leider war niemand, aber auch wirklich niemand zu sehen. Sie hielt das Auto vor dem Grundstück der Dietrichs an. Auch Steffen war nicht zu sehen. Vielleicht darf er jetzt überhaupt nicht mehr aus dem Zimmer, selbst zu seinem Geburtstag, dachte sie bei sich.

Sie lud die Käfige aus und hob die Decke vom Transportkäfig. Dicht am Grundstück schaute sie auf den großen, parkartigen Garten. Es wuchsen die ältesten Bäume aus der gesamten Nachbarschaft darin. Früher hatte sie es schön gefunden, wie lange die Bäume erhalten worden waren, wie die ältesten unter ihnen über Kriege und Kältezeiten gerettet wurden, ohne sie als Feuerholz zu nutzen. Nun jedoch, als sie die Stimmung des Hauses schon vor dem Klingeln ergriff, sahen diese dunklen Riesen furchteinflößend aus. Der alte Park hatte den Charme eines Friedhofs. Ja, das war es! Das Grundstück wirkte wie ein Friedhof.

Der Vogel saß ruhig im Transportkäfig.

Können Häuser, Grundstücke und Wohnungen überhaupt irgendeine Stimmung vermitteln? Sind es nicht eher die Menschen, die wir kennen und dann Rückschlüsse darauf ziehen, ob ein Haus eine glückliche oder wie hier eine unglückliche Aura vermittelt? Charlotte schüttelte den Kopf; auf welche Gedanken sie an diesem Ort hier kam!

Nach dem Klingeln wartete Charlotte wieder eine gefühlte Ewigkeit. Steffen kam mit blassem und ausdruckslosem Gesicht herangehumpelt, und sogleich schämte sich Charlotte für ihre Ungeduld. Aber auch wenn Monika geöffnet hätte, würde es lange gedauert haben. Es war im Hause Dietrich einfach so, dass man sich nicht willkommen fühlte.

»Oh, du hast es wahr gemacht!«, erscholl Steffens Stimme glücklich, wie Charlotte sie noch nie gehört hatte. Er beeilte sich, die Pforte zu öffnen, und umarmte Charlotte.

Und schon war Charlotte bereit, ihre düsteren Gedanken von Friedhof und eingeschlossenem Jungen beiseitezuschieben.

»Herzlichen Glückwunsch zum Geburtstag!«, trällerte sie.

Steffen schaute zum Transportkäfig. »Ein Kanarienvogel, wie hübsch!«

Sie trugen zusammen die Käfige in den Raum des Anbaus, in dem sie auch die vergangenen Geburtstage gefeiert hatten. Gedeckt war der Tisch nicht, auch sonst gab es keine Anzeichen, dass sie erwartet worden wäre. Außer Steffen, der sich über seinen neuen kleinen Freund freute, wie es nur Kinder können, gab es niemanden, dem ihre Anwesenheit von Bedeutung war. Aber das reichte Charlotte auch; sie war um Steffens willen hier, und ihre Idee mit dem Vogel war die offensichtlich richtige gewesen.

»Deine Mutter hat mitbekommen, dass ich hier bin?«

Der Kanarienvogel begann, sich ein wenig zu bewegen.

»Ja, natürlich! Sie hatte bis zu deiner Ankunft die Klingel eingeschaltet gelassen, mir den Schlüssel übergeben und mich geschickt, um dich zu empfangen.«

»Du drückst dich für einen Zehnjährigen aber sehr ordentlich aus«, meinte Charlotte spontan, ohne recht zu wissen, warum sie das gesagt hatte, ob sie es als Lob gemeint hatte oder ob sie einfach die Zeit überbrücken wollte. Ein guter Unterhalter war der Junge jedenfalls nicht.

Steffen schaute auch ein wenig bedrückt; ein Blick, den sie leider so oft an ihm festgestellt hatte. »Das sagen die Lehrer häufig.«

»Und deine Mitschüler?«

Steffen zuckte kaum merklich mit den Schultern, und Charlotte wusste, dass sie da besser nicht weiter nachfragen sollte.

»Und die Klingel, die wird jetzt wieder ausgeschaltet?«

»Natürlich! Wir erwarten doch keine weiteren Gäste, wie du weißt, Tante Charlotte.«

Charlotte nickte stumm.

Monika kam ins Zimmer und schien eine Eiswolke mitzubringen. »Du hast es wirklich getan«, schlug es Charlotte mit Blick auf den Vogel statt einer Begrüßung entgegen.

»Guten Tag!«, entgegnete Charlotte statt einer Rechtfertigung.

»Steffen, du weißt«, gebot Monika gebieterisch in Richtung ihres Sohnes, »dass du damit die Verantwortung für dieses Tier hast. Kümmere dich ordentlich darum, erkundige dich, was er braucht und so weiter!«

»Ja, Mama«, erwiderte er und stand da wie ein Befehlsempfänger ... wie ein trauriger Befehlsempfänger, der nie widersprechen würde.

»Ein bisschen Futter für die ersten Tage habe ich mitgebracht«, ließ Charlotte in ihrer Handtasche kramend verlauten.

Einige Minuten später saßen sie in der jährlichen Dreier-runde bei Kaffee und Kuchen. Steffen wurde von der gestren-gen Mutter gerügt, als ein paar Krümel auf die alte weiße, handbestickte Leinentischdecke und sein genauso weißes Hemd fielen.

»Du siehst in deinem Hemd aber heute wieder besonders schick aus«, wollte Charlotte das Gespräch ob der Ermah-nung der Mutter in Gang bekommen.

Steffen erwiderte nichts.

Die Mutter erklärte statt seiner: »Steffen trägt meist frisch gebügelte Hemden und sieht ordentlich aus.«

Völlig unbedarft meinte der Geburtstagsgast: »Aber ja nicht ständig in der Schule und nicht beim Toben.«

»Doch, meist!«, widersprach die Mutter. »In der Schule zeigt Steffen auch durch sein Äußeres, dass er anders ist als die anderen. Wir sind stolz auf seine Leistungen und darauf, dass er klüger, redegewandter und auch sonst den anderen voraus ist. Und toben? Na, mit seinem Leiden ist das kaum zu machen.«

»Aber er wird doch Spielbekleidung haben?«, erkundigte sich Charlotte, die nicht recht glauben wollte, was sie gerade gehört hatte.

Monika schüttelte den Kopf. »Nein! Wozu? Steffen muss sich nicht schmutzig machen. Nur wenn er im Haushalt hilft oder seinem Vater zur Hand geht, zieht er ältere Bekleidung als Arbeitssachen an.«

Für ein Kind keine Spiel-, sondern nur Arbeitssachen? Das konnte doch nicht Monikas Ernst sein! Ohne Freunde, ohne Spiel, da lief doch etwas verkehrt! Charlotte wollte das Thema in Gegenwart des Jungen nicht weiter vertiefen und steuerte zielsicher auf das nächste Fettnäpfchen zu, als sie Monika fragte: »Hattest du nicht noch einen Bruder?«

Kurz angebunden antwortete sie: »Ja.«

»Warum lässt der sich nicht zu Steffens Geburtstag se-hen?«

Steffen blickte, als ob er erstmals von der Existenz seines Onkels gehört hätte.

»Wir reden schon seit Jahren nicht mehr miteinander. Mehr möchte ich dazu nicht sagen.«

Es gab schon so viele Themen, über die man in diesem Hause nicht sprach, dachte Charlotte sich. Es wurde ihr wirklich nicht leicht gemacht, hier ein Gespräch in Gang zu bringen oder aufrechtzuerhalten.

»Und dein Mann, was gibt's da Neues?«

»Er hat seine Arbeit verloren … Jetzt wissen wir nicht mal mehr, ob wir das Haus noch halten können.«

»Das tut mir leid«, beteuerte Charlotte. Und so war es auch. Dennoch kam ihr gleich ein Gedanke in den Sinn. »Weshalb trinkt er nicht mit uns Kaffee?«

Monika schwieg. Und Charlotte setzte nach: »Früher hat er sich nicht zu uns gesetzt, weil er für die Arbeit noch so viel zu tun hatte, und heute, wo er keine Arbeit hat …«

Monika ging zu einer Art Gegenangriff über: »Aber das musst du doch verstehen, da ist die Scham so groß …«

»Doch nicht unter uns«, meinte Charlotte mit weichem Ton.

»Doch!«, erwiderte Monika. »Weshalb nicht?«

Charlotte wollte um Steffens willen nicht, dass die Situation weiter eskalierte. Und da sie mit Monika nicht mehr das Band der Freundschaft verband, sie ihr sogar mehr als nur skeptisch gegenüberstand, wollte sie abermals das Thema wechseln, bevor es an diesem Geburtstag noch zu einem offenen Streit käme. Andererseits, dachte Charlotte bei sich, weshalb nicht zu diesem Geburtstag? Sonst wird es irgendein anderer werden. Diesen Gedanken verwarf sie aber sehr schnell. Um das Gesprächsthema abrupt ändern zu können, musste eine neue Idee her, und zwar eine, die das Thema völlig wechseln ließ.

»Wir lassen den Vogel fliegen!«, gab Charlotte den beiden Dietrichs ihre Idee preis.

Steffens Augen leuchteten auf. Charlottes Herz floss über, als sie die kindliche Freude sah.

Mit einem strikten »Nein!« der Mutter erlosch sofort wieder das Feuer, das im Kinde durch Charlottes Idee entfacht worden war.

»Tür und Fenster sind doch geschlossen, da kann nichts passieren«, versuchte Charlotte die Situation zu entschärfen.

»Darum geht es doch gar nicht!«, fauchte Steffens Mutter ihr entgegen.

Das hatte Charlotte auch befürchtet. Und es war nicht nur der Vogel, der ihr unendlich leidtat.

»Aber er braucht doch etwas Freiheit«, meinte sie, nicht mehr nur den Vogel betreffend.

»Unsinn«, erklärte Monika eifrig, »dafür gibt's doch die Käfige.«

»Meinst du nicht, dass er sich wohler fühlt, wenn er ab und zu mal aus seinem Gefängnis kommt?«

Monika beharrte auf ihrer Position. »Weshalb? Er hat sich daran gewöhnt. Und hier ist er sicher. Wer weiß, was alles passieren kann, wenn er draußen ist!«

Jetzt hatte Charlotte den Eindruck, dass auch Monika nicht mehr nur den Vogel meinte.

Bevor sie sich vollends zerstreiten würden, wollte nun Charlotte einlenken und klarstellen, dass es ihr – zumindest im Augenblick – nur um das Wohl des Vogels ging. »Komm, wir lassen ihn jetzt fünf Minuten fliegen. Du wirst sehen, wie viel Freude es ihm bereiten wird.«

Monika ließ sich nicht erweichen. »Ach! Der kackt mir doch alles voll!«

»Das trocknet schnell und dann kann man es einsammeln.«

»Während wir hier Kaffee trinken?«

»Gut«, tat Charlotte, als ob sie Steffens Mutter verstünde. »Dann können wir ihn doch nach dem Kaffee fliegen lassen.«

»Mal sehen. Vielleicht.«

Der Vogel flog weder an diesem Tag noch an anderen. Die kommenden Geburtstage glichen sich wieder. Schon im nächsten Jahr musste Charlotte schmerzlich erfahren, dass der Vogel verstorben war. Steffen saß mit seinem wachsfarbenen Gesicht neben ihnen und schwieg in sich hinein.

Charlotte erfuhr, dass Steffen weiterhin nach der Schule sofort nach Hause fahren musste, wo er genau wie sie vor dem Tor stand und klingeln und warten musste wie ein Bittsteller, wie jemand, der eigentlich nicht in diesem Hause wohnte, obwohl es zu seinem Gefängnis geworden war. Er bekam, auch als er erwachsen wurde, nie einen eigenen Schlüssel zum Haus, das immer sorgfältig verschlossen wurde. Charlotte war die Fürsprecherin des Sohnes, als ihm verboten wurde, an Klassenfahrten teilzunehmen. Er durfte dennoch nicht reisen.

Nur einmal begehrte Steffen auf … ein einziges Mal, soweit Charlotte es erfuhr. Der Junge wollte gerne Medizin studieren. Deshalb wählte er im Gymnasium auch den Biologie-Kurs. Dem jüngsten Willen der Mutter zufolge hatte der Junge nun aber Jura zu studieren. Medizin ginge mit den Klumpfüßen überhaupt nicht.

Charlotte durchschaute das Spiel der Mutter schnell.

»Du brauchst wohl einen eigenen Anwalt für all deine Streitigkeiten?«

Monika funkelte Charlotte mit feindlichem Blick an. »Er kann mit seinen verkrüppelten Füßen nicht in einem OP stehen oder durch lange Krankenhausflure schlendern.«

»Da gibt es sicher auch andere Tätigkeiten, und er würde sicher auch einen leidensgerechten Arbeitsplatz finden.«

»Dem die Kollegen ständig helfen müssten. Nichts da! Steffen wird Anwalt! Den brauchen wir dringender.«

»Du brauchst ihn. Und deshalb entscheidest du über sein Leben, entgegen seinem Wunsch?«

»Er kann sich ruhig ein wenig dankbar zeigen.«

Jetzt reichte es Charlotte. »Dankbar wofür? Dass du ihn hier einsperrst, keine sozialen Kontakte zulässt, genauso wenig wie eine eigene Meinung, einen Leistungsdruck ausübst, der völlig überflüssig ist, keine Freunde erlaubst? Er führt doch kein Leben. Ich halte es hier nicht mehr aus!« Charlotte verließ das Haus, das sie nie wieder betreten würde.

Spätere Versuche der Verbindungsaufnahme scheiterten. Die Familie Dietrich hatte ihre Telefonnummer ändern und nirgendwo mehr erfassen lassen.

Charlotte sah wenige Wochen später an einer Mauer in Berlin den Spruch geschrieben: »Zahme Vögel singen von Freiheit. Wilde Vögel fliegen.« Sie musste sofort an Steffen denken.

Später googelte sie zum Urheber; es soll wohl John Lennon gewesen sein, auch Bertolt Brecht wurde ihr genannt. Zuzutrauen war er ja zu beiden. »Sei es, wie es sei«, dachte sie sich, ohne der Sache weiter auf den Grund zu gehen, der Spruch passte, und Steffen würde nie fliegen können.

Das ungeliebte Jura-Studium

Als Steffen begann, Rechtswissenschaft zu studieren, sträubte sich alles in ihm dagegen. Die Antipathie gegen das Fach und die anderen Studenten konnte er bis zum letzten Tage seines Studiums nicht ablegen. Lange trauerte er seinem Traum vom Studium der Medizin hinterher. Er war auch überzeugt, dass eine solche Arbeit wirklich sinnvoll gewesen wäre. Die Materie, mit der sich Juristen beschäftigten, ließ ihn häufig nur an der Vernunft der Menschen zweifeln. Und wenn er sich die anderen Studenten ansah, kam er zu dem Schluss, dass man für die Juristerei keine besondere Begabung brauchte, da brannte auch kaum einer für das Fach. Einige wenige, die das dann aber nur verschämt einräumten, studierten Rechtswissenschaft, weil sie Zweifel an der Gerechtigkeit des Systems hatten, es verstehen und verbessern und Menschen helfen wollten. Er traf auch einige Studenten, deren Eltern Juristen waren und die in deren Fußstapfen treten wollten. Zu viele aber waren Menschen, die sich von diesem Studium Geld, Prestige und Anerkennung versprachen. Mit all diesen Studenten hatte er nichts gemein.

Dass er Jura studierte, war nicht sein Wunsch gewesen, sondern der seiner Mutter. Sie verlor all ihre Rechtsstreitigkeiten. Sie stritt um ein höheres Arbeitslosengeld, um einen höheren Grad der Behinderung, um eine Erwerbsminderungsrente und sah nicht ein, weshalb sie keine Ansprüche darauf haben sollte. Ihrem Sohn, der ein sehr gutes Abitur erlangt hatte, wurde zu Recht eine überdurchschnittliche Intelligenz zugesprochen.

Er blieb im Studium genauso ein Einzelgänger, wie er es zuvor an der Schule war. Er verließ am Morgen das Haus und hatte, obwohl inzwischen erwachsen, immer noch keinen eigenen Schlüssel. Nach den Lehrveranstaltungen kehrte er am Abend zurück. Er war es so gewohnt und widersprach dem Leben mit festungsähnlichem Charakter nicht. Häufig war er auch ganz froh, diesem dummen Leben da draußen entfliehen und sich zu Hause zurückziehen zu können.

In jeder Vorlesung stand er dem Gehörten nicht nur kritisch, sondern feindlich gegenüber. Diese ablehnende Haltung verfestigte und vertiefte sich immer weiter. Zu Hause gab es regelmäßig Krach wegen des Studiums, Steffens Widerwillen und seiner daraus folgenden nur unzureichenden Leistungen. Unterhalten wurde sich im Hause der Eltern darüber hinaus nicht mehr. Unterhaltungen hatte es auch früher nur sehr wenige gegeben. Eigentlich war es immer die Mutter gewesen, die sagte, was sie meinte und was zu machen sei. Und er folgte.

Ihm, der auf der einen Seite sämtliche staatliche Autorität, die Ursache und Legitimation für die Geltung von Gesetzen und Verordnungen, infrage stellte, gelang es auf der anderen Seite in seiner privaten Sphäre nicht, die Rolle der Mutter anzuzweifeln und sein Leben in die eigene Hand zu nehmen. Zu fein waren über zwei Jahrzehnte die Fäden gesponnen, die ihn ans Elternhaus banden.

Steffen selbst verbrachte die ganzen Semesterferien im Haus der Eltern.

Wenn in den Ferien Hausarbeiten zu schreiben waren, arbeitete er nie in der Bibliothek, sondern lieh sich Bücher in der Uni-Bibliothek aus und arbeitete zu Hause. So verging Semester um Semester.

Nach vierzehn Semestern gab es in der Uni keinen Studenten mehr, mit dem er das Studium begonnen hatte; entweder hatten sie meist schon früh das Studium abgebrochen oder sich schon längst für das erste Staatsexamen angemeldet. Viele hatten es bestanden, einige waren durchgefallen. Selbst die Durchfaller hatten ihre zweite Chance genutzt und es entweder geschafft oder eben auch nicht; jedenfalls waren deren Gesichter schon lange nicht mehr an der Uni zu sehen. Hinter Steffens Rücken tuschelten die Studenten über diesen komischen Kauz, der so anders war als sie.

Steffen meldete sich beim Immatrikulationsamt nicht mehr für das nun siebzehnte Semester an, er hatte für sich beschlossen, das Studium abzubrechen. Die ihm erteilte Exmatrikulationsbescheinigung zeigte er den Eltern nicht. Er ließ sie nicht nur in dem Glauben, dass er weiter studiere, sondern teilte ihnen mit, dass er sich für das Staatsexamen angemeldet hatte. Morgens fuhr er in die Uni, schlenderte durch den Fachbereich, besuchte die Cafeteria und zum Mittag die Mensa. Langsam ging ihm aber das Geld aus. Er wusste, dass der Tag nahte, an dem seinen Eltern die Wahrheit erfahren würden. Er fürchtete sich vor ihrer Reaktion. Was, wenn sie ihn rausschmissen? Er war erwachsen, hatte aber noch nie alleine gelebt, und die Frage hatte sich auch noch nie für ihn gestellt. Bedrängte ihn die Mutter, wann denn endlich die Prüfungsergebnisse vorliegen würden, erfand er Geschichten von überlangen Korrekturzeiten, Fehlinformationen durch das Justizprüfungsamt und diversen Missverständnissen. Doch Steffen merkte, dass seine Mutter ständig misstrauischer wurde. Sie drängelte, schimpfte, gab Strafarbeiten im Garten auf, deren Realisierung dem jungen Mann mit seiner Behinderung sichtlich schwerfiel.

Der weiterhin arbeitslose Vater saß vor dem Fernseher, als Steffen mit der Kettensäge Äste aus den Bäumen entfernte. Der Geräuschpegel des Benzinmotors stieg, sobald Steffen das Sägeblatt auf einen Ast setzte. Die Säge wäre für ihn auch schwer handhabbar gewesen, wenn er in seinem Leben Sport getrieben hätte. Sie hatte schon ein beträchtliches Eigengewicht. Durch seine Behinderung wuchs sich diese Arbeit zur Strapaze aus. Umständlich kletterte er mit der Säge in der Hand die Leiter hinauf und begann sein Werk. Der Vater brüllte aus dem Fenster, dass die Arbeit zu einer anderen Zeit zu machen sei und nicht, wenn seine Sendung laufe. Einen innerlichen Groll aufbauend, kletterte Steffen mit seinen Klumpfüßen umständlich von der Leiter. Die Kettensäge legte er ab. Leise harkte er anschließend das letzte Herbstlaub und stopfte es in die immer noch im Garten stehenden großen blauen Kunststofftonnen, aus denen modriger Gestank emporstieg.

Bedächtig trottete er in den Heizungskeller, der wie ein Technikmuseum anmutete. Die alte, kohlebefeuerte Schwerkraftanlage war nicht mehr in Mode. Als es der Familie wirtschaftlich noch besser gegangen war, hatte man an eine Umrüstung auf eine moderne Heizungsanlage gedacht. Die war nun schon lange aus den Gedanken gestrichen. Man redete sich die Sache mit der angeblich so tollen alten Heizung schön, so wie man sich in der Familie immer etwas vormachte.

Plötzlich war der Wirkungsgrad der alten Kohleanlage nicht mehr interessant. Dann wurden eben nur noch deren Vorteile erwähnt: So eine Schwerkraftanlage funktioniert ohne Umwälzpumpe und liefert selbst bei einem Stromausfall noch Wärme. Wann hier jedoch der letzte Stromausfall war, daran erinnerte sich niemand mehr. Die Anlage sah gerade durch den alten Heizkessel und die Luke zur Befeuerung vorsintflutlich aus.

Steffen öffnete die Luke. Das Feuer erhellte den Raum in rötlichem Licht. Er nahm ein paar Kohlen und legte sie nach. Mit seiner rechten Hand langte er dabei so weit in die Feuerkammer, bis der Schmerz ihm die Kohle aus der Hand riss und er sie wieder zurückzog. Das wiederholte er einige Male. Er ließ die gusseiserne Tür noch ein wenig offen und beobachtete, wie die Flammen um die Kohle züngelten. Dann warf er die Tür energisch zu. Er hatte einen Entschluss gefasst.

Am nächsten Morgen verließ er wie gewohnt das Haus und machte sich auf den Weg zur Uni, in seiner Tasche ein Messer und einen Brief an die Eltern. Wenige Zeilen nur, in denen er sagte, das Leben sei eine Endlosschleife ohne Sinn. »Deshalb drücke ich jetzt Stopp.«

Es würde nicht weiter auffallen, wenn er überhaupt nicht mehr da wäre, weder an der Uni noch zu Hause; ja, fast erschien es ihm so, als ob den Eltern mit seinem Verschwinden eine Last von den Schultern fallen würde.

Er schüttelte bei seinen Gedanken den Kopf. Wirklich niemand würde ihn vermissen. Er hatte keine Freunde, niemanden, mit dem er seine Sorgen und Nöte, aber auch seine Freuden teilen konnte. »Welche Freuden?«, überlegte er. Andere Menschen brauchten Beziehungen, um alles aushalten zu können. Er war allein, ganz allein. Bis auf Mama mit ihrer seltsam egoistischen Mutterliebe gab es niemanden, der je eine liebenswerte Seite an ihm entdeckt hatte. Dabei wollte er doch immer alles richtig, der Mutter alles recht machen.

In dem weitläufigen Universitätsgebäude angekommen, suchte er eine Toilette in einem der oberen Flure auf. Er setzte das Messer an die Stelle, an der man den Puls mit den Fingern ertastet. Er, der Medizin hatte studieren wollten, wusste eigentlich, wie man schneiden musste, um sehr schnell einen hohen Blutverlust herbeizuführen. Aber in der letzten Konsequenz wollte er es dann doch nicht. Er ritzte sich erst vorsichtig quer in den Arm, dicht über dem Handgelenk. Die ersten Tropfen quollen hervor. Es tat auch gar nicht so sehr weh. Die Gefühle, die ihn bewegten, wogen schwerer als der schwache Schmerz. Dann schnitt er ein zweites Mal, dicht neben dem ersten Schnitt, mit dem gleichen Ergebnis. Den dritten Schnitt führte er kräftig aus, so kräftig, dass das Blut aus den Adern schoss. Der Schnitt hatte jetzt doch Schmerzen verursacht; er stöhnte kurz auf.

Steffen schaute auf die Wunde und das Blut, das über die Hand rann und auf den Boden tropfte. Ihm wurde schwindlig, die Knie knickten ihm ein. Er tastete nach seinem Handy und drückte die Notruftaste. Dann wurde er bewusstlos.

Steffen erwachte im Krankenhaus. Erst dachte er an einen furchtbaren Traum, dann schaute er auf den Verband am linken Arm. Er lebte und es war kein Traum gewesen. Scham durchfloss seinen Körper.

Niemand besuchte ihn im Krankenhaus.

Nach der Entlassung empfing ihn der Vater mit den Worten: »Opa hat sich im Krieg wenigstens richtig erschossen.«

Für die Mutter war die Welt zusammengebrochen, als sie von Steffens Studienabbruch erfuhr. Jetzt kam es zu einem heftigen Streit zwischen Steffen und ihr, der mit den Worten der Mutter endete, dass er nicht mehr ihr Sohn sei. Von da an gab es nur noch eisiges Schweigen.

Da die Flucht in den Tod misslungen war, musste Steffen mit dem Leben weitermachen.

Die Tragödie nimmt ihren Lauf

Einige Monate nach der Offenbarung bewarb sich Steffen für eine Ausbildung im öffentlichen Dienst. Er wurde zu einem Einstellungstest nach Hamburg geladen.

Am Morgen des Tests stand er früh auf und machte sich fertig. Sein Vater saß in einem weißen Unterhemd schon unten im Wohnzimmer des Hauptgebäudes vor dem Fernseher. Saß er schon wieder dort oder hatte die letzte Nacht ihn dort belassen? Das Essen stand auf dem Tisch. Unklar, ob es das Abendbrot oder das Frühstück war.

»Du hattest doch eingewilligt, mich zum Bahnhof zu fahren«, begrüßte ihn Steffen.

Der Vater blickte ihn mit müden, glasigen Augen an, als ob er nicht recht verstanden hätte, was der Sohn gesagt hatte.

»Heute findet doch der Einstellungstest in Hamburg statt.«

»Und? Den bestehst du doch sowieso nicht. Bist doch sogar zu bescheuert, dich selber umzubringen.«

Steffen versuchte, ruhig zu bleiben. »Aber du fährst mich doch?«

»Hab noch zu tun, muss in den Keller«, der Vater trank sein Bier aus und erhob er sich schwerfällig.

Steffen ging in die Küche und schmierte sich ein paar Brote für die Zugfahrt. Dann stieg auch er die Kellertreppen hinab, um aus der Gefriertruhe ein paar Kühlakkus für seinen Proviant zu holen. Auch wurde es Zeit, den Vater, der immer noch nicht zurück war, zur Eile zu mahnen.

Er fand seinen Vater mit den Kartoffelsäcken beschäftigt. Ein spitzes Messer, mit dem er einen der Säcke aufgeschnitten hatte, lag auf dem Tisch, an dem er hantierte.

»Glotz nicht so blöde!«, fuhr der Vater ihn an.

Steffen versuchte, ruhig zu bleiben. Doch seine Stimme bebte. »Und, fährst du mich nun?«

»Sehe ich so aus? Verpiss dich in dein Zimmer. Du kannst dich ja richtig aufregen, Bubi. Schau dich doch an. So eine lächerliche Gestalt. Wenn du es noch einmal versuchen möchtest … Nur los! Aber sicher bekommst du es auch beim zweiten Mal nicht hin. Fängst du gleich an zu heulen?«

In der Tat, Steffen war danach, einfach loszuheulen. Diese Genugtuung wollte er dem Vater jedoch nicht geben. »Wie soll ich sonst zum Bahnhof kommen?«

»Wie ›kommen‹? Du kommst doch nicht, höchstens, wenn du wichst. Das machst du doch wenigstens? Oder kriegst du Versager nicht mal das auf die Reihe?« Der Vater schaute ihn mit einem verächtlichen Blick an. »Jetzt gehst du in Richtung dreißig und hast noch nie eine Frau gefickt. Und so was will mein Sohn sein. Das bist du sicher nicht! Nur der liebe Gott weiß, wer sein krankes Sperma in deine Mutter gestopft hat. Bei mir wäre auch was Ordentliches rausgekommen und nicht so ein Krüppel.«

Steffen schaute auf das Messer. Einfach greifen und den Vater zur Ruhe bringen, zum Schweigen, damit er nicht weiter solche Bösartigkeiten von sich gab. Stattdessen unternahm er aber einen weiteren Versuch, seinen Vater zu mäßigen. »Warum sagst du so etwas? Das ist doch geschmacklos und widerlich.«

»Hört, hört, Ödipus mit dem Klumpfuß drückt sich immer so gewählt aus. Egal wie du hier quasselst. Du bist ein Stück wertlose Scheiße.« Bei der Idee, die ihm jetzt kam, musste er sogar mit verzerrtem Gesicht lächeln. »Einfach ab ins Klo mit dir. Da, wo du hingehörst, und runterspülen. Dann sind wir unsere größte Sorge los.«

Jetzt brüllte Steffen los: »Was soll das? Weshalb führst du dich hier so auf? So sprechen wir in unserer Familie nicht!«

»Reg dich ab, du Schlappschwanz! Was für eine Familie?«

»Mama, du und ich!«

»Ach du Scheiße! Mach die Augen auf! Zwei Eltern, die keine Arbeit mehr finden, und ein Krüppel, der nie eine Ausbildung oder ein Studium zu Ende bringen wird.«

»Hör auf!«, sagte Steffen etwas lauter.

»Oho, hört, hört, es hat sogar eine Stimme, dieses Mama-Söhnchen.«

»Weshalb bist du so gemein?«

»Ein weinerliches, verwöhntes Hosenscheißerchen bist du, das zu blöd zum Laufen ist und sich die Knochen bricht, wenn es eine Treppe hinuntergeht, und zu dumm und degeneriert, um diesem Elend ein Ende zu machen, seinem ganzen Scheißleben.«

Es reichte! »Schluss damit!«, rief Steffen, riss das Messer vom Tisch und stürzte sich auf den Vater.

Der versuchte zwar eine Art Abwehrbewegung, war aber zu langsam. Das scharfe Messer glitt in seinen Bauch. Ungläubig starrte er mit weit aufgerissenen Augen in das Gesicht seines Sohnes. Der zog das Messer aus dem Körper des Vaters und stach wieder und wieder zu. Er war noch nie so wütend in seinem Leben gewesen, noch nie so gereizt worden. Er hielt erst inne, als der Körper sich nicht mehr regte. Das Messer steckte im Leib des Vaters. Aus den Wunden drang Blut.

Steffen stellte sich neben den Vater. Was hatte er getan? Was sollte er jetzt tun? Ich muss doch nach Hamburg, ich muss nach Hamburg, hämmerte es in seinem Kopf. Er raste die Treppe hinauf, stieß gegen die Flurgarderobe, ein Schirm fiel mit lautem Knall zu Boden. Aus dem Schlafzimmer vernahm er die mürrische Stimme der Mutter: »Die Reise kannst du dir sparen!«

Er hatte noch keinen Gedanken an die Mutter aufgebracht, aber natürlich, sie würde sicher gleich sehen, was passiert war.

Eine panische Angst überkam ihn, dass sie die Tötung des Vaters entdecken und ihn maßregeln würde. So schnell er konnte, lief Steffen hinunter in den dunklen Heizungskeller mit dem großen alten Kessel und der gusseisernen Tür. Er lief an der Heizung vorbei in den Werkzeugkeller, ergriff einen mittelschweren Hammer und ging wieder hinauf.

Er konnte sich nicht erinnern, wann er zuletzt das Schlafzimmer der Eltern betreten hatte. Er musste gerade eingeschult geworden sein. Das wäre jetzt über zwanzig Jahre her. Die Eltern hatten sich nicht nur von der Welt um sich herum abgegrenzt, sondern auch von ihrem Sohn.

Er musste die Mutter töten. Ob er das fertigbringen würde, wusste er noch nicht. Dennoch klopfte er erst an, wartete aber keine Antwort ab. Er fand es irrational, in dieser Situation noch anzuklopfen. Aber er tat es dennoch.

Die Mutter lag auf dem Bett und richtete sich langsam und verschlafen auf.

»Was willst du denn hier?«, fragte sie erstaunt und vorwurfsvoll.

»Es hat Ärger mit Vater gegeben wegen des Bewerbungsgesprächs in Hamburg. Er wollte mich nicht zum Bahnhof fahren.«

Kalt blickte sie ihn an. »Ist ja zu verstehen. Die ganzen Jahre schleifen wir dich durch …« Sie gähnte und rieb sich die Augen. »Und dann versagst du wieder und wieder. Das wäre heute wieder genauso gekommen. Du bist der Mühe nicht wert.«

Sie machte Anstalten, sich wieder hinzulegen.

Steffen schritt schnell auf seine Mutter zu, die erst jetzt realisierte, dass ihr Sohn die ganze Zeit einen Hammer hinter dem Rücken gehalten hatte.

Plötzlich hellwach, schrie sie mit aufgerissenen Augen: »Was zum Teufel …?«

Da sah sie schon den ersten Hieb auf sich zukommen. Sie wollte den Schlag abwehren, doch bremste ihr Unterarm die Wucht des Hammers nur mäßig. Der Schlag traf die Schädeldecke.

Der Oberkörper der Frau fiel zurück auf das Bett. Steffen griff nach dem Bademantel vom Fußende des Bettes und zog ihn über den Kopf der Mutter. Er schlug noch einige Male zu, bis die Mutter reglos im Bett lag. Dann stand er, den blutigen

Hammer in der Hand haltend, vor dem Bett und betrachtete sein grausiges Werk.

Er fühlte eine seltsame Leere. Keinen Zorn mehr auf die Eltern, aber auch keine Schuld, kein Unglück. Diese Leere war ihm nicht unbekannt, diesmal nur war sie ohne jeglichen Boden, so als ob er nun völlig allein auf der riesigen Welt lebte.

Was sollte er jetzt tun? Er schaute an seinen blutbefleckten Sachen hinunter, legte den Hammer ab und humpelte ins Bad. Er zog sich umständlich aus, duschte sich, zog sich um, griff sich die Unterlagen für den Einstellungstest und humpelte zum Bus, um zum Bahnhof zu gelangen.

Es war der Weg, den er so immer zur Uni genommen hatte.

Die Bilder der getöteten Eltern begleiteten ihn die ganze Zeit. War das, was geschehen war, ihr vorbestimmtes Schicksal gewesen? Steffen verpasste in Gedanken versunken die Station, bei der er hätte aussteigen müssen. Für jeden anderen Menschen wäre es ein Leichtes gewesen, die Abkürzung nehmend schnell zum Bahnhof zu laufen. Für ihn war es fast ein Ding der Unmöglichkeit. Er stieg aus, wartete auf eine große Lücke zwischen den Fahrzeugen und humpelte beschwerlich auf die andere Straßenseite.

Eine Viertelstunde später saß er im Zug nach Berlin. Von dort aus nahm er den ICE nach Hamburg.

In der Finanzverwaltung der Hansestadt angekommen, entschuldigte er sein Zuspätkommen mit seinem Handicap und der Unpünktlichkeit der Bahn. Man ließ ihn den Einstellungstest nachschreiben.

Seine Gedanken glitten während der Arbeit immer wieder ab zu seinen Eltern. Was sollte er jetzt tun? Sich der Polizei stellen? Vielleicht wartete die schon zu Hause auf ihn. Und wenn nicht? Was sollte er machen? Wieder versuchte er, sich auf die Fragen zu konzentrieren, die da standen. Selbst die einfachsten Fragen zu einem öffentlich-rechtlichen Bescheid, der Widerspruchsbelehrung und den Fristen wollten ihm nicht von der Hand gehen, geschweige denn die speziellen Fragen zum Steuerrecht.

Die Rückfahrt mit dem Zug währte endlos. Der letzte Regionalzug in Richtung Heimat war dann auch der seine. Im Bus pöbelten ein paar angetrunkene Jugendliche herum. Seine Schritte vor dem Haus wurden langsamer. Es lag alles im Dunkeln.

Endlich hatte er einen eigenen Schlüssel! Er nahm ihn, öffnete die Gartenpforte, verschloss sie sorgsam hinter sich und schritt auf das Haus zu. Hatte er wirklich seine Eltern getötet? Ein Blick in die Zimmer bestätigte, was er eigentlich schon wusste: Er hatte es getan!

Zu keinem klaren Gedanken fähig und von den Strapazen des Tages geschafft, ging er in sein Zimmer und schlief. Er träumte wirres Zeug, an das er sich am kommenden Morgen nicht erinnern konnte.

Er lag im Bett und überlegte, was nun zu tun wäre. Sollte er jetzt zur Polizei gehen?

Er hatte ausreichend Jura studiert, um zu wissen, dass er sich weder in einer Notwehrsituation befunden hatte noch ihm irgendwelche andersgearteten Rechtfertigungsgründe zuzuschreiben wären. Die Situation mit dem Vater ist juristisch anders zu bewerten als die Tötung der Mutter.

Er staunte selbst, mit welcher Sachlichkeit er nun die Situation einschätzte.

Bestürzung über seine Handlung erfasste ihn. Er überlegte weiter, dass man sicher aus psychologischer Sicht davon ausgehen konnte, dass die Tat schon lange in ihm angelegt war, dass seine Lebensumstände und all die Jahre der Gefangenschaft etwas entwickelt hatten, was jetzt herausmusste.

So gesehen, würde er dann nur eine Gefangenschaft gegen eine andere eintauschen.

Aber es war über die Jahre niemand anwesend gewesen, der nun seine Sicht der Dinge hätte bestätigen können. Und selbst wenn es so jemanden geben würde, wäre eine Verurteilung sicher.

Sein Magen krampfte sich zusammen. Er wusste nicht, ob es die Angst vor der Strafe, das Bewusstsein der begangenen Tat, ein Ekel vor sich selbst oder sonst etwas war, das dazu führte, dass er sich nun auch körperlich elend fühlte. Hatte er nicht nach der Tat sogar so etwas wie das Gefühl einer Befreiung verspürt?

All diese Gedanken lösten aber nicht die Frage danach, was er nun unmittelbar zu tun habe. Er entschied sich, nicht zur Polizei zu gehen und sich zu stellen. Aber was sollte er dann tun? Er konnte die Eltern nicht beerdigen lassen. Wenn er in Freiheit sein und hier wohnen bleiben wollte, dann musste er die Leichname beseitigen.

Spurenbeseitigung

Er zog den Leichnam der Mutter, in ein Laken eingewickelt, mühsam in den Keller. Aus dem Werkstattraum holte er Malerfolie und legte damit den Boden des Heizungskellers aus. Wenn er sich dazu entschieden hatte, die Leichen zu beseitigen, dann müsste er es auch richtig machen und durfte keine Spuren hinterlassen.

Ein Maleranzug war nicht mehr im Haus. Er ging wieder hoch in sein Zimmer, zog das alte petrolfarbene Langarmshirt und eine alte Jeans an; die Sachen, die er auch sonst für die Gartenarbeit nutzte.

Auf dem Weg in den Heizungskeller ging er an der Küche vorbei und holte sich ein paar Haushaltshandschuhe.

Wieder im Keller angelangt, entkleidete er zuerst den Vater. Er holte sich eine Axt und versuchte, die Gliedmaßen abzutrennen. Dann würde er die Heizung anwerfen und die

Leichenteile darin verbrennen. Es war Sommer. Vermutlich würde den Nachbarn auffallen, wenn nun die Heizung in Betrieb genommen würde. An den seltsamen Qualm, der sich entwickeln würde, wollte er besser noch gar nicht denken.

Er holte aus und hieb mit der Axt auf den Fuß ein. Es knirschte und krachte, Blut lief auf den abgedeckten Betonboden. Er musste noch einige Male kräftig zuschlagen, dann jedoch immer vorsichtiger, damit der Boden nicht in Mitleidenschaft gezogen würde. So ging das aber nicht. Da müsste eine dicke Bohle oder etwas anderes daruntergelegt werden. Die Arbeit mit der Axt hatte er sich einfacher vorgestellt. Das würde ja Tage dauern!

Steffen füllte den Tank der Kettensäge mit Benzin. Im Heizungsraum zog er am Griff des Seilzugstarters. Als er den Kopf des Vaters abtrennte, heulte der Benzinmotor auf. Blut, Körperfasern und dann Knochensplitter flogen durch den Raum. Noch bevor er den Kopf abgetrennt hatte, hob er die Säge und schaltete sie aus. Der Kopf hing zur Seite, gehalten von vielen Sehnen. So würde er viel zu viele Spuren verursachen. Wenn man gezielt etwas suchen würde, würde man hier sowieso fündig werden. Aber er wollte keine offensichtlichen Spuren hinterlassen. Er holte noch mehr Abdeckfolie aus dem Werkzeugraum. Verdammt! Er brauchte mehr, viel mehr. Steffen zog die Handschuhe aus und schaute auf die Uhr. Umziehen, waschen, in den Baumarkt. Alles Tätigkeiten des täglichen Lebens, die für einen anderen Menschen schnell bewerkstelligt sind. Er aber brauchte für alles die doppelte Zeit und war auf die öffentlichen Verkehrsmittel angewiesen.

Eine halbe Stunde später verließ er das Haus. Es war ein seltsames Gefühl, nun einen eigenen Schlüssel zu besitzen. Mit fast dreißig Jahren fühlte er sich erstmals so, als ob es auch sein Haus wäre. Die Mutter würde nicht fragen, wo er wieder hinwolle, was er treibe, dass er keine Umwege nehmen und spätestens zum Abendbrot zurück sein solle. Dennoch fühlte er sich nicht frei. Er ging nur aus dem Haus, um die Dinge zu besorgen, die er für sein Vorhaben benötigen würde.

Der Nachbar von gegenüber arbeitete im Garten, grüßte mit einem kurzen »Hallo« und beugte sich wieder seiner Arbeit zu.

Er würde sich etwas einfallen lassen müssen, was er antwortete, wenn sich ein Nachbar oder irgendwer sonst nach den Eltern erkundigen würde.

Am späten Nachmittag zog sich Steffen den gerade gekauften Maleranzug an. Nun hatte er einige Arbeit vor sich. Er klebte fast den gesamten Heizungskeller mit Folie aus, legte ein Brett unter den nur noch von Sehnen gehaltenen Kopf des Vaters und trennte diesen mit einem scharfen Messer vom Körper. Nun setzte er die Säge am Hals an und führte sie zur Öffnung des Oberkörpers nach unten. Er beugte sich über die Leiche und versuchte, die Rippenbögen auseinanderzubrechen. Da bewegte sich kaum etwas. Er drehte den Torso um und sägte rechts und links der Wirbelsäule, Rippe um Rippe. So konnte er später den Brustkorb öffnen und die inneren Organe herausholen. Ihm wurde übel und er musste sich übergeben. Gerade so schaffte er noch den Weg bis zur Toilette. Dabei kam ihm eine Idee. Genau! Er würde die feuchten Innereien klein schneiden und im Klo herunterspülen. In der Kanalisation gab es genug Ratten.

Es wurde langsam dunkel und er begann, die Heizung im Keller anzufeuern.

Er schnitt und zog in der Hocke neben der Leiche an den Eingeweiden des Vaters. Der Ekel verzerrte sein Gesicht. Auf einmal lösten sie sich, er stürzte auf den Boden des Kellers, Gedärme neben sich, und schüttelte sich.

Im Keller wurde es durch die sich erhitzende Brennkammer warm. Die Wärme, der Gestank und seine Tätigkeit verursachten eine immer stärkere Übelkeit. Er blickte auf die inneren Organe und staunte, wie viel in einen Menschenkörper hineinpasste. Bis er alles in kleine Stücke zerschnitten hätte, würden Tage vergehen. Er warf einige Organe in einen Eimer. Der füllte sich sehr schnell. Wie und wo sollte er sie in der Zwischenzeit lagern?

Da fielen ihm die blauen Plastiktonnen im Garten ein. Die Tonnen, die die Mutter aus der Firma mitgebracht hatte. Die hatten auch Deckel. Der Geruch würde nicht besser werden. Aber so könnte er die Gedärme und anderen Innereien über mehrere Tage verteilt entsorgen.

Im Keller öffnete er die Klappe der Brennkammer des Ofens. Die Hitze schlug ihm entgegen.

Erst legte er neue Kohlen nach, dann nahm er die vor dem Ofen liegenden Hände und Füße und warf sie ins Feuer. Durch die Feuchtigkeit war ein Zischen zu hören. Das würde jetzt sicher dauern. Und so war es dann auch. Erst am nächsten Tag waren nur noch Ascheüberreste der Gebeine zu sehen.

Als er in den Keller ging, stank es gotterbärmlich. An diesem Tag sägte er am Leichnam des Vaters weiter. Der Körper der toten Mutter lag an der Kellerwand. Er traute sich nicht, die Kettensäge auch am Körper der Mutter anzusetzen. Die Situation war so unwirklich. Ihm war, als ob er die dauernden Vorwürfe und Ermahnungen der Mutter hörte, wonach man zu Ende bringen solle, was man angefangen habe. Er hatte sich entschieden, die Leichen der Eltern zu beseitigen. Also würde er damit auch weitermachen und die Sache ordentlich beenden. Am Abend würde er wieder die Heizung anwerfen, um weiter den Körper des Vaters zu verbrennen. Niemand durfte Verdacht schöpfen, wenn am Tage Qualm aus dem Schornstein entwiche.

Mit dem Körper der Mutter verfuhr er ähnlich, wie er es beim Vater getan hatte.

Die Uhr rannte wieder. Die Beseitigung der Leichen würde viel, viel mehr Zeit in Anspruch nehmen, als er es sich zunächst vorgestellt hatte.

Es ging schon wieder auf den Nachmittag zu. Am Abend zündete er die Kohlen an. Nun waren auch die Innereien der Mutter entnommen und in die blauen Fässer im Garten gestopft.

Die Szenerie im Heizungskeller ließ ihn erschauern: die klein gesägten Teile des Vaters vor der Feuerluke, der geöffnete Torso der Mutter auf dem Boden und überall das Blut im Keller verteilt.

Nach vier Tagen war der Körper des Vaters verbrannt, bis auf die Innereien, die er in den Fässern gelagert hatte. Ein Ende der Arbeit war immer noch nicht abzusehen. Am fünften Tag war der Kühlschrank leer. Im Portemonnaie der Mutter fand er noch etwas Geld, das er an sich nahm.

Frisch geduscht verließ er das Grundstück. Der Nachbar war wieder im Garten. Er musste vorsichtig sein, wenn er wiederkam. Einen Schlüssel hatte er nie gehabt. Wenn die Nachbarn bei ihm den Schlüssel erblickten, würden sie misstrauisch werden. Dafür musste er sich eine Geschichte ausdenken.

Was sollte er überhaupt sagen, wenn sich jemand nach den Eltern erkundigte?

Der Nachbar richtete sich auf. »Hallo, Steffen!«

»Guten Tag!«

»Warte mal bitte!«

»Ja?«

»Komm doch bitte mal rüber!«

Steffen wurde mulmig zumute. Was, wenn der Nachbar sich nun nach den Eltern erkundigte?

»Nehmt ihr eure Heizungsanlage bei diesem Wetter schon wieder in Betrieb?«

Steffen log: »Nicht wegen der Temperaturen. Aber wir haben den alten Belag aus den unteren Zimmern verbrannt.«

»Alles klar! Das war ein widerlicher Gestank! Das zieht doch alles zu uns rüber. Sag deinen Eltern bitte, dass sie damit aufhören sollen.«

Steffen nickte. »Das hätten wir uns gleich denken können. Verzeihung! Das werde ich meinen Eltern sagen.«

»Okay. Ich wollte das auch lieber ansprechen, bevor man das in sich hineinfrisst und dann gibt's später Ärger.«

»Das möchte doch keiner von uns.« Diese Aussage war nicht mehr gelogen und nun wurde er wieder etwas mutiger und setzte noch nach: »Wir möchten doch nur unsere Ruhe haben.«

»Ja, ja, ihr seid ja auch völlig abgeschnitten von uns anderen.«

»Jeder nach seiner Fasson.« Bei Steffen zeichnete sich etwas wie eine gewisse Entspannung auf dem Gesicht ab. »Wir leben lieber unter uns.«

Steffen war beruhigt. Offensichtlich schien die Abwesenheit der Eltern noch niemandem aufgefallen zu sein. Irgendwie hatte es jetzt auch seine Vorteile, dass sie sich immer so abgekapselt hatten und auf Abstand zu den Nachbarn gegangen waren. Eines war nun aber klar geworden: Er konnte mit der Beseitigung der Überreste der Eltern nicht mehr so weitermachen wie bisher.

An den folgenden Tagen versuchte Steffen, einige der Körperteile mit einer Lötlampe zu verbrennen.

Sofort verteilte sich ein ekelhafter Gestank im Raum. Mit dieser Methode kam er bei der Leichenbeseitigung aber kaum voran.

Den Körper der Mutter zersägte er mit der Kettensäge in zweiundzwanzig Stücke, trug wieder einige von den blauen Tonnen in den Keller und schleppte sie in den parkartigen Garten, wo sie nicht weiter auffielen; schließlich hatten sie hier seit Jahren gestanden. Über die endgültige Beseitigung auch dieser Teile musste er sich noch Gedanken machen. Zum Schluss steckte er sein petrolfarbenes Langarmshirt, die Arbeitsjeans und die Maleranzüge in den Ofen. Er würde sie verbrennen, sobald der Herbst beginnen würde.

Es dauerte noch ein paar Wochen, bis sich erst der eine und dann auch noch andere Nachbarn nach dem Verbleib der Eltern erkundigten.

Hätte er die Nachbarn ob ihrer vermeintlichen Neugierde brüsk zurückgewiesen, wie es vielleicht die Eltern getan hätten, dann wäre die ganze Schrecklichkeit der Tat möglicherweise erst viel später ans Tageslicht getreten. Steffen aber erzählte etwas von einem Urlaub der Eltern und später davon, dass er sich wegen ihrer unterbliebenen Rückkehr ebenfalls Sorgen mache und sich von ihnen verraten fühle.

Als sich dann nach mehreren Hinweisen der Nachbarn zwei Polizisten sehen ließen, unternahm Steffen keinen ernsthaften Versuch mehr, seine Tat zu leugnen. Er erzählte zwar zunächst die Geschichte vom angeblichen Urlaub der Eltern, verwickelte sich dann jedoch schnell in Widersprüche.

Die Polizisten durchsuchten das Grundstück und trauten ihren Augen nicht, als sie auf die blauen Fässer mit ihrem Inhalt stießen.

Der junge Mann wurde in Gewahrsam genommen und sodann der die Untersuchungshaft anordnende Haftbefehl vollstreckt. Bereits bei der ersten polizeilichen Beschuldigtenvernehmung räumte Steffen die Begehung der Taten ein.

»Mehr Ruhe, als mir lieb war«

Charlotte erfuhr aus der Zeitung, was geschehen war. Worüber sie am meisten erschrak, das war sie selbst. Sie las einen ersten Artikel in der Zeitung mit dem Aufmacher »Jura-Student tötet Eltern und zerstückelt Leichen«. Ob sich jetzt alle Eltern von Jura-Studenten ernsthafte Sorgen um ihr Leben machen mussten? Aber das war nicht der Umstand, der ihr Schrecken einflößte, sondern der, dass sie wusste, dass Steffen seine Eltern umgebracht hatte und sie nicht das

Grauen durchfuhr, das der Schöpfer der Schlagzeile im Auge hatte. Die Tragödie war für sie zwar nicht unausweichlich gewesen, aber immerhin so wahrscheinlich, dass ihr klar war, dass das, was in dem Artikel stand, wirklich geschehen war.

Sie hatte immer befürchtet, dass dem Sohn etwas Schlimmes passieren würde. Das war damals auch ihr Motiv gewesen, so lange an der Bekanntschaft festzuhalten. Sie wollte Steffen schützen. Nun war es aber nicht Steffen gewesen, der das Opfer geworden war. »Eigentlich doch«, durchfuhr es Charlotte. Von seinem Selbstmordversuch hatte sie zu diesem Zeitpunkt noch keine Kenntnis. Sie hatte die Familie mehr als zehn Jahre nicht mehr besucht.

Bei einem befreundeten Anwalt erkundigte sich Charlotte, ob sie sich hinsichtlich der Lebensumstände als Zeugin melden solle.

»Was willst du denn erzählen?«

»Na, wie es in der Familie zuging und der Junge nie eine Chance hatte, ein selbstbestimmtes Leben zu führen.«

»Das macht vom Prinzip her in einem solchen Fall schon Sinn. Aber das, was du zu sagen hättest, spiegelt doch nicht die Situation zum Zeitpunkt der Tat wider.«

»Aber den Weg dahin, habe ich mir gedacht.«

Selbst der Anwalt zweifelte jetzt ein wenig. »Hm, da hast du recht … Weißt du was?«

Als ob jetzt die all ihre Sorgen auflösende Antwort käme, fragte Charlotte: »Ja?«

»Die Verhandlung ist doch öffentlich. Der Presse kannst du sicher einen Hinweis auf den Prozessauftakt entnehmen. Wenn es dich beruhigt, dann setze dich doch einfach in die Verhandlung und schau, wie es läuft. Wenn du denkst, der Verteidigung dienliche Angaben machen zu können, weil im Prozess die besonderen Umstände der Familie keine Berücksichtigung oder keine ausreichende Berücksichtigung finden …«

Charlotte klebte förmlich an den Lippen ihres Gegenübers. »Ja?«, forderte sie ihn auf, seinen Gedanken weiter auszusprechen.

»… dann kannst du dich der Verteidigung auch noch im Verfahren als Zeugin anbieten. Der Anwalt kann einen entsprechend begründeten Beweisantrag stellen. Aber glaube mir, das wird für so ein Verfahren schon ermittelt sein.«

»Meinst du?«

»Schon. Bei einer solchen Tat wird es sicher Gutachten über die Schuldfähigkeit geben, die auch die Entwicklung des Angeklagten genau beleuchten.«

Damit gab sich Charlotte erst einmal zufrieden.

Zum Prozessauftakt drängte sich Charlotte mit in den großen Verhandlungssaal des Landgerichts Potsdam. Wie bei solchen Prozessen üblich, waren auch das Medieninteresse und das der Öffentlichkeit groß, weshalb sie nur einen der Plätze in der letzten Reihe ergatterte.

Steffen wurde, bevor die Schwurgerichtskammer durch eine Tür hinter dem langen Richtertisch eintrat, in den Saal geführt, begleitet von einem Justizwachmeister. Das sah trotz der Atmosphäre im Saal fast entspannt aus. Offensichtlich war auch dem Gericht klar, dass von dem Angeklagten keine Gefahr ausging.

Charlotte hatte ihn über mehrere Jahre nicht gesehen. Nun war er ein hochgewachsener, schlanker, blasser Mann, der in zu groß wirkende Jeans und einen sandfarbenen Pullover gekleidet war.

Sie fragte sich, wie läuft das in seinem Fall überhaupt? Er hat ja nun niemanden mehr, der sich um ihn kümmert. Wie kommt er an seine Sachen? Wer kümmert sich darum? Und was wird aus dem Haus? Wie kommt Steffen im Gefängnis zurecht? Er hatte ja so schon keine Freunde. Was sie für ihn empfand, das war nichts weiter als Mitleid. Für das, was er getan hatte, würde er sicher bestraft werden, aber hatte er wirklich eine Wahl gehabt? Das Gericht würde diese Frage sicher bejahen.

Auf der Seite der Anklage saß neben dem Staatsanwalt ein weiterer Anwalt in Begleitung eines Mannes, der in etwa Charlottes Alter hatte. Sie bekam während der Verhandlung mit, dass Steffens Onkel, den sie all die Geburtstage nicht zu Gesicht bekommen hatte, nun als Nebenkläger auftrat. Erst viel später erfuhr sie aus der Zeitung, dass der Onkel im Anschluss an das Strafverfahren ein zivilrechtliches Verfahren gegen seinen Neffen angestrengt hatte, um die Erbunwürdigkeit feststellen zu lassen. Dies gelang dem Onkel mit der Folge, dass er nun die Erbschaft antreten konnte.

Ein wenig beruhigte Charlotte, dass sowohl der Vorsitzende Richter die Fragen zur Person in einem sachlichen Ton stellte als auch der Staatsanwalt die Anklageschrift in keinem anklagenden Tonfall vortrug.

Nach Jahren hörte sie die leise, sachliche Stimme des Jungen wieder, der einräumte, seine Eltern umgebracht zu haben.

Auf die Frage des Vorsitzenden Richters nach dem konkreten Grund der Tötung meinte Steffen schlicht, dass er endlich seine Ruhe vor den ständigen Vorhaltungen der Eltern haben wollte. Anlass der Tat war der eskalierte Streit um die Fahrt zum Bahnhof wegen des Einstellungstests gewesen. Am Ende seiner Ausführungen meinte Steffen noch einmal, dass er die Taten begangen habe, um endlich Ruhe zu haben, und ergänzte diese Aussage dann: »Als sie tot waren, hatte ich mehr Ruhe, als mir lieb war.«

Nach fünf Verhandlungstagen, an denen ermittelnde Beamte, Nachbarn und Bekannte als Zeugen und verschiedene Gutachter gehört worden waren, kam der psychiatrische Gutachter Andreas Böttger zu Wort. Auf Grundlage zumeist der Gespräche mit Steffen erläuterte er die sehr eigene und komplizierte familiäre Situation. Danach lebten die Eltern mit dem Sohn seit dessen Geburt wie in einer sich immer weiter verstärkenden paranoiden Festungssituation. Mehrfach erwähnte der Gutachter die von der Familie als feindlich empfundene Welt. Die Klumpfüße des Sohnes wurden als Grund für eine angeblich notwendige Isolation und das Unglück der Familie angesehen. Steffen war stets überbehütet und hatte kaum eine Chance, sich auszuprobieren, Stärken und Schwächen auszumachen, sich im sozialen Kontext zu entwickeln. Es gab nur wenige Bekannte und keine Freunde der Familie. Die tägliche Situation in der Familie wurde davon geprägt, dass man Gefühle nicht zeigte und schwieg, statt miteinander zu reden. Wenn, dann gab es zuletzt nur noch Vorwürfe gegeneinander, ohne den Willen, die Situation des anderen verstehen zu wollen. Die völlige Einstellung der Kommunikation wurde dann auch noch als Mittel zur innerfamiliären Disziplinierung genutzt. Die Arbeitslosigkeit der Eltern wurde so lange wie möglich vor Dritten verschwiegen, als soziale Degradierung empfunden und gab wiederum eine Begründung für eine noch intensivere Abschottung von der ihnen gegenüber feindselig eingestellten Außenwelt.

Die Aussagen der Nachbarn konnte der Gutachter bestätigend in seine Wertung einfließen lassen. Diese hatten im Prozess ausgesagt, dass das Leben der Familie Dietrich wie eines in einem Gefängnis wirkte. War die familiäre Situation nach dem Bekanntwerden der Tat von mehreren Nachbarn gegenüber der Presse in wohlwollender Absicht noch als ruhig und unauffällig dargestellt worden, so wussten die Nachbarn im Prozess nun zu berichten, dass so, wie der Junge erzogen worden war, »die Bombe irgendwann einmal platzen musste«.

Der Gutachter wertete Steffen als überaus intelligenten Menschen. Durch die Isolation war er zum Einzelgänger geworden, dem es nur schwer gelingt, mit anderen Personen in Kontakt zu treten, und der eine stark geminderte Fähigkeit hat, Empfindungen, Gedanken und Motive anderer Menschen zu erkennen und zu verstehen. Zudem ist er zwanghaft korrekt und distanziert. Die an den Eltern begangenen Tötungsdelikte sah der Gutachter als tragischen Gipfel einer sehr speziellen Familiendynamik. All die genannten Umstände führten am Tattag zu einer »Implosion«.

Dem Angeklagten bescheinigte der Gutachter abschließend eine schizoide, zwanghafte Persönlichkeitsstörung, die jedoch nicht zu einem Krankheitsbild passt, welches sich strafmildernd auswirkt.

Der Staatsanwalt schloss sich in seinem Plädoyer der Auffassung des Gutachters insoweit an, als die Tat am Ende einer höchst dramatischen Familiengeschichte stand. Er beantragte, den Angeklagten wegen zweifachen Mordes zu lebenslanger Freiheitsstrafe zu verurteilen.

Steffen bekam nach dem Plädoyer seines Verteidigers die Gelegenheit, das letzte Wort vor der Verkündung des Urteils zu sprechen. Davon machte er jedoch keinen Gebrauch.

Das Gericht verurteilte Steffen Dietrich wegen zweifachen Mordes zu lebenslanger Freiheitsstrafe. Der Vorsitzende Richter versäumte es in der mündlichen Urteilsbegründung nicht, auf die besonderen Umstände des Falles mit einem festungsähnlichen Elternhaus und einem ganz außergewöhnlichen Mikrokosmos hinzuweisen. Der Angeklagte war dadurch geprägt und sah aus seinem Blickwinkel keine Möglichkeit, aus dieser Situation auszubrechen. Aber dennoch gab es diesen Weg, und es wäre ihm durchaus möglich gewesen, ihn zu beschreiten.

Juristisch korrekt

Mit Charlotte verabredete ich mich anlässlich des Tages der Musik im Hause des Vereins der Frankfurter Fanfarengarde. Sie war hierzu von einem gemeinsamen Freund eingeladen worden. Da spielte am frühen Abend erst die Mädchenband

»Self Control« aus Frankfurt an der Oder, dann die Trommlerband »Pink Panther«. Und überall liefen die überstolzen Eltern der sich musikalisch ausprobierenden Kinder herum und legten einen Enthusiasmus an den Tag, wie man ihn auch bei Eltern erlebt, die am Rande des Feldes bei einem Fußballturnier stehen, Eltern, die den Kindern die Möglichkeit geben, sich auszuprobieren, mit Gleichaltrigen zu spielen und auch einfach nur Spaß zu haben.

Wir hatten nach dem offiziellen Programm nun endlich genügend Zeit, um uns über Steffens Fall zu unterhalten.

»Juristisch scheint das alles korrekt gelaufen zu sein«, hörte ich mich an Charlotte gerichtet in einem Ton sagen, als ob ein anderer spräche und ich danebenstünde. Natürlich war da nichts »korrekt« gelaufen: die eigenen Eltern getötet und das Leben verpfuscht; wenn er aus dem Knast kommt, ohne Bleibe, Beruf und Perspektive. Da war doch alles schief gelaufen, was in einer Familie nur schief laufen konnte.

Es sträubte sich in mir alles, das so zu sagen, aber aus gegenwärtiger juristischer Sicht war das Verfahren so durchgeführt und die Strafzumessung so ausgeübt worden, wie es vorschriftsmäßig ist; einen vernünftigen Ansatzpunkt für ein Wiederaufnahmeverfahren fand ich nicht.

Wir unterhielten uns noch lange an diesem Abend. Charlottes Bedenken hinsichtlich des Strafmaßes konnte ich nur allzu gut teilen. Unter Juristen ist die bei Mord auszusprechende lebenslange Freiheitsstrafe umstritten. Sie gibt dem Gericht, wie dieser Fall zeigt, nichte ausreichend Spielraum, um die Besonderheiten im erforderlichen Maße zu berücksichtigen.

Die Folge der absoluten Strafandrohung bei Mord führt zu Gerechtigkeitsdefiziten. Als Beispiel dafür werden gerne die sogenannten Haustyrannenfälle genannt. Diese Fälle, die gerne in der universitären Ausbildung herangezogen werden und der Rechtspraxis so oder ähnlich nicht selten begegnen, laufen im Prinzip so:

Der gewalttätige Ehemann schlägt seine Frau über Jahre. Irgendwann verprügelt er sie so, dass sie stirbt. Damit hat er erst einmal keines der Mordmerkmale erfüllt. Er war weder heimtückisch, da die Frau die Prügel schon immer erwartete und eine besondere Grausamkeit wird in der letzten Körperverletzungshandlung üblicherweise auch nicht gesehen. Der Mann würde lediglich wegen Totschlages verurteilt werden.

Anders hingegen verläuft der Fall, wenn sich die Frau zur Wehr setzt. Die körperlich unterlegene Ehefrau, die keinen anderen Ausweg sieht, als den Ehemann im Schlaf zu töten, da sie einer körperlichen Auseinandersetzung nicht gewachsen wäre, würde als Mörderin verurteilt werden. Wer den schlafenden Tyrannen umbringt, handelt wegen der Ausnutzung der Arg- und Wehrlosigkeit während des Schlafes heimtückisch und erfüllt damit eines der sogenannten Mordmerkmale. Das Opfer der jahrelangen Körperverletzungen wäre zwingend mit lebenslanger Freiheitsstrafe zu bestrafen. Dass dieses Ergebnis ungerecht ist, darüber herrscht weitgehend Einigkeit.

Ein Vorstoß zu einer Änderung des Mordparagrafen, der vor ein paar Jahren im Justizministerium in Form eines Entwurfs zur Änderung des Systems der Tötungsdelikte gewagt worden war, verlief im Sande. Eine interdisziplinär zusammengesetzte Expertengruppe, die sowohl praktische Rechtsanwender aus vielen Bereichen der Justiz wie auch Hochschulprofessoren vereinigte, hatte zur Grundlage des Entwurfs ein fast tausendseitiges Papier mit Stellungnahmen und Ideen zu den Problemen des Systems der Tötungsdelikte vorgelegt.

Die lebenslange Freiheitsstrafe sollte laut Entwurf aus dem Justizministerium danach weiterhin der Normalfall auf der Rechtsfolgenseite sein. Jedoch sollten, wie bei allen anderen Strafen, Milderungen möglich sein, sogar bis auf ein Strafmaß von fünf Jahren. Solche Strafmilderungen sollten beispielsweise in Betracht kommen, wenn ein Täter aus Verzweiflung sich oder eine nahestehende Person aus einer ausweglosen Konfliktlage befreien wollte. Auch sollten Fälle Berücksichtigung finden, bei denen der Täter schwer beleidigt oder durch Misshandlung zum Zorn gereizt wurde oder von einer vergleichbar heftigen Gemütsbewegung betroffen war.

Diese Ideen wurden in der Öffentlichkeit schnell missverstanden und als Auswüchse der ohnehin in Deutschland praktizierten Kuscheljustiz gebrandmarkt. »Aha«, so hieß es in einschlägigen Foren, »da kann man sich künftig beleidigt fühlen, jemanden ermorden und nach fünf Jahren wieder frei herumspazieren.« Diese Reaktionen verkennen den Ausnahmecharakter der Möglichkeiten der Strafmilderung.

Solange eine Änderung des Mordparagrafen nicht umgesetzt wird, können in Fällen wie denen des Jurastudenten keine Urteile gefällt werden, die den Umständen des konkreten Einzelfalles gerecht werden.

Viele Staaten haben dieses Problem in ähnlicher Form erkannt und die lebenslange Freiheitsstrafe als höchste Form der Strafe sogar völlig abgeschafft. Nicht unbenommen ist es den Gerichten jedoch, unter bestimmten Voraussetzungen langjährige Freiheitsstrafen zu verhängen und bei einer besonderen Gefährlichkeit des Täters eine Sicherungsverwahrung zu beschließen.

Durch die Hölle

Zeugenbeistand

»Irgendetwas haut schon wieder mit Petes Computerpro-
gramm nicht hin«, fluchte Doreen. Unsere Rechtsanwalts-
fachangestellte äußerte lauthals ihren Unmut. Leise kann sie
das nicht.

»Dann mach ich eben erst die Post.«

Darauf reagierte ich nicht weiter. Stephan, mein Sozius in
der Kanzlei, hatte sich gerade zu einem Termin beim Arbeits-
gericht Berlin begeben, und Pete, dessen Anwaltsprogramm
nicht funktionierte, war mit seinen Kindern in den Herbst-
ferien.

Aus Doreens Zimmer kamen alsbald Zeichen der Entwar-
nung. In einem entspannteren Tonfall erklärte sie nun: »Das
gibt es ja nicht! Meine Tochter liegt hier rum und schnarcht
schon wieder.«

Damit meinte sie ihre Labradorhündin Ebby.

Meine »Tochter« tat es ihr gleich und schnarchte in meinem Zimmer in ihrem Körbchen, was ich Doreen sogleich in
ihr Zimmer hinüberrief.

Das quittierte sie mit einem kurzen Auflachen. »Die sind
cool, und wir müssen hier arbeiten!«

Die Hunde entspannten auch an dem stressigsten Arbeits-
tag durch ihre bloße Anwesenheit.

»Oh, Doc, hier ist ein Beschluss über eine Bestellung als
Zeugenbeistand vom Amtsgericht Frankfurt (Oder).«

»Wie komme ich denn zu der Ehre?«, gab ich spöttisch zurück.

»Wenn ich dir den Namen der Zeugin sage, dann weißt du warum.« Sie wollte es spannend machen: »Ob du mit dem Mandat glücklich wirst, da habe ich so meine Zweifel. Ich glaube, die war ziemlich anstrengend.«

»Welche Frau ist das nicht!«, brummelte ich in meinen Dreitagebart.

»Das habe ich gehört«, rief sie aus dem Nebenzimmer. »Ganz dünnes Eis, Doc! Ganz, ganz dünn!«

Meine Neugierde war geweckt, und das aus zwei Gründen: Zum einen hatte Doreen auf einen bekannten Namen angespielt, zum anderen birgt die Tätigkeit als anwaltlicher Zeugenbeistand immer einige Unwägbarkeiten.

Wenn die Zeugin gleichzeitig Opfer wäre, hätte man ein Akteneinsichtsrecht in die Verfahrensakten und würde wissen, wohin die Reise geht. Aber wenn nicht, dann ist es eher so, als ob man in dunkler Nacht in einen reißenden Strom geht und sich fragt, ob man das gegenüberliegende Ufer erreicht. Das Bild zeichne ich, weil es sich dabei um eine gemeinsam mit Freunden begangene Jugendsünde handelt. Zwar hatten wir den Strom überquert und somit die Frage, ob wir das schaffen würden, beantwortet, aber damit eröffneten sich die nächsten Fragen. Am Ende der Überquerung standen wir frierend und nackt am anderen Ufer des Flusses und sahen in der Ferne das hell erleuchtete Hotel in der fremden russischen Stadt; ungefähr dort müssten unsere Sachen liegen ... So ist es im Leben doch meist: Immer, wenn wir denken, dass wir eine Antwort gefunden haben, hat sich die Frage verändert. Auf so ein Wagnis hatte ich jetzt keine Lust. Zwar würde es in der Gerichtsverhandlung keine Miliz geben, die den nackten deutschen Touristen mehr als skeptisch gegenüberstehen und diese eher in einen Haftraum als zurück ins Hotel bringen würde, aber das Gefühl könnte ein ganz ähnliches werden.

Doreen schob geräuschvoll ihren Stuhl nach hinten und verkündete: »Ich gehe erst mal eine rauchen.«

War das gemein! Das war so, als ob sie dem Kinde eine offene Tafel Schokolade hinlegte, von der nicht genascht werden durfte. Ich wünschte ihr, obwohl es erst Donnerstag war, gleich mal ein schönes Wochenende. Sie erwiderte es – wir hatten Anfang November – mit einem »Guten Rutsch! Und dass du mir nicht unter den Bus kommst!«. Lächelnd stand sie an meiner Tür, warf mir ein »So isses« hin und verließ die Kanzlei.

Natürlich ging ich in Doreens Büro, um im Poststapel nach dem Beschluss zu fahnden. Meine Befürchtung hinsichtlich der nächtlichen Überquerung eines reißenden Stroms erhärtete sich, als ich den Namen »Nancy Lindholz« auf dem Beschluss sah. In was war sie da wieder hineingeschlittert? Den Namen Lucas Bistard hatte ich noch nie gehört. Das war der Mann, gegen den sich das Strafverfahren richtete, in dem Nancy aussagen sollte.

Meine Neugierde war für einen Moment befriedigt, und ich ging in mein Zimmer zurück, als ich schon Doreen die Kanzlei betreten hörte.

»Warst du an der Post?«, rief sie aus ihrem Zimmer.

Was sollte die Frage, wenn sie die Antwort schon wusste?

Also log ich unverblümt: »Selbstverständlich nicht!«, um mich dann gleich selbst zu überführen. »Rufst du mal bitte Nancy Lindholz an und machst einen Termin aus?«

Die Rettung

Nancy hatte ich zwei Jahre zuvor in einer Körperverletzungssache vertreten, bei der wegen ihres Alters gerade noch so Jugendstrafrecht anzuwenden war. Eigentlich hatte sie nur helfen wollen, meinte sie, und dass diese Hilfe der Beginn einer Freundschaft gewesen war. Die letzte Äußerung machte sie mir doch ein wenig sympathisch. Ansonsten waren bei Nancy alle Schalter auf Ablehnung und Widerspruch gestellt; eigentlich das gute Recht aller Jugendlichen, aber vor Gericht kommt das nicht ganz so gut an.

Wie Mutter und Tochter vor mir saßen, brauchten sie mir über ihr Verhältnis zueinander eigentlich nichts weiter zu erzählen.

Die Mutter schien abgehetzt von einem anderen Termin zu kommen, wirkte nicht sehr gepflegt und um ihre Tochter besorgt. Die Tochter hingegen erschien mir so, als ob sie ihre Mutter begleitete und es sich gar nicht um ihre Sache handelte. Unausgeschlafen und unkonzentriert kam mir die weißblond gefärbte junge Frau vor, die da in einem Top herumlungerte, das ihre Tattoos sehen ließ. Der linke Arm war mit Bildern bis hin zum Handgelenk versehen, wogegen der rechte Arm noch ausreichend Platz bot, damit sich ein Künstler dort noch weiter austoben konnte. Die Bilder schienen wie aus einem Guss und von einem Künstler zu sein. Sie entstammten einer fernen Fabelwelt. Wie las ich kürzlich bei einem bekannten Kriminalbiologen: »Wir tragen die Bilder schon längst auf der Haut. Der Künstler macht sie nur sichtbar.«

Eines jedoch war mir klar: Meine Ambitionen, hier den Familientherapeuten zu mimen, hielten sich in deutlichen Grenzen.

Nancy drehte sich zum Fenster, schaute hinaus und machte den Eindruck, als ob sie das alles wenig anginge. Die Mutter wandte sich mir zu und schilderte in groben Zügen den Vorfall, der nun zu einer Anklage gegen die Tochter geführt hatte. Es sei alles ganz anders gewesen …

Meiner desinteressiert wirkenden Mandantin und ihrer Mutter erläuterte ich, dass die Sache kein Fall einer notwendigen Verteidigung sei, da nur eine einfache Körperverletzung angeklagt sei. Ob sich der Vorfall aus Sicht der Staatsanwaltschaft und des Gerichts anders ereignet habe als nun von ihnen dargestellt, das würde ich nur durch eine Akteneinsicht feststellen können.

»Und Sie kommen ja auch ziemlich spät«, fuhr ich fort.

»Weshalb?«, erkundigte sich die Mutter.

»Sie werden ja zuvor eine Ladung zu einer Beschuldigtenvernehmung bekommen haben.«

Nancy nickte kaum wahrnehmbar.

Die Mutter meinte: »Ja, das haben wir.«

»Da hätten wir vorab schon einmal miteinander sprechen und ich vorher Akteneinsicht beantragen können. Im Jugendstrafrecht geht es nicht so sehr um Bestrafung, sondern eher um Erziehung. Da ist die äußere Erscheinung schon mal sehr wichtig. Nicht nur beim Auftreten in der Verhandlung, sondern bereits bei der Polizei und beim Gespräch mit der Jugendgerichtshilfe.«

»Die waren auch schon da und haben sich mit mir und Nancy unterhalten.«

»Dann sind doch hier ganz wichtige Weichen längst gestellt«, erklärte ich. »Da können wir nur noch reagieren.«

»Da können wir ja gehen«, meinte Nancy.

Eigentlich war es ja das, was ich wollte. Vielleicht musste ich diesmal nicht versuchen, den Dingen auf den Grund zu gehen, sondern konnte sie einfach laufen lassen. Ach was! Das konnte ich nicht. Ich kannte mich besser und schaute sie an. »Oh, Sie können sprechen.«

Sie reagierte darauf mit einem »Haha!«. Nun suchte sie mit ihrem Blick meine Augen. »Wie meinen Sie das mit dem äußeren Erscheinungsbild?«, fragte sie in einem provozierenden Ton. »Soll ich heucheln und vorgeben, dass ich eine andere wäre? So verlogen wie alle Alten?«

»Sie sind frei, zu tun und zu lassen, was Sie wollen, und Sie müssen sich überhaupt nicht verbiegen. Mein Rat wird nicht dadurch schlechter, dass Sie sich sträuben, ihn anzunehmen. Sie sind hier und wollen meine Empfehlung. Und die lautet: Wenn Sie so wie jetzt und hier während der

Verhandlung auftreten, dann ist das eher nicht vorteilhaft für Sie.«

»Nicht vorteilhaft für mich«, äffte sie mich nach.

»Wie gesagt, Sie müssen in dieser Angelegenheit keinen Verteidiger haben, und ich verspüre auch keine gesteigerte Lust, mich in die Sache reinzuknien.«

»Nancy, jetzt benimm dich einmal!«, rief die Mutter sie zur Ordnung und meinte gefälliger: »Wir sind hier, weil wir Sie beauftragen möchten. Helfen Sie bitte meiner Tochter!«

Nancy beruhigte sich ein wenig und unternahm auch einen Versuch, ihren Unmut zu erklären. »Ich habe meiner Freundin nur geholfen, als sie von einer älteren Schülerin mit einem Cuttermesser angegriffen worden ist. Die ist doch gemeingefährlich. Darum sollte sich die Justiz mal kümmern.«

»Das wird sie im Zweifel auch. Aber noch sagen mir weder Ihr Fall noch der mit der Messerattacke etwas …«

Sie fiel mir ins Wort. »Das ist aber ein und derselbe Fall.«

»Das mag Ihnen so erscheinen. Juristisch ist das aber anders denkbar … Was haben Sie denn bei der Polizei ausgesagt und was haben Sie der Jugendgerichtshilfe mitgeteilt?«

»Als die uns vor Ort befragt haben, da haben wir schon gequatscht. Aber später, als ich noch mal von den Bullen eine Ladung bekommen habe, da habe ich gar nischt mehr gesagt. Das hat mir mein Freund so geraten.«

»Ah, ist der Jurist?«

»Nein! Aber er kennt sich mit der Materie aus. Den haben sie auch schon rechtswidrig verurteilt.«

Jetzt erschrak die Mutter. »Was, im Knast war der auch schon?«

Nancy tat genervt. »Ach Quatsch. Wer sagt denn so was? Den haben sie fälschlicherweise angeklagt. Da werden dir vor Gericht die Worte im Mund herumgedreht. Genauso läuft es bei der Polizei. Und deshalb hat er mir befohlen, nichts zu sagen.«

Erstaunt fragte die Mutter: »Befohlen?«

»Ach Quatsch«, korrigierte Nancy. »Nicht befohlen, sondern empfohlen. Du drehst mir die Wörter im Mund herum. Lass mich doch einfach in Ruhe!« Sie wandte sich wieder demonstrativ ab von uns.

Die Mutter beharrte jedoch auf dem, was sie verstanden hatte: »Du hast gesagt ›befohlen‹ und nichts anderes.«

Nancy drehte sich mit dem Kopf zur Mutter und erwiderte gereizt: »Darf man sich nicht mal versprechen? O Gott. Jetzt fängt das wieder an.«

»Du bist dem Mann ja schon völlig hörig«, warf sie der Tochter vor.

»Ach Quatsch!«, fauchte Nancy. »Alle habt ihr immer was gegen ihn. Immer drauf.« Sie wandte sich wieder ab und verschränkte die Arme wie ein bockiges Kind.

»Haben Sie der Jugendgerichtshilfe von diesem Freund erzählt?«, erkundigte ich mich.

Auch wenn Nancy zunächst den Eindruck erweckt hatte, ab jetzt überhaupt nicht mehr mit uns zu sprechen, antwortete sie dennoch. Vielleicht wollte sie nur zeigen, wie clever sie war. »Nee! Bin doch nicht blöd.«

Die Mutter bekniete mich noch weiter, ihre unschuldige Tochter da »herauszuboxen«. Meine Beauftragung war der verzweifelte Versuch einer Mutter, das zerrüttete Verhältnis zur Tochter irgendwie zu kitten. Nur: »herauszuboxen« gab es da nichts mehr, zu kitten leider auch nicht.

Nach der Übernahme des Mandats beantragte ich die Einsichtnahme in die Strafakte. Danach stellte sich der Fall etwas anders als von Nancys Mutter geschildert dar. Wir vereinbarten einen weiteren Gesprächstermin, und Nancy antwortete diesmal gefasster auf meine konkreten Fragen zur Sache.

Der Tatort war eine Querstraße vor einem Berliner Gymnasium.

Isabel, ein kleines blondes Mädchen, war über den Stolz ihrer Eltern bezüglich der schulischen Leistungen kaum erfreut. Ihr flog der Unterrichtsstoff nur so zu. Nun hatte sie zum zweiten Mal eine Klassenstufe übersprungen. Ein ganz klarer Nachteil war, dass sie zu den fast erwachsenen Mädchen der zwölften Klasse kaum einen Kontakt herstellen konnte. Eine Freundin gab es für sie in den Kursen dieser Jahrgangsstufe nicht.

Sie wusste nicht, wie es geschehen war – lange hatte sie sich nach einem Freund gesehnt, den einen oder anderen angehimmelt und sich auch vorstellen können, ein Mädchen zu lieben. Daraus geworden war aber nichts. Jedenfalls bis vor Kurzem. Es war so seltsam. Manchmal liegt das Glück so nahe. Sie kannten sich seit Jahren, und er kam auch in das Haus ihrer Eltern. Den ganzen Tag über musste sie an ihn denken. Sobald sie eine Antwort in der Schule gegeben oder ein Gedanke sie kurz abgelenkt hatte, war sie wieder bei ihm. Der Film lief ständig. Wenn sie am Abend schlafen ging, dachte sie an ihn, bis der Schlaf sie übermannte. Am Morgen dachte sie schon wieder an ihn. Sie hatte sich Hals über Kopf verliebt. Wenn sie sich in der Schule trafen, taten sie so, als ob sie sich nicht kannten.

Isi, wie sie in der Schule gerufen wurde, trat aus dem Portal des alten Schulgebäudes und holte ihr Handy hervor. In der Schule war es zu gefährlich. Zu leicht hätte ein Mitschüler über die Schulter schauen und das Profilbild erkennen können. Leider hatte er ihr noch keine Nachricht geschickt.

Die letzte Nachricht stammte von ihr. »Ich liebe dich über alles! Ständig sind meine Gedanken bei dir! Bei dir und deinen zärtlichen Händen, bei deinen Lippen … Aber deine Hände sind einzigartig. Ich spüre sie überall auf und in meinem Körper. Bis heute Nachmittag, mein Geliebter. Ich kann es kaum erwarten.«

Darauf hätte er ruhig mal antworten können. Wenigstens ein klitzekleines Zeichen, ein Herzchen oder sonst etwas. Sie sah doch, dass das Zeichen für den Facebook-Messenger aktiv war. Enttäuscht steckte sie das Handy in ihre Tasche.

Isabel war so in ihren Gedanken gefangen, dass sie nicht bemerkte, wie ein älteres Mädchen aus der Schule ihr gefolgt war. Sie hörte den Ton für eine eingehende Nachricht auf dem Messenger, blieb an der Straße stehen und holte das Handy schnell wieder hervor. Er war es! Ihr Herz hüpfte vor Freude. Isabel las: »Meine geliebte Isi, auch wenn wir nicht immer beieinander sein können, so sind meine Gedanken ständig bei dir. Auf unser Treffen nachher freue ich mich riesig. Den ganzen Tag lebe ich nur dafür, deine Nähe zu spüren, deinen Atem, und hoffe, dass es noch mehr zu erkunden gibt. Wie betäubt durchlebe ich den Tag in Erwartung deiner. Ich liebe dich so sehr!«

Isabel überlegte, ob sie ihn ein wenig zappeln lassen würde. Sie hatte ein paar Stunden auf seine Antwort warten müssen. Ein paar Sekunden für ein kleines Zeichen hätten doch gereicht. Jetzt würde sie ihn warten lassen. Nachdem sie die Straße überquert hatte, war der Vorsatz vergessen. Schnell tippte sie eine Antwort: »Da hat sich der Herr aber ganz schön Zeit gelassen mit der Antwort. Dafür lasse ich dich nachher büßen. Mir fällt da schon eine Strafe für dich ein, mein Lieber ...« Bei der Vorstellung, wie er überlegte, wie die Strafe denn ausfallen möge, huschte ein Lächeln über ihr Gesicht.

Nancy kam wie meist übel gelaunt aus der Schule, die ihr schon lange keinen Spaß mehr bereitete. Hier sollte man den ganzen Scheiß eingetrichtert bekommen, den man nie wieder im Leben brauchte. Auch war sie zu müde gewesen, um dem Unterricht überhaupt zu folgen. Sie war lange im Klub gewesen. Wenn sie zu Hause angekommen war, würde sie sich erst einmal auf das Bett legen und genügend Schlaf tanken, um heute Abend wieder auszugehen. Das Nachtleben machte ihr viel mehr Spaß als der Tag in der Schule.

Nancy ließ ihren Blick schweifen. Da vorne lief doch die Oberstreberin, die Tochter des Musiklehrers. Nancy war mit ihr schon einige Male aneinandergeraten. Die Lehrertochter hielt sich für etwas Besseres und meinte, dass Mädchen wie Nancy am Gymnasium nichts verloren hätten. So eine bornierte Kuh. Jetzt begann sie auch noch zu rennen.

Weshalb lief die denn jetzt so? Das sah lächerlich aus, wenn die lief. Einen auf feine Dame machen und dann aussehen, als ob sie auf einer heißen Herdplatte tanzen würde, wenn sie rannte.

Was war denn das nun wieder? Die griff sich die kleine blonde Streberin, die mit ihr im Deutsch-Leistungskurs war. Die kleine Maus, die zwei Klassen übersprungen hatte und nun niemanden in den Kursen kannte, konnte einem schon leidtun, dieses Opfer.

Nancy sah, wie Isabel von der Lehrertochter in einen Hausflur gezerrt wurde, und lief los. Sie wusste nicht genau, was sie antrieb: die eigene Unzufriedenheit, der Hass auf das selbstgefällige Gör des Lehrers oder so etwas wie ein Beschützerinstinkt.

Die Lehrertochter hatte Isabel von hinten kräftig in die Haare gepackt und derb in einen Hauseingang geschubst. Das Mädchen schrie auf und hatte Mühe, sich auf den Beinen zu halten.

Im Hausflur riss das ältere das kleine Mädchen vor sich und drückte es mit der Hand, die immer noch in den Haaren verkrallt war, an die Wand des Flures. Mit der anderen Hand zog es ein Teppichmesser aus der Hosentasche und schob die rasiermesserscharfe Klinge hervor.

»Du kleine Drecksfotze! Denkst du, du kannst dich einfach an meinen Vater heranmachen und ihn ficken?«

»Ich, ich ficke niemanden.«

»Du verlogene Hure«, schrie das ältere Mädchen. »Du solltest niemanden ficken. Richtig! Du Schlampe, du gottverfluchte Schlampe, dich an alte, verheiratete Männer heranzumachen. Das ist ja ekelig. Aber dich Vieh fickt sonst wohl keiner freiwillig.« Sie rammte ihr rechtes Knie in Isabels Unterleib.

Isabel schrie abermals auf. Sie wäre zusammengesackt, hätte die Ältere sie nicht förmlich an die Wand genagelt.

Eine ältere Dame, die gerade auf der Treppe nach unten gehen wollte, sah, was dort passierte, machte auf dem Absatz kehrt und rief die Polizei und einen Rettungswagen.

Im Hausflur hatte sich Isabel wieder gefangen.

Das ältere Mädchen forderte: »Du kündigst den Geigenunterricht bei meinem Vater!«

»Bitte?«

Wieder hielt sie Isabel das Messer dicht vor die Augen. »Denkst du etwa, das ist Spaß hier, du Schlampe, du versiffte Hure, du? Niemand fickt meinen Vater ungestraft.«

Nancy, die Zeugin der letzten Worte geworden war, öffnete die Tür und strahlte über das ganze Gesicht. »Stimmt, dabei kommt nämlich so 'ne Scheiße raus, wie du es bist! Lass die Kleine los!«

Ohne Isabel loszulassen, aber mit dem Messer in Nancys Richtung zeigend, zischte die Tochter des Lehrers: »Hau ab! Das geht dich gar nichts an!«

Grinsend erwiderte Nancy: »Du alberne Ziege hältst das Messer wie eine Nagelfeile!«

Trotz der Situation musste Isabel darüber lächeln, wie Nancy ihre Angreiferin vorzuführen begann.

Das blieb dieser nicht verborgen. Voller Wut trat sie der Kleinen nochmals in den Unterleib, dass diese aufschrie.

Nancy riss ihren Rucksack von der Schulter und schleuderte ihn der Angreiferin mit einer solchen Wucht gegen den Kopf, dass diese an die gegenüberliegende Wand taumelte und die Hände zum Schutz in Höhe des Gesichts riss. Dabei verlor sie das Messer. Nancy setzte ihr mit zwei schnellen Schritten nach und schlug mit ein paar schnellen Schlägen so kräftig auf die zur Deckung erhobenen Hände, dass ihre Gegnerin das Gleichgewicht verlor und auf den Boden stürzte. Nancy sprang im Sitz auf die nun am Boden Liegende. Ein gequälter Schmerzensschrei drang zu ihr hoch. Genau in die Richtung, aus der der Schrei gekommen war, schlug sie in blinder Wut zu, und noch einmal und noch einmal. Kurz sah sie Blut an ihren Fäusten und im Gesicht des unter ihr liegenden Mädchens, das nun wieder seine Hände schützend vor den Kopf zog. Nancy schlug weiter und weiter, bis nur noch ein leises Wimmern zu hören war.

Erst als sie ein »Ich glaube, sie hat jetzt genug« hörte, kam Nancy wieder zu sich.

Nancy stand auf und ging zu Isabel. »Alles in Ordnung mit dir?«

Isabel war ohnehin nicht groß von Wuchs. Hinzu kam der Abstand von zwei Jahren, der in diesem Alter schon etwas ausmachte. Sie standen da, wie eine ältere und eine viel jüngere Schwester.

Isabel brachte schüchtern ein »Danke!« hervor.

»Nicht dafür. Die hatte schon lange eins in die Fresse verdient, sozusagen drum gebettelt. Aber dafür«, fuhr Nancy fort, »dass du dich von unserem Herrn Musiklehrer rammeln lässt, spielst du jetzt ganz schön die Unschuld vom Lande.«

Als die beiden Mädchen nach draußen gehen wollten, liefen sie den Polizisten in die Arme, die sich sogleich nach dem Geschehen erkundigten. Was geschehen war, blieb so nun nicht mehr im Hausflur, sondern wurde an die große Glocke gehängt. Es gab Ermittlungsverfahren gegen die Tochter des Lehrers, gegen Nancy und natürlich den Musiklehrer, der seine Hände beim Geigenunterricht besser an der Geige hätte lassen sollen. Wer von den Mädchen nicht gerade selbst Täter war, der war Zeuge in den beiden Strafverfahren gegen Nancy und die Tochter des Musiklehrers.

Freundinnen fürs Leben

Die polizeiliche Vernehmung vor Ort hatte die Mädchen nicht in der Art beeindruckt, dass sie für sich die Gefahr sahen, selbst als Beschuldigte dazustehen. Als die Polizisten weg waren, schlug Nancy Isabel in freudigem Tonfall vor: »Wollen wir heute Abend zusammen in meinen neuen Lieblingsklub gehen?«

Die konnte ihr Glück nicht fassen. Ihr Herz hüpfte vor Freude. Endlich war da mal ein Mädchen aus der Klassenstufe, in die sie hineingeschlittert war, das sie akzeptierte. Isi nickte cool, musste sich aber innerlich bemühen, nicht laut »Juhu!« zu rufen.

In einem verschwörerischen Ton setzte Nancy hinzu: »Aber nicht, dass du mir gleich den nächsten Geigenlehrer abschleppst, verstanden?«

Isi grinste verlegen. »Brauch ich da so eine Erlaubnis von meinen Eltern?«

Nancy schaute die neu gefundene Freundin von oben bis unten an. »Denke schon. Siehst ja noch ziemlich ... ähm, jung aus. Ich brauch das nicht mehr.«

»Siehst ja auch aus wie zwanzig.«

»Bin ja auch ein wenig mit dem Besitzer befreundet«, gestand Nancy.

Isi zog die Stirn kraus. »Ein wenig, bisschen, fast, eigentlich verliebt?«

»Na ja, er ist schon gehörig älter.«

Jetzt musste Isi lachen. »Denke dran, damit habe ich Erfahrung.«

Jetzt zog Nancy die Stirn kraus. »So alt wie dein Lehrer ist er nun auch wieder nicht.«

»Hast du ein Bild?«

Nancy zog ihr Handy hervor. »Logisch. Aber du fängst nichts mit ihm an. Bei dir muss man ja vorsichtig sein.«

»Oj, der sieht ja gut aus. Aber hat ...«

»Was?«, wollte Nancy das Ende des Satzes hören.

»… so einen leicht brutalen Zug im Gesicht«, traute sich Isi ihren Gedanken auszusprechen.

»Der macht eben gerne einen auf Bad Boy als Klubbesitzer. Da kann man nicht immer der Liebe und Artige sein, wenn man Leute rauskanten muss oder es Ärger gibt.«

Isi wollte mit ihren Bedenken die gerade erst aufkeimende Beziehung zu Nancy nicht trüben und lenkte vom Thema ab. »Ein Bild von meinem Freund brauch ich dir ja wohl nicht zu zeigen.« Beide Mädchen lachten.

Die Mädchen verabredeten sich für den Abend, den sie bei Isi zu Hause beginnen wollten. Bei der Adresse, die Isabel geschickt hatte, handelte es sich um eine luxuriöse Wohngegend am Wannsee.

»Was habt ihr denn für einen Palast? Habe schon gedacht, dass ich mich in der Adresse geirrt habe.«

»Das hat alles schon seine Richtigkeit. Komm herein!«

»Sind deine Eltern Millionäre?«, fragte Nancy, mit erstauntem Gesicht in die Empfangshalle blickend.

Isi schaute auf den Boden, so, als ob sie sich für etwas schämen müsse. Und ein wenig war es auch so. »Wir erfüllen alle Klischees«, meinte sie in einem Ton, der die Selbstironie deutlich werden ließ. »Das verwöhnte Einzelkind verführt den Geigenlehrer während des Privatunterrichts, meine Mutter fickt mit dem Tennislehrer nach dem Unterricht und mein Vater fliegt mit seinem Privatflugzeug und nimmt seine Sekretärin mit …«

»Lass mich raten«, meinte Nancy, der werdenden Freundin ins Wort fallend, »der rammelt sie auch nach Strich und Faden durch. Nur, welcher Unterricht wäre dafür passend?«

Isabel grinste und riet: »Vielleicht gibt er ihr Flugunterricht?«

Nancy nahm den Faden auf. »Oder eher Unterricht in Ornithologie … Und warum habt ihr keinen Butler?«

»Meine Eltern sind kaum zu Hause. Der hätte doch wenig zu tun.«

»Na ja, in deinen Händen wäre der vielleicht gut aufgehoben. Ey, das ist doch eine Idee. Oder, wenn wir schon bei Klischees sind, dann besser einen Haushandwerker. Der könnte dann in seinem Blaumann vor uns strippen.«

Beide Mädchen lachten ob dieser Vorstellung ausgelassen. Nancy überlegte, dass sie ewig nicht mehr so gelacht hatte.

Die Mädchen gingen durch die Halle, Isi bot einen Cocktail an, und beide tranken einen Gin Tonic.

»Ich gehe mal schnell hoch in mein Zimmer und drucke eine Einverständniserklärung meiner Eltern aus, dass ich heute Abend in den Klub darf.« Isabel ging mit dem Glas in der Hand in Richtung Treppe und warf den Kopf zurück. »Willste mit hochkommen?«

»Wenn du mich nicht gleich vernaschst, dann gerne. Habe ja Sachen gehört, die da bei dir passieren sollen …«

»Mit Mädchen …« Isi gab stirnrunzelnd vor zu überlegen. »Nein, eigentlich nicht.«

In Isis Zimmer angelangt, staunte Nancy wie bei ihrer Ankunft: »Dein Zimmer ist so groß wie unsere ganze Wohnung.«

Isi druckte eine Einverständniserklärung aus und unterzeichnete sie mit dem Schriftzug ihrer Mutter.

»Sieht nicht so aus, als ob du das zum ersten Mal machen würdest«, kommentierte die Ältere.

Isi grinste. »Das mache ich seit der sechsten Klasse. Ich kann die Unterschrift, die sie macht, wenn sie nüchtern ist, und auch die, wenn sie sich mal wieder hat volllaufen lassen.« Sie hob das Glas und beide Mädchen tranken wieder einen Schluck.

»In welcher Version unterzeichnest du jetzt?«

»Volltrunken«, spielte sie lallend und zog die Unterschrift mit einem langen Strich am Ende über die gesamte Breite des Blattes.

Wieder unten in der Halle, war es nun Nancy, die in einer Art resigniertem Tonfall die Kurzversion ihrer Geschichte erzählte. »Meine Familie erfüllt auch alle Klischees. Mein Vater hat nach einem Arbeitsunfall angefangen zu trinken, erst meine Mutter und dann mich und meine jüngeren Geschwister geschlagen, bis die Ehe geschieden wurde. Er zahlt keinen Unterhalt, und die Mutter hat irgendwelche Jobs angenommen, um sich und die Kinder über Wasser zu halten.«

Nachdenklich betrachtete Isi ihr Glas. »Und wie gehen unsere Geschichten weiter?«

»Ganz klar«, sprudelte es aus Nancy hervor. »Du studierst etwas, an dem du keinerlei Spaß hast, lernst aber deinen künftigen Ehemann kennen, der dir ein paar Kinder macht. Du bist zufrieden und führst ein spießiges Leben. Dein Mann betrügt dich, sobald du etwas älter wirst und deine Titten hängen.«

Beide Mädchen lachten. »Und was denkst du«, forderte Nancy, »wie geht es bei mir weiter?«

»Vollkommen klar. Jetzt gehst du erst mal in den Knast, weil du mir mit etwas zu harten Bandagen geholfen hast.«

Nancy schaute erschrocken.

»Keine Angst! Du lernst dort deine Freundin kennen. Wenn ihr aus dem Knast kommt, macht ihr einen auf Heiratsschwindler. Ihr verführt meinen bis dahin hundertjährigen Vater, der immer noch in dem Wahn lebt, dass alle Frauen, die seine Urenkelinnen sein könnten, auf ihn fliegen, und nehmt ihm sein Geld ab. Dann macht ihr euch an meinen untreuen Ehemann heran. Ich weise ihm seine Untreue mit Fotos nach, lasse mich scheiden und verklage ihn so lange, bis er nur noch ein Unterhemd hat, das er von seiner Freundin waschen lassen kann, die ihn daraufhin bald rauswirft.«

»Das hört sich nach einem guten Plan an«, kommentierte Nancy und nahm einen Schluck aus dem Glas. »Echt gut von dir. Ich dachte schon, du kommst mit der Geschichte der Loserin, die drei Kinder von vier Vätern hat und ihr Leben nicht auf die Reihe bekommt.« Nancy nahm den letzten Schluck und hob das Glas in Isis Richtung. »Machst du uns noch einen, bevor ich in den Knast muss?«

Schon etwas angetrunken, wollte Isi ein Taxi rufen, damit sie in den Klub fahren konnten. Nancy bemerkte, dass sich jemand auf der Gegenseite meldete und mitteilte, dass er heute nicht im Dienst sei.

»Wir können doch mit dem Bus und der S-Bahn fahren«, wendete Nancy ein.

»Wir können aber auch ein Taxi nehmen. Der eben, der nicht konnte, war nur mein Lieblingstaxifahrer.«

»Ah«, frohlockte Nancy, »dann gibt es neben dem Geigenlehrer also doch noch einen vom Typ Haushandwerker mit Blaumann, was? Du bist mir schon eine.«

»Quatsch! Meine Eltern hatten für mich nie richtig Zeit. Eigentlich weiß ich gar nicht, weshalb die sich ein Kind angeschafft haben. Für mich war es schon seit früher Kindheit normal, mir ein Taxi zu bestellen, an den Sekretär der Mutter zu gehen, mir das notwendige Geld zu nehmen und dann zu allen möglichen Freunden, Veranstaltungen und sogar in die Schule zu fahren.«

Nancy nickte. »Dann ordere uns mal einen anderen Taxifahrer.«

»Da kommen wir nie rein«, verkündete Isi resigniert beim Anblick der Schlange vor dem Klub.

Nancy reagierte mit einem »Lass das mal meine Sorge sein. Wir gehen gleich vor.«

Der Türsteher trat zur Seite, um Nancy hereinzulassen, versperrte aber Isi mit seinem massigen Körper sogleich den Weg.

»Wir gehören zusammen«, protestierte Isi mit heller Stimme.

»Mir egal. Du kommst hier nicht rein.«

Nancy drehte sich um. »Das ist auch eine Freundin von Lucas.«

Der Security-Mann zog die Stirn kraus. »Davon wüsste ich aba was.«

»Ich habe auch eine Einverständniserklärung meiner Eltern.«

Jetzt wurde der Mann grob. »Damit kannste dir den Arsch abwischen. Ich lass dich hier nich rein!«

Nancy protestierte mit einem »Dann gehe ich auch wieder«.

Den Türsteher ließ diese Warnung ziemlich unbeeindruckt. »Deine Entscheidung.«

»Warte hier«, rief Nancy der neu gefundenen Freundin zu, »ich kläre das.«

Im Klub dröhnten die Bässe nach dem Takt der Musik, eine Tänzerin bewegte sich dazu an einer Stange, alle Tanzflächen waren mit sich rhythmisch bewegenden Menschen besetzt, und die Laserstrahler schnitten ihr Licht durch den Kunstnebel. Leute standen an der Bar. Nancys Blick ging in Richtung der Lounge, in der Lucas meist saß. Von dort hatte man einen guten Überblick.

»Zum Glück«, dachte sie, »Lucas ist da.« Eine Frau mit leuchtend blauen Haaren saß neben ihm. Die hatte sie schon mehrfach in Lucas' Nähe wahrgenommen.

Sie versuchte, quer über die Tanzfläche zu ihrem Freund zu gelangen. In einer Ecke, über die ein Gang zu den hinteren Bereichen führte, stand ein junger Mann. Zu dem gingen meist Männer, tauschten etwas aus und waren relativ schnell wieder weg. Sie vermutete, dass dieser Typ hier im Klub Drogen vertickte.

Nancy drängelte sich weiter bis zum Tisch, an dem Lucas saß. Sie bemerkte, wie er instinktiv ein wenig von der Blauhaarigen abrückte. Lief da irgendetwas zwischen denen? Auch die junge Frau rückte ein Stück von ihm ab.

Sie beugte sich zu Lucas. Ihr »Hallo« ging in der Musik unter.

Lucas staunte: »Du wolltest doch heute nich kommen.«

»Das ist ja eine Begrüßung.« Sie hielt ihre Wange hin, damit er sie küssen konnte.

»Sorry, Baby. Ick wa ebend überrascht.«

»Habe es mir anders überlegt und wollte mit einer Freundin herkommen.«

Lucas tat so, als ob er die Freundin suchen würde.

»Das ist es ja. Dein Türsteher lässt sie nicht herein.«

»Komm, setz dich erst mal«, forderte er.

»Geht nicht. Sie wartet draußen. Komm mit und hilf uns.«

»So läuft das nicht. Der Mann vorne trifft seine Entscheidungen. Wenn ich da immer dazwischenfunke, lässt der einfach jeden rein.«

»Sie ist doch nicht …«

Er fuhr ihr ins Wort. »Ich werde nicht jede seiner einzelnen Entscheidungen überprüfen oder rückgängig machen. Er hat mein Vertrauen. Wir müssen uns aufeinander verlassen.«

»Jetzt komm mir doch nicht so.« Sie zog einen Schmollmund. »Los, bitte!«

»Nee. Die Entscheidung steht.«

Jetzt versuchte sie es auf die verärgerte Tour. »Wir hatten echt einen Scheißtag, mit Prügelei, Polizei und all dem Scheiß.«

Lucas horchte auf. »Polizei?«

Zehn Minuten später trat Nancy zur Freundin nach draußen. Verärgert rief sie in Richtung Einlass: »Dann haben wir eben woanders unseren Spaß.«

Isi schaute die Freundin an. »Ist doch nicht so ein guter Freund wie gedacht?«

»Der Blödmann …«

»Sind die Kerle ja alle irgendwie«, wollte Isi trösten.

»Das kannst du laut sagen.«

»Dein Vorschlag hörte sich doch gut an.«

Nancy stutzte. »Welcher Vorschlag?«

»Dass wir es uns woanders schön machen. Wir rufen noch ein paar Leute aus unseren Kursen an und machen es uns bei mir zu Hause gemütlich.«

»Gemütlich?«

»Na ja, richtig Party.«

»Gute Idee. Aber was sagen deine Alten dazu?«

»Nichts. Die fragen wir ja nicht. Da können sie auch nichts sagen.«

Drei Monate darauf begann die Verhandlung gegen Nancy wegen der Körperverletzung.

Nothilfe zur Verteidigung eines Dritten ist zwar im Strafrecht ein anerkannter Rechtfertigungsgrund, aber wie bei der Notwehr wird nur die erforderliche Verteidigungshandlung als gerechtfertigt angesehen. Was Nancy getan hatte, ging weit darüber hinaus, weshalb sie sich für ihre Tat vor dem Amtsgericht Tiergarten in Berlin zu verantworten hatte. Wegen ihres jugendlichen Alters war ein Jugendrichter zuständig.

Jugendrichter haben meist ein Gespür dafür, bei welchen Jugendlichen Erziehungsmaßnahmen sinnvoll und in welchem Umfang die sogenannten Zuchtmittel zu verhängen sind. Der kurzzeitige Jugendarrest soll Jugendlichen vor Augen führen, was ihnen blüht, wenn sie so weitermachen wie bisher.

Die Jugendstrafe als die im Jugendstrafrecht eigentlich konzipierte Freiheitsstrafe wird hingegen erst verhängt, wenn sogenannte schädliche Neigungen oder eine besondere Schwere der Schuld festgestellt werden.

Nancys Glück war, dass sie bis zur Tat noch nicht strafrechtlich in Erscheinung getreten war und ihr Opfer trotz der Gewalteinwirkung keine Brüche erlitten und keine bleibenden Schäden davongetragen hatte. Die Hämatome waren bald verschwunden und die Wunden verheilt. Die für die Verhängung von Jugendstrafe erforderlichen schädlichen Neigungen, die bei der Tat hervortreten, wurden durch das Gericht nicht festgestellt, weshalb es bei der Bestrafung bei sogenannten Erziehungsmaßregeln und Zuchtmitteln blieb.

Die Mitarbeiterin der Jugendgerichtshilfe hatte unter Berücksichtigung von Nancys Persönlichkeit und der familiären Situation – der mit der Erziehung der Tochter überforderten Mutter und des von ihr geschiedenen und sich nicht um die Kinder kümmernden Vaters – die Empfehlungen zur Absolvierung von Trainingskursen zum Abbau von Aggressionen und zur Ableistung von gemeinnütziger Arbeit gegeben, denen der Richter folgte, angesichts des Ausgangspunktes der Auseinandersetzung aber nicht umhinkam, darüber hinaus noch eine Verwarnung auszusprechen.

Worum es der Tochter des Musiklehrers beim Angriff auf Isabel gegangen war, das war im Verfahren gegen Nancy nur marginal ein Gegenstand. Dieser erschloss sich erst durch Herbeiziehung der Akte, die zu dem Jugendstrafverfahren gegen die Tochter des Lehrers angelegt worden war. In jenes Verfahren war ich jedoch nicht mehr involviert, da Nancy für ihre Zeugenaussage damals keinen Zeugenbeistand benötigte.

Als wir zusammen das Gerichtsgebäude des Amtsgerichts Tiergarten in Berlin über den Ausgang Wilsnacker Straße verließen, stand davor in der Parkverbotszone ein getunter blauer BMW mit einem jungen Fahrer, der ungestüm von der Hupe Gebrauch machte. Nancy bedankte sich bei mir, rannte rasch zu dem Fahrzeug und stieg zu dem jungen Mann. Der BMW raste mit aufheulendem Motor davon.

Die meisten der Bekanntschaften mit Mandanten enden am Ausgang des Gerichts. Mit Nancy sollte es anders kommen.

Unangekündigter Besuch

Ungefähr zu der Zeit der Verhandlung gegen Nancy gab es zwischen ihrem Freund und seinem Chef Abu Probleme, die auf Nancys weiteres Leben erheblichen Einfluss haben sollten.

Der schwarze Audi des Chefs fuhr wie meist mit überhöhter Geschwindigkeit durch die nächtlichen Straßen Berlins. Während der Fahrt legte der Chef, der auf dem Beifahrersitz Platz genommen hatte, ein Pistolenhalfter um, nahm die Pistole heraus, entsicherte sie und steckte sie wieder zurück. Er wusste, dass er bei diesem Modell die erste Kugel nicht durch das Ziehen des Masseverschlusses in den Lauf befördern musste; es war nur erforderlich, den Abzug kräftiger als bei anderen Waffen durchzuziehen, und schon war sie scharf. Sein Messer steckte in der ledernen Messerscheide an seinem Gürtel. Der Fahrer parkte das Fahrzeug genauso sportlich ein, wie er es gefahren hatte, und kam kurz vor einem blauen BMW zum Stehen, der vor einem seiner Klubs parkte.

»Mach mir keine Kratzer in eines meiner Autos, ey«, blökte Abu seinen Cousin Bassam an.

Der Fahrer drehte sich zur Seite. »Mir ist nicht klar, weshalb du diesem Hosenscheißer ein Auto überlässt.«

Abu drehte sich zum Fahrer. Er sah sich überhaupt nicht verpflichtet, sich in irgendeiner Art und Weise zu rechtfertigen, und antwortete: »Deshalb habe auch ich hier das Sagen und nicht du.« Ohne einen weiteren Kommentar stiegen beide aus dem Wagen, gefolgt von Djadi, einem entfernteren Verwandten, der wegen seiner Größe und Masse zwei Plätze auf dem Rücksitz in Anspruch genommen hatte.

Der Chef rückte seine Jacke zurecht, unter deren linker Seite man das Halfter einer Pistole vermuten konnte. Am Gürtel war ein Messer zu sehen.

Vor dem Klub stand eine Schlange von ungefähr zwanzig Leuten. Abu musste anerkennen, dass Lucas mit der Idee, aus dem heruntergekommenen Puff einen Klub zu machen, in dem DJs zu moderner Electronic Music auflegten, richtig gelegen hatte. Das Geld aus diesen Einnahmen wurde pünktlich und vollständig an den Boten übergeben. Nur die Kohle für das Auto und die Drogen, die der Klubbetreiber, seine Nutte und seine Kumpel konsumierten, wurde nur zögerlich und nicht vollständig gezahlt. Da mussten sie ihm eine Lektion erteilen.

Ganz hatte die Hütte den Charme eines Puffs nicht verloren. Die Mädchen, die die Zuhälter hier laufen hatten, konnten sich in den oberen Etagen weiterhin Zimmer mieten. Und den Stoff, den kauften sie bei seinen Dealern. So blieben die Mädchen wegen ihrer Abhängigkeit weiter bei der Stange, und er verdiente mehrfach daran, wenn sie sich verkauften.

Die Türsteher des Klubs traten zur Seite und ließen die drei Libanesen passieren. Sie gingen wort- und grußlos an ihnen vorbei. Es würde Ärger geben, wusste einer der Türsteher schnell, zog sein Handy aus dem Jackett und tippte an Lucas, den er im Klub wusste, die Nachricht: »Abu kommt mit 2 Typen rein.«

Lucas saß bei lauter, aber entspannend wirkender Electronic Music bequem neben seiner Freundin Pinky in einer Lounge des Klubs, als sein Handy virbrierte und das Display leuchtete, was er nur mitbekam, weil er das Handy neben seinem Cocktailglas abgelegt hatte. In dem Moment, als er den Text las, wechselte sein solariumgebräunter Teint in kränklich-bleich. Ein kräftiger Adrenalinschub durchschoss seinen Körper. Als er seinen Kopf zum Eingang drehte, stand dort schon Abu mit zwei Begleitern. Die Beule, die sich unter Abus linker Achsel abzeichnete, verhieß nichts Gutes. An eine Flucht war nicht mehr zu denken. Er musste in die Offensive gehen, sonst würde das hier sehr schlecht für ihn ausgehen.

Der Klubbetreiber erhob sich und ging strahlend auf Abu zu. Er breitete die Arme aus, um den angeblichen Freund zu begrüßen. Dieser blieb jedoch steif an der Eingangstür stehen und checkte kurz die Lage. Dem Klub sah man sein früheres Ambiente als Puff nicht mehr an. Nur wenn man genau hinsah, erkannte man in einigen der Lounges ein paar junge Frauen, die mit ihrem Outfit auch gut auf den hundert Meter hinter dem Klub beginnenden Straßenstrich gepasst hätten.

»Was willst du?«, schlug es Lucas statt einer Begrüßung entgegen.

»Dich in deinem Klub willkommen heißen«, meinte Lucas in einem offenen Tonfall.

Abu schlug mit dem ausgestreckten rechten Zeigefinger so stark gegen die Brust des Klubbetreibers, dass es diesen schmerzte. »Denkst du, du kannst misch ficken, oda was?«

»Weshalb sollte ich das? Ich weiß, dass es dein Klub ist, und führe an dich die Einnahmen ab, so wie es sich gehört.«

»Wäre auch noch schöner, wenn du das anders siehst, Alta. Und na klar hast du mir mein Geld zu geben. Aber was ist mit den Schulden, hä? Du bist längst überfällig. Eigentlich müsstest du jetzt schon mit gebrochenen Beinen herumhumpeln.«

»Darf ich Beine brechen?«, bat Djadi in einem Ton, als ob man einem Troll gerade seine Keule wiedergegeben hätte.

»Nein!«

In Lucas glomm so etwas wie Hoffnung auf. Vielleicht kam er diesmal noch ungeschoren davon.

Laut verkündete Abu: »Wir sollten den Ungläubigen beschneiden.« Er zog seine Jacke zur Seite, sodass man das Messer sah.

Lucas' Hoffnung schwand mit einem Schlag. Er spürte, wie seine Knie weich wurden. Was sollte, was konnte er gegen Abu unternehmen?

Abu bemerkte, dass sein distanziertes und aggressives Auftreten bei einigen Klubbesuchern nicht unbemerkt blieb. Er schob die Jacke zurück. »Los, raus, auf den Hinterhof!«

Lucas zitterten nicht nur die Knie, ihm wurde auch regelrecht übel. Er ging voran, gefolgt von Abu und seinen Begleitern, und öffnete die Tür zum Notausgang, der auf den Hof führte. Was, wenn er jetzt einfach wegrannte? Aber wohin? Und wie danach weiter? Mit dem Klub hatte er etwas geschaffen, was er sich als Zuhälter nie zu träumen gewagt hatte. Hinter den Libanesen stand richtig Geld.

Als er die Tür durchschritten hatte und auf dem Podest der Treppe angelangt war, ging Abu hinter ihm blitzschnell in die Hocke, griff Lucas von hinten in Höhe der Kniescheiben fest an die Beine und stieß mit seiner rechten Schulter so stark nach oben in Lucas' Rücken, dass dieser nicht nur den Halt verlor, sondern auch in einem kleinen Bogen nach oben flog, bevor er schreiend auf einer der unteren Stufen aufklatschte und bis auf den Hof rollte.

Abu setzte schnell hinterher und trat mehrmals kräftig an den Kopf und in den Oberkörper des am Boden liegenden Mannes. In der rechten Hand hielt er sein Messer.

Lucas stöhnte auf und krümmte sich.

Abu bückte sich und hielt ihm das Messer ganz dicht vor die Augen. »Du bist scheiße, Mann. Du dieselst dich ein wie eine dumme Hure. Du bist stolz auf dein hübsches Gesicht. Biste schwul, oda was? Wenn isch mein Geld nicht bald bekomme, dann ziehe isch dir das Messer quer über deine schwule Fresse. Dann ist es aus mit hübschem Lucas!« Er ergriff mit der linken Hand die Gurgel, drückte ein wenig zu und starrte auf den Mann am Boden. Nun brüllte er: »Hast du verstanden?«

Lucas nickte, soweit er dazu wegen der Hand an der Kehle noch in der Lage war.

Der Mann mit dem Messer setzte die Klinge dicht unter das Kinn seines Schuldners und zog blitzschnell einen mehrere Zentimeter langen, aber nicht tiefen Schnitt über das kantige Kinn. Dann erhob er sich und trat Lucas noch einmal kräftig in die Seite.

Der schrie auf und hielt sich, weiter am Boden liegend, mit der Hand das Kinn. Unter der Hand lief das Blut hervor.

Abu schrie: »Du Schwein, du hast meinen Schuh blutig gemacht.« An seine Begleiter gewandt, forderte er: »Zieht ihm die Hose aus!«

»Nein, nein!«, flehte Lucas und krümmte sich noch mehr.

Sein Angreifer wischte das Messer an Lucas' Kleidung ab, steckte es zurück und zog die Waffe. Er entsicherte sie mit den Worten »Durchgeladen ist sie schon« und drückte sie Lucas auf das linke Auge. Der konnte schnell noch das Augenlid schließen, dennoch schmerzte es ihn stark.

»Du lässt dir jetzt brav die Hose ausziehen, sonst bekommst du eine Kugel in dein beschissenes Hirn.«

»Bitte, bitte, nein! Lasst das! Du bekommst dein Geld.«

Abu grinste. »Ganz sicher bekomme isch das. Wenn nicht von dir, weil du dir eine Kugel eingefangen hast, dann eben von deiner blauhaarigen Hure.«

Als Bassam Lucas' Hose öffnen wollte, schrie er auf. »Die Sau hat sich in die Hose gepisst!«

»Du bist mir ja ein Held. Wie sollen deine Nutten da Respekt haben?«

Vom Boden kamen nur ein paar unbestimmbare Laute.

»Du bist ja sogar zu bescheuert, dich beschneiden zu lassen. Du bist nur ein stinkendes Stück Pisse.« Abu sicherte die Waffe wieder und steckte sie zurück in das Halfter. »Los, Jungs, dann soll er auch richtig nach Pisse stinken.«

Die drei Angreifer stellten sich über Lucas, öffneten ihre Hosen und bepinkelten ihr Opfer. Als sie damit fertig waren, spuckten sie kräftig auf Lucas und ließen ihn gedemütigt im Hof liegen.

Nachdem die Libanesen den Hof durch den Klub verlassen hatten, lief Pinky durch den Notausgang über die Treppe hinunter zu ihrem ehemaligen Zuhälter. Sie erschrak, als sie ihn sah. »Brauchst du einen Arzt?«

Lucas setzte sich gequält auf. Das schmerzte jetzt schon ordentlich. Er ging nicht davon aus, dass eine Rippe gebrochen war. Die Prellungen konnten aber genauso schmerzhaft sein. »Schon gut. Das sieht schlimmer aus, als es ist.«

»Wie stinkst du denn? Ist es das, was ich vermute?«

»Halt's Maul! Wehe, du sagst irgendeinem Menschen etwas davon. Dann bringe ich dich um!«

»Biste blöde, oda was? Ick bin hier, um dir zu helfen.«

»Tu nich so blöde. Du weißt jenau, was ich meene. Dit mit der Pisse. Keinem Schwein erzählste davon, klar?«

»Wat denkst du, was ich für perverse Freier schon allet machen musste«, warf Pinky ihm vor.

»Jetzt heul mal nicht rum. Hast ja nicht schlecht verdient dabei. Aber das hier war was anderes. Die haben nich nur geile Triebe rausjelassen …«

»Woher willste das wissen?«

»Du bist blöde!«

»Du sollst nich imma sagen, dass ich blöde bin.«

»Die Ziegenficker wollten mir nur zeigen, auf welcher Stufe ich stehe.«

Pinky legte den Kopf schief. »Ist das nicht auch eine Art perverser Neigung? Wenigstens ist noch alles dran.«

»Kannste laut sagen. Der durchgeknallte Spinner wollte mich beschneiden.«

»Die ticken doch nicht richtig, die Kanacken!«, regte sich Pinky auf.

Sie begleitete ihren Freund in einen der oberen Räume. Er duschte sich zum ersten Mal im Leben komplett in Sachen. Das auf die Wunden prasselnde Wasser verursachte erneuten Schmerz. Anschließend zog er Stück für Stück unter der laufenden Dusche aus.

»Soll ich dir ein paar Schmerzmittel holen? Du siehst immer noch furchtbar aus.«

»Dit wird davon aba auch nicht besser.«

»Dis nich, aba die Schmerzen lassen nach.«

»Da brauch ick wat Stärkeres.«

Tropfnass lief er mit Pinky hinunter in den Klub. Er setzte sich an den alten Tisch. Pinky ging zu einem von Lucas' Freunden, der im Klub Drogen vertickte, und kam mit zwei kleinen Plastikbeutelchen, einem Teller und einem Strohhalm von der Bar zurück.

»Du bist ein Schatz«, stöhnte er, während er mit noch zittrigen Händen versuchte, ein Tütchen zu öffnen.

»Gib her«, forderte Pinky mit offener Hand. »Bevor du noch alles durch die Gegend haust.«

Sie entnahm ihrer Handtasche ein Etui mit einer Nagelschere, öffnete damit das Beutelchen und schüttete das Pulver in einer Linie auf den Teller. Mit der Schere teilte sie auch gleich den Strohhalm.

»Schönes, lockeres Zeug. Nicht so 'n Scheißstoff wie bei der letzten Lieferung«, meinte Lucas mit Kennerblick und unternahm mit einer Kreditkarte in seiner Hand den untauglichen Versuch, die Linien gerade und leicht gehäuft zu ziehen. Er ließ es nach ein paar Versuchen sein, steckte sich einen halben Strohhalm in die Nase und zog die erste Wellenlinie des Stoffs kräftig ein. Die verletzte Nase schmerzte, und in der Mundhöhle hatte er plötzlich den Geschmack von Blut.

Sonst spürte er nach einer Linie häufig noch gar nichts. Heute, mit der verletzten Nase, war das anders. Ein wohliges Gefühl durchströmte seinen Körper; es linderte den Schmerz nicht, ließ ihn aber irgendwie vergessen. Er sog die zweite Linie ein und warf den Kopf nach hinten. Gleich würde alles besser werden.

Noch eine Freundin?

»Du saublöde Kuh«, beschimpfte Lucas seine Freundin.

»Immer geht's nur nach deiner Nase«, schmollte Pinky. Ihren Namen hatte sie ihrer früheren Haarfarbe zu verdanken; eigentlich müsste sie heute Blue heißen.

Lucas schlug ihr blitzschnell die flache Hand auf die linke Gesichtshälfte, dass es nur so klatschte. Der Schlag traf sie so hart, dass sie einige Meter zurücktaumelte. Die junge Frau schrie kurz auf und rieb sich die Fläche, auf der gerade seine Hand gelandet war.

»Musste doch nich gleich wieder schlagen.«

»Was anderes verstehste doch nich!«

»Wichser!«, zischte sie.

»Pass bloß auf, du. Sonst kriegste gleich noch eene!«, drohte Lucas seiner Freundin.

»Is doch wahr«, begehrte sie auf.

»Du machst hier nich auf eifersüchtig oder so, dass das klar is.«

»Wenn ick der die Haare machen muss, dann …«

»Dann is das okay so, weil ich das sage, klar! Sonst kannst du ja wieder anschaffen gehen. Willst wieder uffa Straße? Du weest janz jenau, was Abu jesagt hat und zu wat der fähich is. Du hängst da so tief mit drin. Wenn der mich allemacht, dann bist du die Schuldnerin. Und wenn de hier nich mitspielst, dann prügle ich dich gleich wieda auf die Straße, damit du klarsiehst.«

Pinky musterte ihren Freund kurz. Okay, der meinte das nicht wirklich ernst. »Aba ick muss doch nich gleich mit der auf dicke Tinte machen.«

Lucas wiederholte seine Anweisung. »Du wirst die beste Freundin von der. Erst machste ihr die Haare.«

»Die geilen Tattoos haste der ooch spendiert.«

»Nischt hab ick spendiert. Dit bekomm ich alles wieda. Uffn Cent und mit Zinsen. Dit sag ick dir. Jedenfalls wirste die beste Freundin. Dann kommt se doch zu dir, wenn se sich ausheulen will. Dann wissen wir doch gleich, wenn se nich spurt.«

Pinky betrachtete ihren Freund. Doof war der nich. Und sah auch so unheimlich gut aus. Jedenfalls würde sie das Spiel mitspielen. Hauptsache nie wieder auf den Strich. Ein paar Stammkunden vielleicht noch, das ginge klar. Aber dann war Schluss. Ein für allemal!

»Mach dir Schminke uff de Backe, sonst bekommt die Kleene gleich mit, dass du eens uffe Fresse bekommen hast.«

Mit einem »Hm« bestätigte sie, dass sie verstanden hatte.

»Und die rote Pampe kannste schon mal anrühren, wa.«

»Dit muss frisch jemacht werden, wenn die kleene Schlampe hier is.«

Pinky kümmerte sich gelegentlich auch um die Frisuren der Mädchen auf der Straße. Bei einem professionellen Friseur wären die Färbungen zu teuer geworden. Die Mädchen von der Straße wollten nicht noch mehr Geld von dem verlieren, was Lucas und seine Kumpane ihnen ließen.

»Das ist kein Fernseher«, kommentierte Nancys Mutter das minutenlange Offenhalten des Kühlschranks.

Den Blick weiter ins Innere des Kühlschranks gerichtet, fauchte die älteste Tochter ihre Mutter an: »Und warum ist da nichts Vernünftiges zu essen drin?«

Nun schaute sie abwechselnd auf ihr Handy und in den Kühlschrank.

»Wenn man nicht gleich ein gebratenes Steak verlangt, ist da was zu finden. Deine Geschwister finden doch auch immer was. Jetzt schließ doch die Tür, sonst geht der Kühlschrank noch kaputt.«

»Das sind noch Babys, die haben einen anderen Geschmack. Und was den Kühlschrank angeht …« Ihr Handy vibrierte. Sie blickte auf das Display.

Eine WhatsApp-Nachricht: »Bin in 5 min bei dir.«

Sie tippte bei offener Kühlschranktür eine Antwort. »Rette mich! Mit meiner Alten, das ist wieder die Hölle!!!!«

»Ja?«, fragte die Mutter, immer noch auf das Ende des angefangenen Satzes wartend.

»Immer auf den Cent gucken, aufpassen, dass nichts kaputtgeht, weil man es nicht bezahlen könnte …«

Die Mutter fiel ihr ins Wort: »So ist das Leben! Schließ sofort den Kühlschrank!«

»Ein Scheißleben ist das«, erwiderte Nancy, ohne die Tür zu schließen.

»Mach dir doch ein besseres.«

»Das werde ich, da kannste dir sicher sein!«

Mit Blick zum Kühlschrank versuchte die Mutter, ihre Tochter auf den Boden der Tatsachen zurückzuholen: »Ein paar Scheiben Käse oder Wurst findest du da immer. Wie wär's, wenn du dir einfach eine Scheibe Brot schmierst?«

Mit den Worten »Nein danke! Bin satt!« warf Nancy die Schranktür zu. »Ich hau sowieso gleich ab.«

Nancy tippte mit flinken Fingern in ihr Handy: »Hol mich bloß gleich ab! Meine Alte ist wieder schräg drauf und mault nur rum. Ich liebe dich so sehr! Schon spüre ich deine Hände auf meiner Haut, deinen Atem. Ich liebe deinen Mund. Nicht nur wenn er mich mit Küssen übersät. Auch wenn er so geile, laszive Dinge sagt, die wir dann tun.«

Kurze Antwort von Lucas: »2 min.«

»Schreibste dich wieder mit dem? Hat er dir das neue Tattoo bezahlt?«

Die Tochter antwortete nicht. Sie drehte das Display nur noch weiter weg von der Mutter.

»Ist ganz schön groß geworden, das Tattoo. Sei vorsichtig damit. Später im Job … ich weiß nicht, ob das so gut ankommt.«

»Lass das mal meine Sorge sein. Du hast es ja nicht einmal geschafft, was Richtiges zum Essen zu besorgen.«

»Bist aber ganz schön verwöhnt.«

»Wovon denn?« Sie blickte die Mutter vorwurfsvoll an. »Von dem Fraß da drin? Von der kleinen Bude hier oder davon, dass ich dauernd auch noch das Essen für deine anderen Kinder machen muss?«

»Das sind auch deine Geschwister. Und du hast hier das größte Zimmer. Deine Geschwister teilen sich eins. In einer Familie ist es nicht zu viel verlangt, wenn du mal was für die Kleinen machst. Hier muss sich jeder einbringen, sonst läuft das nicht.«

»Was für eine Familie sind wir denn, hä?«

»Pass bloß auf, du!«, begann die Mutter zu drohen und hob die Hand. »Ich muss nun mal arbeiten gehen, und da musst du auch deinen Teil leisten.«

»Einen Scheiß muss ich! Musste dir eben einen Job suchen, bei dem mehr rumkommt. Und bessere Arbeitszeiten.«

»Kannst dich ja bei deinem Erzeuger bedanken. Würde der den Unterhalt bezahlen, sähe es mit dem Geld bei uns auch anders aus.«

»Weshalb soll ich mich bedanken? Wer hat sich denn von dem ficken lassen?«

»Das reicht jetzt aber!« Die Mutter stürzte auf die Tochter zu und wollte wieder die Hand erheben. Sie sah, wie sich Nancy aufbaute, und zum ersten Mal hatte sie das Gefühl, die fast erwachsene Tochter würde zurückschlagen.

»Wenn ich achtzehn werde, dann möchte ich aber die Kohle von dem Alten haben, verstanden?«

»Wenn du dann einen Mietanteil und Kostgeld zahlst, können wir uns darüber einigen. Aber weshalb sollte der plötzlich zahlen?«

Nancy überlegte.

»Da werde ich mit meinem Freund aufschlagen. Der wird dem schon Bescheid stoßen. Lucas ist nämlich ein ganz schönes Tier. Wenn der dem Alten richtig die Fresse poliert, dann pariert der schon und zahlt.«

Die Mutter setzte sich kopfschüttelnd an den kleinen Küchentisch. Ein Wunder, dass dort vier Personen Platz fanden. »Mit deinem neuen Freund, das ist auch wieder so eine Sache ...«

»Hör doch endlich auf damit!«, forderte die Tochter. »Das ist meine Sache. Das ist mein Leben. Wenn du so weitermachst, dann ziehe ich gleich zu ihm.«

Wieder signalisierte das Handy piepsend eine Nachricht von Lucas: »Bin da.«

»Ein junger Mann, mit so einem Auto. Was arbeitet er denn? Wie kann er sich denn so einen Schlitten leisten?«

»Soll ich dir einen Lebenslauf präsentieren und ein paar Lohnzettel? Du bist so ein Spießer! Arbeit ... wen interessiert das denn noch, wenn genügend Kohle da ist! Du ackerst dich kaputt, aber verdienst kaum was. Dein Chef, dein früherer Mann, alle behandeln dich wie ihre Fußabtreter. Wie alt willst du denn noch werden, bevor du kapierst, wie es in diesem Leben läuft?«

Resigniert meinte die Mutter: »Ich weiß nicht, ob da noch mein Kind zu mir spricht.«

»Musst du doch wissen, ob ich dein Kind bin.«

Die Mutter stand vom Küchentisch auf. »Warum kannst du nicht ein wenig lieb oder freundlich zu mir sein? Immer nur Anfeindungen, Gezanke und Gemecker ...«, wollte die Mutter, in der engen Küche stehend, von Nancy wissen.

»Wer hat sich denn so über mein neues Tattoo aufgeregt?«

»Das wird doch jetzt wirklich zu viel auf deinem Körper.«

»Richtig! Das ist mein Körper. Das ist heute überall akzeptiert, auch im Job, selbst großflächige Bilder.«

»Mach du erst mal die Schule fertig ... Und woher hast du überhaupt das Geld für solche Bilder? Das kostet doch.«

»Hörst du dich mal selber reden?«, fragte die Tochter beim Hinausgehen. »Du hast doch nur an mir herumzunörgeln. Ich hau ab. Weiß nicht, ob ich in der Nacht noch nach Hause komme.«

Nancy schmiss die Tür hinter sich zu, dass es nur so durch die Wohnung krachte. Putz rieselte zu Boden.

Auf dem Hausflur rannte Nancy grußlos an der alten Mieterin vorbei, die über ihnen wohnte. So würde sie nicht enden wollen. Da stellte sie sich für ihr Leben was anderes vor.

Feuerrote Haare

Vor der Tür saß Lucas kaugummikauend hinter dem Lenkrad seines blauen BMW. Zugelassen, das wusste sie schon, war der Wagen auf den Klubbesitzer, mit dem Lucas zusammenarbeitete. Über all das Geschäftliche sollte sie aber »die Fresse halten«, hatte er ihr eingeschärft.

Nancy stieg ein.

»Hast dir ganz schön Zeit gelassen, Baby«, meinte er in einem Ton, der noch gar nicht so vorwurfsvoll klang.

Sie gab ihm einen Kuss. »'tschuldigung! Aber meine Alte hat wieder Stress gemacht.«

»Haste ja geschrieben. Und noch andere Sachen. Hat mich richtig geil gemacht, Baby. Musst aba nich so 'ne Fremdwörter schreiben, lasziv und so. Ich verstehe das schon. Musst ja nich die Gymnasiastin raushängen lassen, wenn's ums Ficken geht. Aba schreiben kannste ja.«

»Nur schreiben?«, erkundigte sie sich im zweideutigen Tonfall.

Er legte seine Hand auf ihren Schenkel.

Sie blickte darauf. »Noch ist mir nicht danach. Meine Mutter, die geht mir manchmal so was von auf die Nerven.«

Er nickte. »Kann ick verstehn. Weiß noch, wie ich meinem Alten so richtig eins in die Fresse gehauen hab.« Seine Muskeln spannten sich bei dem Gedanken an. »Der war wie meist besoffen und wollte mich schlagen ...«

Nancy unterbrach ihn: »Das wollte meine Mutter auch gerade mit mir machen.«

»Und?«

»Hat se sich aber nicht getraut. Ich weiß nicht ... ich glaube, diesmal hätte ich zurückgeschlagen.«

Er startete den Wagen. »Richtig so! Man darf sich im Leben von niemandem unterkriegen lassen. Kämpfen oder besiegt werden. So ist das.« Lucas fuhr los. »Seit ich von zu Hause weg bin, ist es mit mir bergauf gegangen. Tolles Auto, geile Klamotten, immer genug Kohle in der Tasche und«, meinte er zu Nancy schauend, »ein Mädchen, um das mich alle beneiden.«

Es machte sie stolz, wenn er so etwas sagte. In seinem Klub liefen so viele Mädchen umher. Und sie sah ja, wie die ihn anblickten. Aber sie war seine Freundin.

»Weißt du«, begann er seine Gedanken während der Fahrt langsam zu ordnen, »das mit deiner Freundin, der kleinen Blonden, das ist blöd gelaufen.«

Nancy missverstand seine Äußerung. »Na logisch, die blöde Kuh musste nicht gleich mit 'nem Messer auf Isi losgehen, nur weil sie mit dem Vater gefickt hat.«

»Ist schon 'ne scharfe Ratte, die Kleene. Aber was ich meine, is wat anderes. Is echt blöd, dass das rausgekommen ist. Der Alte, der privaten Geigenunterricht im Haus von Isis Eltern gibt und dann die minderjährige Tochter fickt.«

»So seid ihr Kerle nun mal. Euren Schwanz habt ihr nicht unter Kontrolle.«

»Die ist doch noch jünger als du ...«

»Na ja, so 'ne Superkluge. Die hat zweimal eine Klassenstufe übersprungen. Eigentlich noch völlig unreif. Aber 'ne ganz Liebe.«

»Haste mir schon mal erzählt. Aba was is 'n das, 'ne ›ganz Liebe‹? Entweder isse zum Ficken jut oder nicht. Das is, wat zählt.«

Nancy schaute zu ihrem Freund. Es schien, als ob es diesmal nicht nur einer seiner Sprüche gewesen wäre. Der glaubte das wirklich. Na, sie würde ihn schon noch hinbiegen. »Ich glaube, sie wollte sich als Baby in allen Kursen selbst beweisen, dass sie auch in anderen Bereichen mit uns mithalten kann. Wir unterhalten uns ja über völlig andere Themen.«

»Haha«, lachte Lucas breit. »Da kann man schon auf die Idee kommen, seinem Geigenlehrer einen zu blasen.«

Nancy lächelte. »Wenn du so sprichst, dann wird mir in meinen unteren Regionen gleich ganz anders.«

»Wat ick aba vorhin meinte: Wenn der Alte auch noch Lehrer is ... Den hätte man richtig gut erpressen können. Seinen Job als Lehrer wäre er sonst losgeworden.«

»Ist er jetzt auch.«

»Das is ja das Blöde. Jetzt is die Ehe hin und seinen Job isser los. Den hätten wa ausnehmen können, wie 'ne fette Weihnachtsgans. Aber ihr musstet ja alles ausplaudern. Das Jeschäft mit dem habt ihr euch selber versaut.«

»Das ist der Vater meiner Freundin. Den hätten wir doch nicht erpresst.«

Er drehte sich grinsend zu Nancy. »Du nicht, das is klar. So ein alter, geiler Pisser. Der braucht 'nen Denkzettel, sage ich dir. Das wär eine reine Erziehungsmaßnahme.«

»Wohin fahren wir heute?«, wollte Nancy wissen.

»Was denkst du?« Er schaute sie an.

Sie liebte diesen Blick. Lucas war so männlich. Der hatte sein Leben im Griff. Nicht so 'n Loser oder so 'n Streber oder Spießer wie die in der Schule. Und mal sehen, was er heute auf dem Programm hatte. »Weiß ich doch nicht«, säuselte sie.

»Na, die leuchtend roten Haare, die wolltest du doch immer haben.«

Sofort strahlten ihre Augen. »Wie?«

»Wir fahren in den Klub. Pinky macht dir heute die Haare rot. Hat schon alles da und wartet.«

Sie setzte einen leicht verschämten Blick auf, obwohl sie die Antwort schon ahnte, und erkundigte sich danach, wer das bezahlen sollte.

»Ach Baby, mach dir da keine Sorgen. Für dich ist mir nichts zu teuer. Und mit dem Tätowierer habe ich auch schon einen neuen Termin ausgemacht. Du bekommst die geilsten Bilder der Stadt.«

Der Wagen hielt an einer roten Ampel. Sie beugte sich zu ihm und küsste ihn.

»Dafür kannste mir aber auch einen blasen.«

Sie schaute ihn überrascht an. »Wa?«

»Na los, mach schon!«

»Beim Autofahren? In den Mund nehmen?«

»O Mann, stell dich doch nicht wieder an wie ein Kind. Klar doch!« Die Ampel schaltete auf Grün und der BMW rollte weiter.

Als sie vor dem Klub vorfuhren, stieg Lucas aus und zog sich die Hosen hoch, gefolgt von den Blicken des Türstehers.

Nancy zog ihre Sachen zurecht. Sie war stolz, Lucas' Freundin zu sein. Der Türsteher grüßte ihn wie einen alten Kumpel, die alte Frau an der Garderobe lächelte, als wäre sie seine Mutter, und an der Bar, ja, an der Bar, da stand eine, die schaute Lucas an, als wäre sie gerne seine Freundin. Die musste sich hier die ganze Nacht die Beine in den Bauch stehen, herumrennen und sich von den Typen begrapschen lassen. Aber sie, sie war Lucas' Freundin, wurde von ihm verwöhnt und war fast so etwas wie eine zweite Chefin in dem Laden; jedenfalls empfand sie es so.

Der Klub gehörte zwar nicht Lucas selbst, aber er verwaltete ihn für einen Freund. So spare er die Pacht für den Klub, hatte er ihr erklärt.

»Ick darf ja offiziell nicht zu Geld kommen«, sagte er jetzt.

Nancy stellte gleich eine Vermutung an: »Wegen Hartz IV und so?«

Lucas grinste. »Eher wegen ›und so‹. Verstehste?«

»Nee, da steh ich jetzt aufm Schlauch. Was meinste denn damit?«

»Ach Püppi, ick denke, du bist aufm Gymnasium. So 'ne janz Kluge.«

»Weiß ich doch nicht, weshalb du offiziell kein Geld haben darfst.«

»Was lernt ihr denn heutzutage überhaupt auf eurem Gumminasium, hä?«, machte er sich lustig. »Na, weil ich 'ne eidesstattliche Versicherung abgegeben habe und noch Gerichtskosten ausm letzten Strafverfahren offen sind.«

»Und das Schmerzensgeld«, wusste Nancy nun zu sagen. »Für den Typen, dem du die Kniescheibe zertrümmert hast.« Ein kleiner Schauer lief ihr bei dieser Vorstellung den Rücken hinunter.

Stolz erinnerte sich Lucas. »Das hat dem richtig wehgetan. Hättest mal sehen sollen, wie der sich vor Schmerzen gekrümmt hatte. Aber verdient ist verdient.«

»Und sobald du offiziell Kohle hast, musst du was an den abdrücken.«

»Na siehste, bist doch gar nicht so begriffsstutzig.« Er schlug ihr wie zum Zeichen des Wohlwollens kräftig mit der flachen Hand auf ihren Hintern.

Nancy drehte sich zu ihm. »Meinen Po magst du besonders, was?«

»O Baby, nach dem bin ich besonders verrückt.« Er schob seinen Kaugummi in die rechte Wange, zog sie an sich, küsste sie und massierte mit beiden Händen ihr Gesäß.

Sie liebte seinen Geruch, seine rabenschwarzen Haare, seine kräftigen Hände. Wo Lucas hinlangte, da wuchs so schnell kein Gras mehr. In seiner Begleitung traute sich nicht mehr jeder Penner, sie anzumachen. Nur seine sonnenstudiogebräunte Haut fand sie etwas zu auffällig. Aber wenn er es mochte, dann war das eben so. Das war eben sein Ding.

»Nichts auf der Welt kann uns entzweien!«, hauchte er ihr ins Ohr.

Sie drückte ihn zur Bestätigung noch fester.

Lucas flüsterte: »Wollen wir in eins der Zimmer gehen?«

Mit den Mädchen, die rund hundert Meter hinter dem Klub an der Straße standen und auf Freier warteten, hatte er nichts weiter zu tun. Die mieteten sich ab und zu oben in die Räume ein und zahlten einen kleinen Mietzins. Das war auch mehr, um ihnen zu helfen, und jeder hatte etwas davon. So konnten sie ihr Geschäft machen und mussten nicht in die Autos der Freier, auf irgendwelche Parkplätze, Parks oder Hinterhöfe, und der Klub bekam noch ein paar Euro für die Zimmer.

Pinky wartete schon in den Räumen des Personals. Nancy schaute zu, wie Pinky die rote Farbe mit Spülung mischte. Im Hintergrund spielte Musik. Seit sie auch in Berlin den kleinen Privatsender pure fm hatten, gab es die Electronic Music endlich auch aus diesem Kasten. Das war nicht so 'ne Grufti-Musik für die Halbtoten, wie sie auf anderen Sendern gespielt wurde, für die Ü-30-Typen, die sich eigentlich schon mal mit dem Spaten auf den Weg zum Friedhof machen konnten. Eigentlich, überlegte Nancy, könnte man sich mit dreißig die letzte Nadel geben. Was man bis dahin nicht auf die Reihe gebracht hatte, würde auch nicht mehr passieren.

Während Pinky die Mischung anrührte, begutachtete sie das Mädchen, das sie bisher immer nur kurz gesehen hatte, von oben bis unten und ließ ihr Ergebnis wissen: »Da reicht aber die Färbung nicht.«

Lucas ließ ein »Hä?« hören.

Nancy ahnte, was da kommen würde.

Pinky enttäuschte sie diesbezüglich nicht. »Deine Kleidung, ist die in dem Stil wie das Zeug, was du jetzt trägst?«

»Ja, warum?«

»Sieht echt spießig aus. Kannst dich doch ein bisschen geiler kleiden. Bist doch 'ne süße Maus.«

Nancy grinste.

»Zieh dich aus und setz dich da hin!«, forderte die selbst ernannte Haarkünstlerin mit einer legeren Handbewegung in Richtung eines Hockers.

»Ganz?«

»Wenn du nicht willst, dass der Rest der Welt glaubt, dass du deine Tage hast, wenn du diese Sachen weiter trägst, dann solltest du das tun.«

Lucas lachte laut auf.

Nancy begann, sich auszukleiden.

»Das ist so!«, klärte Pinky ihn auf. »Diese Scheißfarbe ist so kräftig, wenn ich die auf deinen Schwanz schmiere, dann bekommt der die Farbe eines Pavianarschs.«

»Lass mal meinen Riemen aus dem Spiel«, forderte Lucas laut. »Sonst wird deine Fresse gleich rot, aber nicht von der Farbe da.«

Nancy fand Lucas' Art manchmal sehr grob, aber der ließ mit sich eben nicht alles machen. Er war nicht der Typ, der Blumen brachte oder Geschenke, aber alle hatten Respekt vor ihm. Das war nicht wie mit den blöden Lehrern in der Schule, die niemand ernst nahm. Lucas war eben ein richtiger Kerl.

Lucas schlug mit der einen Hand gegen die Oberseite der Zigarettenschachtel, sodass eine Zigarette ein paar Zentimeter herausrutschte. Ohne die Zigarette mit den Händen zu berühren, zog er sie mit seinen Lippen aus der Schachtel. Das sah so cool aus, dachte Nancy.

Er schaute der Färbeprozedur zu. Sie hatte nichts dagegen, so vor Lucas zu sitzen. Nur vor Pinky war ihr das etwas unangenehm. Die spürte das.

»Haste kein altes Shirt dabei?«

Nancy schüttelte den Kopf. »War doch eine Überraschung. Ich ahnte doch nicht, dass das schon heute erledigt wird.«

Lucas machte sich über seine Freundin lustig. »Was denn, sie hat dich doch noch gar nicht angefasst. Hast du denn noch nie mit einer Frau rumgemacht?«

Ein Hauch Rosa zog sich über Nancys Gesicht. Sie schüttelte den Kopf. Pinky, die Nancy die ganze Zeit im Spiegel beobachtete, entging das nicht. Mit ihren Gummihandschuhen massierte sie Nancy die knallrote Farbmasse in die Haare. Sie lachte. »Ist das nicht süß? Die Kleine ist ja so rot geworden wie die Farbe hier ... Echt süß.« Zärtlich massierte sie Nancys Kopfhaut weiter.

Nancy hätte es nicht zugeben wollen, aber es erregte sie.

»Wenn ihr beiden Spaß miteinander haben wollt, nur zu«, erklärte Lucas von der Seite. »Und wenn es mir gefällt, was ich sehe, dann mache ich auch mit.«

»Nein!«, empörte sich Nancy.

Lucas merkte, dass er für diese Phase der Beziehung bei seiner Freundin ein wenig zu weit gegangen war, und ruderte schnell zurück. »War doch nur ein Spaß, Baby.«

Pinky flüsterte zu Nancy: »Musst nicht gleich einen auf Rührmichnichtan machen.«

Da klingelte Nancys Handy.

Ihre mit roter Farbe bekleckerten Arme hebend, fragte sie ihren Freund: »Gehst du mal ran? Es ist in der Handtasche.«

»Soll ich jetzt deine Sekreteuse machen, oder wat?«

»Och bitte!«, meinte sie in einem Ton, von dem sie dachte, Lucas könnte dem nicht widerstehen.

»Mal schauen, wer dran ist.« Er drückte seine Zigarette im Aschenbecher aus und griff in ihre Handtasche. Ein Blick auf das Display verriet ihm, dass es Nancys beste Freundin war. Die störte sowieso nur. »Ick geh mal ran, dis is Isi.«

»Ja bitte! Sag ihr, dass ich später zurückrufe.«

Pinky verstand nicht, weshalb Lucas jetzt doch den Butler für dieses naive Kind machte. Aber er war ja nicht doof und würde seine Gründe haben. Sie hatte auch seinen ersten, verärgerten Blick mitbekommen, als er den Namen der Anruferin erkannte, jedoch gleich das verlogene Lächeln des Zuhälters aufsetzte. Also versuchte sie, ihm zu helfen. »Jetzt beruhige dich mal wieder, Süße, und halt still! Hier spielt die Musik. Apropos Musik ...« Sie drehte sich kurz zur Seite und tippte auf eine Taste des Radios, das gleich so aufbrüllte, dass man sein eigenes Wort kaum verstand.

Lucas brüllte ins Handy: »Nancy kann gerade nicht!«, und an die Mädels gewandt: »Wie soll ich da mit der Kleenen sprechen?«

»Ach, verpiss dich!«, fauchte Pinky, die sich in ihren Gedanken gestört sah.

»Also, es ist wie folgt …«, schrie Lucas, in Richtung Tür gehend, sodass es die Mädchen noch verstehen konnten, verschwand dann durch die Tür und fuhr fort: »Pass auf, du kleine Scheißgöre: Nancy möchte nichts mehr mit dir zu tun ham, dass das klar is!«

»Das soll sie mir selber sagen!«

»Du vorlaute Fotze! Wer hat dir denn erlaubt, so mit mir zu sprechen?«

»Bitte?«

»Wat? Jetzt regste dich auf. Du verlogene Schlampe. Weißt du denn nich, wat du anjestellt hast? Dem Mann, den du gefickt hast, haste die Ehe kaputt jemacht, und seinen Job isser jetzt auch los. Obendrein noch eine Verurteilung wegen sexuellen Missbrauchs von Minderjährigen.«

»Aber …«, wollte Isabel unterbrechen.

»Da jibts kein ›aba‹. Weeste, was se mit dem im Knast anjestellt hätten, mit so 'ner Scheißverurteilung?«

Das wollte Isi sich nicht gefallen lassen. »Das musst du ja ganz genau wissen.«

»Halt die Fresse, du Stinkfotze! Du baust nur Scheiße, bringst allen Unglück und hast hier noch die große Klappe? Nancy is aus Mitleid mit dir hierhergekommen. Weil du so ein armes Würmchen bist. Sie möchte nischt mehr mit dir zu tun haben und löscht deine Nummer aus dem Telefon.« Lucas machte eine kleine Pause. Freudig vernahm er so etwas wie ein leises Schluchzen auf der anderen Seite. Dann setzte er nach: »Wenn du noch einmal die Nähe zu Nancy suchst, dann stellen wir ein paar Bilder von dir ins Internet. Da jibt's dann Werbung von dir zu sehen: ›Ficke jeden Lehrer kostenlos für gute Noten. So habe ich zwei Klassen übersprungen.

Springe gerne in jedes Lehrerbett. Bitte melden unter …‹ Und dazu jibts dann deine Handynummer. Sei aba nich traurich, wenn sich da nich nur Lehrer melden.«

Lucas beendete den Anruf. Er holte sein eigenes Handy hervor und fotografierte den Kontakt zu Isabel ab. Danach blockierte er Isis Nummer auf Nancys Handy und löschte den Kontakt. Schon wollte er zurück ins Zimmer gehen. Da kam ihm eine Idee. Er entfernte die SIM-Karte und trat mehrere Male kräftig darauf. Er hob sie auf, war mit seinem Ergebnis zufrieden und schob sie wieder in das Handy zurück.

Er ging in das Zimmer zurück und brüllte: »Die kleine Scheißsau, die. Die muss doch spinnen.«

»Wat haste denn?«, fragte Pinky.

»Die Sau, die, die blöde Sau!«, schrie er wie von Sinnen und warf das Handy mit voller Kraft gegen die Wand.

Nancy bekam einen Schreck. »Ey, das war meins.«

Als ob er das erst jetzt bemerkte, tat Lucas überrascht. »Ach du Scheiße! Das wollte ich nicht, Baby. Ich kaufe dir ein neues. Sorry, Baby! Aba ick hab mich über die blöde Fotze so aufgeregt, sach ich dir.«

Nancy erkundigte sich: »Was ist denn los, was hat Isi gesagt?«

»Dass du ihr die ganze Scheiße eingebrockt hast. Das is ihr klar jeworden. Wenn du dich nich einjemischt hättest, dann wäre nischt rausgekommen. Du musst immer die Heldin spielen und machst nur immer alles kaputt. Sie hätte jetzt noch den Lehrer gehabt und der seinen Job, wenn du nicht dazwischengefunkt hättest.«

»Spinnt die?«

»Das habe ich auch jefragt. Jedenfalls will se nich mehr, dass du anrufst.«

»Dreht die jetzt ganz durch?«, entgegnete Nancy.

Pinky gab Lucas Schützenhilfe. Sie freute sich, dass sie mit der Entgegennahme des Telefonats den richtigen Riecher bewiesen hatte. »So sind solche Weiber. Die denken immer, dass sie wat Besseres sind. Die tun nur so, als ob sie Verständnis hätten für uns.« Mit verstellter Stimme fuhr sie fort: »Wie ist es, arm zu sein? Ich weiß das nicht. Ich möchte gerne deine einfachen Sorgen teilen. Immer nur die Taschen voller Geld, Designerklamotten tragen, die geilsten Schlitten fahren, Luxusreisen und, und, und ... Das ist kein Leben.«

Nancy nickte traurig. »So einen Eindruck hatte sie früher auch gemacht. Genau wie die Zicke des Paukers.«

»Jedenfalls löscht sie deinen Kontakt und untersagt es dir, sie weiter zu kontaktieren. Sonst jibt's so was wie 'ne Strafanzeige wegen Stalking und so was, mit Unterlassung und Strafe und so 'ne Pisse.«

Nancy kullerten ein paar Tränen der Wut übers Gesicht. Mit schwacher Stimme hauchte sie: »Wie man sich in einem Menschen täuschen kann.«

Lucas bestätigte: »So ist das im Leben. Man kann niemandem in den Kopf schauen. Aber deine Freunde sind jetzt hier, Baby.«

Pinky mischte sich wieder ein. »Jetzt heult se ooch noch, die Kleene.« Sie reichte Nancy ein Tuch aus der Kosmetikbox, die auf dem Tisch stand.

Als die Arbeit getan war, staunte Nancy. »Das ist ja wirklich knallrot, bis zum Haaransatz, so schön gleichmäßig.«

»Danke, Kleene! Gibst mir ein Glas Prosecco drauf aus und dann is jut.«

»Champagner, meine Damen«, warf Lucas großspurig ein. »Und die Runde jeht auf mich. Das sieht ja wirklich richtich geil aus.«

Sich im Spiegel betrachtend, erklärte Nancy: »Meine Mutter wird das wieder zu auffällig, zu grell finden.«

»Mann, Kleene, das ist doch dein Leben. Lass dir da nicht reinreden. Dein Leben, dein Körper.«

Nancy nickte.

»Weeßte, wat de machen musst, um selbstbestimmt zu sein?«

»Was?«

»Abhauen von zu Hause!«

»Weißt du, dass ich daran schon gedacht habe?«, räumte Nancy ein.

»Wer nicht in deinem Alter? Ich bin schon mit sechzehn weg von meinen Alten«, sagte Pinky.

Nancy überlegte laut: »Ich werde ja sowieso bald achtzehn. Da kann ich dann meine Tasche nehmen.«

»O ja, Baby«, tat Lucas scheinheilig, »dann ziehen wir zusammen und der Rest der Welt kann uns mal.«

Nancy lächelte. Sie träumte von einer Zukunft mit Lucas.

»Kannst bei mir hier im Klub anfangen, verdienst dein Geld und bist unabhängig. Hier brauchste auch keenen blöden Schulabschluss. Wir suchen uns eine Wohnung, und das Leben kann beginnen.«

Jetzt lächelte Pinky und setzte noch einen drauf: »Das wird werden, als ob dein Leben erst jetzt richtig beginnen würde.«

Pinky und ein paar der Mädchen schrieben an Isabel Mitteilungen. Lucas hatte ihnen aufgegeben, die »kleine Sau« fertigzumachen. Täglich erreichten Isabel Nachrichten, in denen sich irgendwelche Typen anboten, es ihr zu besorgen, jetzt, wo ihr geiler Bock von Lehrer bald in den Knast wandern würde, oder Isabel wurde aufgefordert, sich von der Schule fernzuhalten, weil man eine solche Schlampe dort nicht sehen wolle.

Endlich erwachsen

An ihrem achtzehnten Geburtstag klingelte der Wecker für Nancy ein letztes Mal. »Viel zu früh«, dachte sie. Die Aufregung hatte sie kaum schlafen lassen. Und nun, wo sie gerade sanft ins Reich der Träume hinübergeglitten war, da musste dieser Wecker so einen Krach machen. Sie hatte heute Großes vor, sie würde ihr Leben in die eigene Hand nehmen, alles verändern und alles auf den Kopf stellen.

Niemand sollte sie stören. Sie wollte weder Rechtfertigung noch Streit. Sie schlich aus ihrem Durchgangszimmer, das eine Tür direkt zum Flur hatte. Die Mutter schlief nach der Spätschicht in dem kleinsten Zimmer der Wohnung, das auf der anderen Seite an Nancys Zimmer grenzte. Nancy empfand ihr ganzes bisheriges Leben als Zumutung, nie ungestört in ihrem Zimmer leben zu können, so sehr sich die Mutter auch zurücknahm und nur noch zum Schlafen das kleinste Zimmer am Ende der Wohnung aufsuchte.

Die Tochter duschte sich, machte sich einen Kaffee und packte ihre Reisetasche; da war nicht viel zu packen … nur ein Stapel Klamotten. Den Rest Kaffee schlürfend, schrieb sie ein paar Zeilen auf einen Notizzettel. Der Text sollte ihrer Vorstellung zufolge ganz kurz werden. »Ich bin für immer weg!«, war zu kurz und traf nicht, was sie ausdrücken wollte. Also schrieb sie ein paar Zeilen. Es wurden aber mehr und mehr. Sie musste den kleinen Zettel herumdrehen, weil der Platz nicht ausreichte.

Ihren Wohnungsschlüssel legte sie zusammen mit dem Zettel auf den kleinen Küchentisch und verließ auf leisen Sohlen die Wohnung, so früh wie noch nie. Es war ihr nicht schwer ums Herz, als sie die Reisetasche abstellte, die Wohnungstür hinter sich zuzog und ihr altes Leben damit hinter sich ließ. Der größere Paukenschlag würde in einer Stunde geschlagen werden.

Der Mutter schwante Böses, als sie Nancy nicht mehr in ihrem Bett antraf. Auch die Mutter hatte nach der Schicht ihren Wecker gestellt, um Nancy noch vor der Schule gratulieren zu können. Am Abend, als sie nach der Arbeit müde nach Hause gekommen war, hatte Nancy, sich unruhig wälzend, im Bett gelegen.

»Ein Glück«, hatte sie bei sich gedacht. Sie freute sich, dass Nancy nicht schon wieder bei und mit diesem Lucas schlief. Der junge Mann hatte keinen guten Einfluss auf die Tochter. Aber was hätte sie machen sollen? Ihre ständigen Streitereien wegen dieser Beziehung hatten die beiden Frauen ohnehin immer weiter voneinander entfernt.

Auf ihrer Suche nach Nancy fand die Mutter den Zettel: »Ich halte es hier nicht mehr aus. Mein altes Leben, euch, Berlin und alles, was damit zusammenhängt, werde ich hinter mir lassen. Auf mein altes, kleinkariertes, von Alltagssorgen geprägtes Leben und auf euch habe ich keine Lust mehr. Mein Leben möchte ich selbst in die Hand nehmen und es mit Lucas verbringen. Wehe, du mischst Dich weiter in mein Leben ein! Du würdest es bereuen und mich für immer verlieren! Tschüss!«

Sie ging wie in Trance den Flur entlang, an dessen Ende die rechte Tür zu Nancys Zimmer führte, und ging hindurch in ihr kleines Schlafzimmer. Im großen, alten Spiegelschrank, der den Eindruck machte, als fielen dessen Türen bald heraus, kramte sie nach einem gut versteckten Päckchen. Mit der in Geschenkpapier gewickelten Überraschung torkelte sie mit weichen Knien zurück in die Küche und packte das Geschenk aus. Es war ein Handy, das sie bei einem Online-Händler erworben hatte; ein gebrauchtes, aber professionell aufbereitetes Handy. Leise hauchte sie: »Herzlichen Glückwunsch, mein großes Mädchen. Viel Glück auf deiner Reise.«

Sie starrte auf das Zettelchen, und die Buchstaben begannen zu verschwimmen. Tränen tropften auf das Papier.

Ein weiterer Mensch dachte an Nancys Geburtstag. Es war die kleine Freundin Isabel. Sie konnte nicht glauben, was Lucas ihr ausgerichtet hatte. Sie nahm das kleine Kästchen und machte sich auf den Weg zur Schule. In einem Kurs hätte sie eine gute Chance, Nancy zu treffen. Natürlich wäre die Voraussetzung, dass Nancy nicht wieder die Schule schwänzte. Irgendwie würde sie es aber möglich machen, die Freundin zu sprechen. Der Geburtstag war dazu ein guter Tag, dachte sie.

Dass sie ihr Vorhaben noch am selben Tage in große Bedrängnis bringen und sie um ihr Leben laufen würde, davon konnte sie noch nichts ahnen.

In der Schule ging Nancy mit ihrer großen Tasche stolz in das Sekretariat des Gymnasiums, verlangte, den Schulleiter zu sprechen, und erklärte diesem, dass sie die Schule am heutigen Tage beende. Auf seine Frage, was sie denn jetzt machen werde, meinte sie, dass sie sich einen Ausbildungsplatz gesucht habe. Seine Frage nach der Art der Ausbildung hingegen beantwortete sie nicht.

Es war unbeschreiblich, mit welchem Gefühl sie das Schulgebäude verließ. Ein wenig Unsicherheit verspürte sie schon, ganz breit hingegen machte sich eine Zufriedenheit darüber, nun ihr Leben allein bestimmen zu können.

Betrübt war sie, dass Lucas sie nicht von der Schule abholte. Sie wusste, dass er die ganze Nacht im Klub zu tun gehabt hatte. Da war es schon klar, dass er jetzt nicht hier sein konnte. Sie fuhr mit dem Bus, stieg um in die U-Bahn und lief dann in Richtung des Klubs, den sie durch die Hintertür betrat.

»Überraschung!«, riefen Lucas, Pinky, die Mädchen von der Bar, zwei von den Go-go-Tänzerinnen, ein paar Mädchen, die sonst auf der Straße anschafften, die Türsteher und noch ein paar Leute, die Nancy noch nie gesehen hatte. Die Scheinwerfer richteten sich allein auf sie, Musik begann zu spielen. Zum ersten Mal in ihrem Leben fühlte sie, als ob sich alles nur um sie drehe, sie allein im Mittelpunkt stehe, im wahrsten Sinne des Wortes im Rampenlicht. Sie bekam plötzlich die Aufmerksamkeit, die ihr sonst nicht zuteilwurde.

Lucas ging vor, umarmte und küsste sie. »Baby, ich habe was ganz Besonderes für dich!« Er holte vom Tisch einen Mietvertrag. »Den brauchst du nur noch zu unterzeichnen, und schon haben wir unsere erste gemeinsame Wohnung.«

»Wie, ohne Makler, Sicherheiten, Job, Schlangestehen mit Dutzenden Mitbewerbern?«

Pinky ging zu ihr und drückte sie. »Wir sind deine neue Familie, Kleine, und Lucas kann eben Wunder vollbringen.«

Nancy riss die Arme hoch, den Mietvertrag in der Hand. »Yeeeeaahh!«

Die Umherstehenden klatschten, gingen ebenfalls auf Nancy zu, drückten und küssten sie. Das war für die junge Frau alles so unwirklich, aber mindestens im gleichen Maße auch schön.

Nach den ersten Tänzen ruhten sie sich in der Lounge ein wenig aus. Sie blickte Lucas verträumt in die Augen. »Hatte ja erst gedacht, du hättest mich ganz vergessen.«

»Das könnte ich nie, Baby. Du hast meine ganze Aufmerksamkeit.«

Als sie so saßen, blätterte sie im Mietvertrag. Der Umstand, dass sie Alleinmieterin werden würde, aber mehr noch die Höhe der Miete, verschlugen ihr fast die Sprache. An Lucas gewandt, wollte sie wissen, wie sie das jemals bezahlen sollte.

»Ach Baby«, versuchte er sie einzulullen, »du weißt doch, dass ich mit meinen offiziellen Vermögensverhältnissen nach außen nicht als Vertragspartner auftreten kann. Denkste, ich lass da was anbrennen, wenn wir unser Liebesnest bauen? Ich stecke dir die Scheine für die Miete zu.« Dann kam ihm eine Idee und ein schmutziges Lächeln zeichnete sich auf seinen Lippen ab. »Und natürlich stecke ich dir auch was rein.«

»O ja, das darfst du ...«

»Komm, wir gehen nach hinten.«

Eine Viertelstunde später saßen sie wieder auf ihren Plätzen.

»Ich hätte mir ein Handy gewünscht.«

»Na, na, wer will denn hier gleich gierig werden … Aber das bekommst du auch bald.«

Er sah an ihrem Gesichtsausdruck, dass seine Antwort sie noch nicht völlig überzeugt hatte. Das musste sie aber zum gegenwärtigen Zeitpunkt. Schließlich hatte er noch viel mit Nancy vor. Abu und seine Kumpane würden nicht mehr lange stillhalten und ihr Geld von ihm fordern.

»Für den Job hier im Klub brauchst du unbedingt ein Konto. Das muss alles ganz sauber über die Bühne gehen. Jetzt bist du erwachsen. Wir fahren morgen zur Bank!«

»Können wir machen. Aber den Mädels zahlst du doch auch die Kohle schwarz.«

»Wat? Nee, nee. Das ist nur das Trinkgeld.«

»So viel?«

»Wat denkst du denn?«

»Hui!«

»Wenn du dich an die Stange traust … Wat denkst du, was die Mädels da kassieren.«

»Ich denke, das sind nur Go-go-Tänzerinnen.«

Lucas strahlte über das ganze Gesicht. »Ick habe auch nur Hartz IV.«

»Los, wir tanzen wieder!«, forderte sie, stand auf und nahm seine Hand. Er ließ sich von ihr auf die Tanzfläche ziehen.

Die Feier im Klub war nur für Nancy gedacht; die Location ansonsten geschlossen. Isabel versuchte an diesem Abend, zu Nancy vorzudringen. Sie wollte es von Nancy selbst hören, was Lucas ihr angeblich ausgerichtet hatte. Vielleicht würde es auch eine kleine Feier geben. Wie üblich nahm sie sich wieder ein Taxi. Sie wählte die Handynummer ihres Lieblingstaxifahrers, der auch gerade im Dienst war. Er hatte nur noch eine Tour zum Flughafen nach Berlin-Tegel zu machen und würde dann vorbeikommen, obwohl es ein ganz schöner Umweg sei.

»Sie wissen doch, die Firma zahlt«, entgegnete Isabel mit einer Floskel, die sich zwischen beiden so eingebürgert hatte.

»In Ordnung. Bis dann.«

Einige Zeit später fuhr das Taxi vor die Stadtvilla der Eltern.

»Wohin willst du? Verzeihung, wollen Sie?«

»Ach, dann können wir das aber auch beim Du belassen«, erklärte Isi.

»Außer wenn deine Eltern dabei sind. Das würde denen doch sicher zu vertraulich klingen. Nicht, dass sich deine Eltern an meinen Chef wenden und ich eine Kundenbeschwerde bekomme.«

Isi blinzelte dem Fahrer zu. »Versprochen.«

»Wie, dass ich eine Kundenbeschwerde bekomme?«, witzelte der Fahrer.

»Nein, dass wir uns dann siezen.«

»Wohin geht es denn nun?«

Isi nannte die Adresse und der Taxifahrer riss die Augenbrauen hoch.

»Ist ja nicht gerade eine vornehme Adresse.«

»Weshalb, das ist ein Techno-Klub.«

»Und vor ein paar Monaten war's noch 'n Puff. Die Mädels stehen hundert Meter hinter dem Klub auf der Straße.«

»Ich möchte da aber eine Freundin besuchen.«

Als Isi am Klub angekommen war und gezahlt hatte, verneinte sie die Frage, ob der Fahrer auf sie warten solle.

»Bist du dir sicher?«

»Jahaaa!«

»Wenn was is. Melde dich! Weißt ja, wie de mich erreichst.«

Sofort meldete sich der Fahrer in der Zentrale, um möglichst einen neuen Kunden zugewiesen zu bekommen. Kurze Zeit später fuhr er davon.

Nur ganz kurz schoss es Isi durch den Kopf, ob es richtig gewesen war, das Taxi so schnell wieder fahren zu lassen.

Sie klinkte an der Tür des Haupteinganges, dort, wo sie schon einmal abgewiesen worden war. Okay, darüber war hier kein Reinkommen. Sie ging um das Haus und fand auch den Hintereingang verschlossen. Sie stieg die Treppen hinab, die zum Kellereingang führten, als sie Stimmen vom Hof her wahrnahm. Mit einem Satz nahm sie die letzten Stufen und verbarg sich in einer dunklen Nische des Hinterhofs.

In der Tat schaffte sie es so, über den Hinterausgang in das Haus zu gelangen. Sie folgte einem der Straßenmädchen, das mit seinem Freier über den Hof kam und die Treppe hinaufging. Durch die Tür, die sich noch nicht wieder völlig geschlossen hatte, huschte das zierliche Mädchen in die hinteren Gänge des Klubs. Die klackenden Schritte der Highheels der Prostituierten waren auf der Treppe über ihr zu hören. Für Isi erschloss sich der Zusammenhang zwischen dem Klub und den Frauen an der Straße sofort. Da hatte sich jemand mit dem Klub ein weiteres wirtschaftliches Standbein errichtet und vielleicht auch die Möglichkeit zur Geldwäsche eröffnet.

Auf dem Weg in den Klub begegnete sie in den Gängen Pinky. Isi machte den Fehler und fragte sie, ob sie Nancy kenne und wisse, wo sie sie finden könne.

»Wen darf ich denn melden?«, fragte sie heiter.

»Sag ihr, ihre frühere Freundin Isabel ist hier.«

Pinky musste nicht erstaunt spielen. Sie riss Mund und Augen weit auf. »Wer? Ach du lieber Gott, wenn dich ihr Freund hier erwischt, der macht Matsche aus dir. Los, komm schnell mit!« Pinky ging mit ihr in einen der Darkrooms. »Setze dich hierhin und verhalte dich schön ruhig! Wenn dich einer anquatscht, sagst du einfach, du bist eine Freundin von mir und sollst hier warten.«

»Und wer bist du?«

»Hier sagen alle Pinky zu mir ... ich hole Nancy.«

Pinky stürmte aus dem Raum.

Die Reaktion, die Pinky an den Tag legte, als sie ihren Namen genannt hatte, war Isabel nicht geheuer. Sie folgte der Frau mit den blauen Haaren und damit auch der immer lauter werdenden Musik. Da war wohl eine ausgelassene Geburtstagsparty im Gange, zu der sie nicht geladen war. Dann war es wohl doch so, dass Nancy mit ihr nichts mehr zu schaffen haben wollte. Die Frau, der sie gefolgt war, ging jedoch nicht zu Nancy, sondern auf einen Mann zu, den sie bisher nur von Bildern auf Nancys Handy kannte; es war ihr Freund Lucas.

Nachdem die Blauhaarige mit Lucas gesprochen hatte, schaute dieser erschrocken hoch und erblickte sofort den kleinen Blondschopf. Er suchte irgendetwas mit den Blicken, rief jemandem etwas zu und rannte auf das Mädchen zu.

Für Isi war klar, dass das nichts Gutes verheißen konnte. Sie drehte sich um und lief los. Lief los, ohne die Freundin gesehen zu haben. Sie lief den Weg, den sie gekommen war, erreichte den Notausgang, schmiss die Tür hinter sich zu, sprang gleich mehrere Stufen die Treppe zum Hof hinunter und lief weiter, als sie hörte, wie die Tür aufgerissen wurde und mehrere Menschen die Treppe hinunterliefen, begleitet von Rufen wie »Da isse«, »Schnapp se dir!«.

Isi rannte um ihr Leben. Auf der Straße sah sie in Richtung des eigentlichen Haupteinganges des Klubs ein leeres Taxi fahren, dem sie entgegenlief und wild fuchtelnd mit den Armen winkte. Das Taxi hielt, sie sprang rein.

»Fahren Sie los, bitte. Ganz schnell! Mein Ex-Freund will mich umbringen.«

Jetzt erst erkannte sie, wer ihre Verfolger waren: der Türsteher, der sie damals nicht hereingelassen hatte, und auch Lucas kam um die Ecke. Der Taxifahrer musste ein Ausweichmanöver machen, um die beiden nicht zu erfassen.

Er schüttelte den Kopf. »Mädchen, Mädchen. Da musste aba noch einiges lernen im Leben. Mit so wat lässt man sich doch nicht ein. Ist bloß eine Frage der Zeit, bis da was schief-läuft.«

Isi spielte die Einsichtige. »Jetzt weiß ich es auch.«

Gemeinsam fuhren Nancy und Lucas zur Besichtigung der Wohnung, zu der ihr Lucas den Mietvertrag überreicht hatte. Ihr Freund fuhr den Wagen in die Tiefgarage und stellte ihn neben viele andere Fahrzeuge, die funkelten und blitzten, als ob sie in einem Autosalon stünden. Lucas nahm seinen Laptop und ein paar Sachen von der hinteren Sitzbank. Sie liefen Hand in Hand durch die betongraue Tiefgarage bis hin zum Aufzug.

Er legte seine Sachen auf den Boden des Aufzugs und küsste sie so ungestüm, als ob sie sich lange nicht gesehen hätten. Er küsste ihren Mund, ihren Hals, glitt hinunter, und sie drückte sein Gesicht dahin, wo sie sich in der neuen Wohnung gleich vereinigen würden.

In der Wohnung kam Nancy nicht mehr aus dem Staunen heraus: »Ist ja alles nagelneu, und so viel Licht und Platz! Hier bleibe ich für den Rest meines Lebens!«

»Denkste, ich verschaffe dir irgendeinen Schrott? Das hier ist alles vom Feinsten. Aba imma? Nee, Baby. Wir werden mal in einem riesigen Loft wohnen, in dem die Leute sich bei einer Party verlaufen werden.«

Süß lächelnd kommentierte sie seine Träume mit einem »Du Spinner«.

»Wirst sehen! Wofür arbeiten wir denn so hart und schlagen uns die ganzen Nächte um die Ohren?«

»Und wenn wir einmal nicht die Miete zahlen können, dann rückt die hinter der Verwaltungsgesellschaft stehende Familie von Abu an und haut uns die Fressen ein?«

Er lachte laut auf. »Quatsch, Baby! Das hier ist alles seriös. Die wollen ihr Geld in sauberen Immobilien anlegen. Da bekommst du eine Mahnung, und wenn alles nicht hilft, eine Räumung über das Gericht. Aber doch nicht bei uns. Abu ist mein Freund und Chef. Familie ist Familie. Da wird so was nicht jemacht.«

»Du gehörst aber nicht zur Familie.«

»Eigentlich schon ...«

Jetzt war sie es, um deren Mund sich ein Lächeln abzeichnete. »Ja klar, eher so Schwiegersohn, dem man einen tödlichen Verkehrsunfall wünscht, bevor er der Tochter ein Kind macht.« Nancy ließ noch nicht ab von ihrem Hang zur Realität. »Und wie wollen wir die Wohnung einrichten? Das kostet doch alles Geld.«

»Kein Problem, Baby. Wir machen es uns hier so richtig schön. Und Kohle schaffe ich schon ran. Wirst sehen.«

»Für den Übergang sollte ein großes Bett ausreichen«, meinte sie, ihrer großen Liebe entgegenlächelnd.

Er lächelte ebenfalls, zog sie an sich und küsste sie. »Aber eine riesengroße Spielwiese! Und die besorgen wir uns gleich morgen. Den Transporter habe ich schon geordert. Und den anderen Kram, was denkst du, wozu ich das Notebook und das Lasermessjerät mitgenommen habe? Wir bestellen uns jetzt im Internet eine supergeile Einrichtung.«

Beide saßen wenige Minuten später vor Lucas' Notebook und wollten auf Nancys Namen bei Online-Händlern die gesamte Wohnungseinrichtung bestellen. So einfach wie gedacht ging das aber nicht ohne Kreditkarte und PayPal-Konto. Lucas freute sich, dass er Nancy zur Einrichtung eines eigenen Kontos bewegt hatte. So konnten sie wenigstens ein paar Sachen auf Rechnung bestellen und die Ratenzahlungsangebote verschiedener Versandhändler annehmen.

»Ist das alles nicht zu teuer?«, erkundigte sie sich.

»Ach wat! Das bekommen wir beide schon hin. Haste mal jesehen, dass ich keine Kohle habe?«

»Ist ja fast ein wenig spießig ... Wohnung, du ein tolles Auto, beide einen Traumjob im Klub ...« Sie schaute ihn fragend an. »Hast du in diesem Palast hier schon ein Kinderzimmer geplant?«

Jetzt musste er nicht erschrocken tun. »Quatsch!«

»Dann ist ja gut. Ich möchte das Leben mit dir genießen!«

»Das wirst du, Baby!« Er küsste sie noch einmal; erst auf den Mund, dann am Hals, er glitt mit seinen Liebkosungen immer tiefer …

Kurz darauf holten sie mit einem Transporter, den einer der Türsteher von einem Freund geliehen hatte, ein großes Doppelbett mit einer durchgehenden Matratze.

»Siehste, wir richten uns Stück für Stück hübsch ein«, meinte Lucas während der Fahrt.

Nancy strahlte. Sie konnte ihr Glück kaum fassen.

»Ab kommender Woche arbeitest du dann offiziell als Tresenkraft. Da bekommste ooch eenen richtigen Arbeitsvertrag.«

»Und Geld.«

»Logisch! Ordentlich Kohle! Du wirst dich nich mehr retten können davor und mit den Säcken zur Bank rennen. So wie du aussiehst, kommt sicher ooch jenuch Trinkgeld rüba.« Unverwandt schaute er ihr auf den Busen. »Die Mädels, die so viel Holz vor der Hütte haben wie du, die nennen es ›Tittengeld‹.«

»Bitte?«

»Is so! Die Barfrauen mit den größeren Titten bekommen auch mehr Trinkgeld. Und je mehr du sehen lässt, desto mehr lassen die Kunden springen.«

Nancy nickte. Wenn keiner grapschte, würde das klargehen. Das Schicksal meinte es endlich gut mit ihr.

»Abu will von uns noch eine Bürgschaftserklärung wegen der Kosten für den BMW.« Er schlug sein Notebook auf, in dem ein A4-Blatt steckte.

»Was denn für Kosten?«

Er schaute mit vorwurfsvollem Blick zur Seite. »Das habe ich dir doch schon erklärt, Baby. Der Wagen läuft auf Abus Namen. Er bekommt von mir das Geld für die Leihe. Das ist sozusagen wie bei einem Mietwagen. Der weeß natürlich, dass ich offiziell nich so viel Kohle haben darf. Und da möchte der sich absichern. Aber du weeßt ja, dass ich imma jenuch Kohle bei mir habe.«

»Ja«, meinte sie, liebevoll zu ihm schauend, »ich weiß, dass du mich niemals hängen lassen wirst.«

»Da kannst du einen drauf lassen, Baby.«

Sie überflog das Papier und unterzeichnete auch dieses.

»Dit sieht richtich aus wie bei einer Geschäftsfrau, wie du das alles machst.« Er zog sie wieder an sich. »Bald mach ich dich zu meiner Partnerin im Klub, und dann verdienen wir so viel Kohle, dass wir uns einen eigenen Klub davon kaufen können, und dann noch einen und dann noch einen. Kein Schwein fragt dann mehr nach deiner Schule, einem Abschluss oder Studium. Den ganzen Scheiß hab ick ja ooch nich und sieh mich an.« Er ließ Nancy los, breitete die Arme aus, und sie sollte ihn bewundern.

Nancy tat das auch, ohne Wenn und Aber.

Lucas trat mitten im Berliner Straßenverkehr unvermittelt auf die Bremse, sodass Nancy in den Sicherheitsgurt geworfen wurde. Laut hupend fuhren andere Fahrzeuge rechts und links an ihnen vorbei; die Fahrer zeigten ihnen einen Vogel oder den Stinkefinger.

»Was ist denn los?«, fragte Nancy erschrocken.

»Schau doch mal, die Werbung da. ›Handyvertrag mit Handy trotz SCHUFA-Eintragung‹.«

»Für mich?«

»Für wen denn sonst?«

Lucas fuhr, ohne sich sonderlich um den Verkehr zu kümmern, nach rechts und parkte in zweiter Reihe.

»Los, wir holen dir jetzt so ein richtig geiles Teil.«

Eine knappe halbe Stunde später saßen sie wieder im Transporter, Nancy mit strahlendem Gesicht auf ihrem neuen Handy tippend, den weiteren Vertrag, den sie gerade unterzeichnet hatte, schon fast vergessen.

Aller Anfang ist schwer

Der Schulleiter bestätigte Nancys Mutter den Schulabbruch der Tochter. Nie hätte sie geglaubt, dass die Tochter das wahrmachen würde. Was sollte sie jetzt tun? Die Tochter war nun erwachsen. »Niemals sind Kinder mit achtzehn schon erwachsen«, dachte sich die Mutter kopfschüttelnd.

Verzweifelt ging sie zur Polizeiwache und erkundigte sich, ob sie die Tochter suchen lassen oder eine Vermisstenanzeige erstatten könnte. Die Polizeibeamtin hörte sich an, was die Mutter zu sagen hatte.

»Nach einem Vermisstenfall hört sich das aber nicht an«, entgegnete die Polizistin in verständnisvollem Ton.

»Wonach denn, wenn meine Tochter einfach weg ist und die Schule schmeißt?«

»Haben Sie denn den Verdacht, dass Ihre Tochter Opfer eines Verbrechens geworden ist?«

»Der Mann, mit dem sie zusammen ist, das ist ein Verbrecher.«

Der Tonfall der Polizistin wurde ernster. »Ihre Tochter ist keine Ausreißerin und als Erwachsene auch kein Fall für das Jugendamt mehr.«

»Ich mache mir doch nur Sorgen, ob ihr etwas zugestoßen ist. Der Kerl ist ein ganz schlechter Umgang für sie. Fährt ein dickes Auto, hat immer Geld, aber keine Arbeit. Wer weiß, was der mit meiner Tochter anstellt oder ob er sie in Drogensachen verwickelt!«

»Haben Sie dafür irgendwelche Hinweise?«

»Nein. Mehr so ein Bauchgefühl.«

Die Polizistin hob bedauernd die Achseln. »Was soll ich da machen?«

»Na, sie suchen!«, bat die Mutter mehr, als sie forderte.

»Wissen Sie was? Sie kommen morgen mal wieder her und ich schaue, ob sich da was machen lässt. Füllen Sie das hier mal aus!« Sie reichte der Mutter ein Formblatt.

Nancy stand am Abend zum ersten Mal hinter dem Tresen. Die Kollegin schaute sie immer wieder prüfend oder ungläubig an.

»Das muss aber schneller gehn. Die Leute warten schon ewig auf ihre Drinks. Das ist unser Geld.«

»Ich mach ja schon«, meinte Nancy genervt.

»Ich mach ja schon, ich mach ja schon«, äffte die Kollegin Nancy nach. »Drück einfach mal nur den Heben. Während der Kaffee des einen Kunden durchläuft, kannst du doch schon die Bestellung des nächsten aufnehmen.«

Lucas kam vorbei. »Na, Mädels, wie läuft's?«

Nancy antwortete: »Eher nicht so gut.«

»Nicht so gut?«, fragte die andere Tresenkraft. »Die kann ja ga nischt, steht nur blöde rum und fragt nach jedem Scheiß.«

»Das wird schon«, tat Lucas, als wolle er die Frauen aufmuntern.

Am Morgen räumten die Frauen die Gläser in die Spülmaschine, putzten die Bar und machten die Kasse.

»Wie viel Trinkgeld haben wir?«, staunte Nancy.

»144 Euro.«

»Ist ja cool. Und das teilen wir jetzt?«

Als ob ihn jemand gerufen hätte, kam Lucas beim Thema Geld gelaufen.

»Nee, nee, Baby. So läuft das nicht. Das Trinkgeld ist für alle. Oder denkste, den Security-Leuten steckt jemand Kohle zu? Das kommt alles in die Kasse und wird am Monatsende geteilt.«

»Die Stripperinnen behalten ihr Geld doch auch.«

»Das sind Go-go-Tänzerinnen, Baby. Wie oft soll ich dir das noch sagen? Und die sind selbstständig und machen ihre Kohle alleine. Die Option steht, kannst dich ja mal an der Stange versuchen. 'nen geilen Körper haste ja und bewegen kannste dich ooch.«

»Ja, ja, ich habe gesehen, wie die getanzt haben. Sieht ganz schön nuttig aus.«

Breit grinsend erklärte ihr Lucas: »Das ist künstlerische Freiheit von den Tänzerinnen. Hauptsache, die Leute amüsieren sich.«

Der anderen Tresenkraft drückte Lucas Geld in die Hand.

»Und ich?«

»Baby, ich bezahle dein Essen, deine Kleidung, deine Miete. Das ist viel mehr als das, was du hier an ein paar Pimperlingen verdienst.«

Nancys Mutter ging am Folgetag wieder zur Polizeiwache. Die Frau, die es mit ihr am Vortag doch noch recht freundlich gemeint hatte, war nicht da. Nach einigen Minuten zähen Gesprächs fragte sie den Polizisten ungläubig: »Wie, da können Sie nichts machen?«

»Wie ich es gesagt habe. Ihre Tochter ist erwachsen und hat sich umgemeldet. Sie wohnt jetzt woanders.«

»Das geht doch nicht so einfach. Sie kann doch nicht einfach auf und davon! Wer kümmert sich um sie, wenn etwas passiert?«

»Sie haben doch selbst keine Hinweise darauf, dass etwas passiert«, hielt der Polizist ihr ihre Angaben vom Vortag entgegen. »Ihre Tochter ist erwachsen und kann selbst bestimmen, wo und mit wem sie leben möchte.« Da die Mutter nach seinem Dafürhalten zu aufdringlich war, wollte er es ihr in aller Deutlichkeit sagen und setzte hinzu: »Und Sie sind es offensichtlich nicht.«

Die Mutter war wie vom Schlag getroffen. »Was erlauben Sie sich!«

»Wir können jedenfalls nichts feststellen, was ein Handeln unsererseits erforderlich machen würde.«

»Woher wollen Sie das denn wissen?«

»Wir drehen uns im Kreise, liebe Frau. Ihre Tochter hat sich freiwillig umgemeldet, und gut.«

Erst wollte die Mutter erwidern, dass sie keine liebe Frau sei, entschied sich aber anders und bat: »Können Sie mir wenigstens sagen, wo sie jetzt gemeldet ist?«

Er blickte sie eindringlich an. »Nein! Es geht nicht nur darum, dass ich das nicht einfach darf. Vielleicht hat Ihre Tochter so ihre Gründe, Ihnen nicht zu sagen, wo sie jetzt wohnt.«

Betrübt verließ sie die Polizeiwache. Eigentlich ergab das alles ein Bild. Es war schließlich so, wie Nancy es auf dem Zettel beschrieben hatte. Sie schüttelte den Kopf. Das konnte es doch nicht gewesen sein. Sie hatte einen Entschluss gefasst und ging nun mit festerem Schritt.

Am Abend war im Klub wieder der Teufel los. Nancy freute sich, als sie eine andere Frau an der Bar sah. Dieses Gefühl der Erleichterung schwand bei der Begrüßung.

»Wehe, du machst hier einen auf Frau Chefin oder so. Nur weil du dich von ihm ficken lässt, bist du nichts Besseres, klar?«

Nancy hatte gedacht, es wäre witzig und würde die Situation entspannen, als sie freundlich schaute und ganz deutlich und langsam sprach: »Guten Abend erst mal!«

»Biste völlig bekloppt, du Schlampe? Gloobst du, hier ist eene, die der noch nicht gefickt hat? Mach hier mal janz schnelle Beene, sonst landest du auf der Straße wie die anderen und machst sie nur noch für die Freier breit. Kümmere dich ums Eis und mach die Zapfanlage fertig.«

Nancy war zum Heulen zumute. »Das habe ich noch nie gemacht. Kannst du mir zeigen, wie das geht?«

»Aber uff de Toilette, da kannste schon alleene, ja?«

Diese Boshaftigkeit konnte und wollte Nancy nicht ertragen, sie ließ ihren Tränen freien Lauf und rannte zu Lucas.

»Ach Baby«, rief Lucas ihr zu und nahm sie in seine Arme.

»Die, die ist so ge…gemein zu mir«, stotterte Nancy.

»Wer ist gemein zu dir?«, erkundigte sich Lucas scheinheilig und forderte Nancy auf, sich zu setzen.

»Nein, das geht nicht, ich muss arbeiten«, schrie sie gegen die laute Musik an.

»Du musst jar nischt, wenn ich dat sage. Ick bin hier der Boss, klaro.«

Er schlug mit der flachen Hand auf die Sitzfläche und Nancy setzte sich.

Mit seinen Fingern wischte er ihr die Tränen zur Seite. »Wat hat denn mein Baby?«

Ohne auf die Frage zu antworten, zeigte sie zur Bar. »Hast du mit der schon geschlafen?«

Entsetzt schaute er sie an: »Nein! Das gibt es doch nicht, das hat die Schlampe erzählt? Glaube ihr kein Wort! Die ist nur eifersüchtig!«

Nancy schaute zweifelnd. »Und was hat es damit auf sich, dass andere Frauen auf die Straße geschickt wurden, um anzuschaffen?«

»Wat?« Jetzt war seine Entrüstung nicht mehr gespielt. »Die spinnt wohl, die alte Sau. Die reißt ihre Fresse ein wenig zu weit auf.« Er stand auf.

»Nein! Lass sie! Dann bin ich doch nur wieder dran. Die weiß ja genau, dass du das alles nur von mir hast.«

Er ließ sich von Nancy besänftigen. »Aber eine klare Ansage bekommt die noch mal. Hier einfach so 'ne Scheiße zu erzählen.« Lucas lehnte sich wieder zurück und nahm Nancy in den Arm. Er sah zufrieden in die Runde. Alles klappte nach Plan. Sein Handy leuchtete und vibrierte mal wieder. Er sah die Nummer und vermutete Ärger im Eingangsbereich.

»Wat is los?«, brüllte Lucas.

»Abu im Anmarsch«, warnte ihn der Einlasser.

»Okay«, gab Lucas zurück und legte auf.

Lucas' plötzlich aschfahl gewordenes Gesicht wäre sofort aufgefallen, wenn nicht die durch Laserstrahlen zerschnittene Dunkelheit des Klubs alle Hautfarben zum Verwechseln ähnlich eingefärbt hätte. Er fixierte gespannt den Eingang. Wegrennen, war die erste Regung, die ihn befiel.

Abu wusste, wo er Lucas zu finden hatte. Er schritt zielgerichtet auf seinen Mann zu und rempelte dabei den einen oder anderen Klubbesucher an.

Einer rief: »Ey, Mann, benimm dich!«

Abu drehte sich um und funkelte ihn mit seinen dunklen Augen an. »Willst du, dass ich dich vor den Augen deiner Freundin verprügle wie einen Hund?«

Der Besucher entschied für sich, dass Abu nicht nur eine leere Drohung ausgesprochen hatte, und drehte sich wieder um. An Lucas' Tisch angekommen, befahl Abu: »Sag deiner Schlampe, dass sie verduften soll.«

»Ich bin keine Schlampe«, empörte sich Nancy und blickte Hilfe suchend zu Lucas, der nichts einwendete.

Abu beugte sich dicht zu Nancy vor und schrie sie speichelspuckend an: »Wer spricht denn mit dir, du kleine Hure? Zahl du erst mal deine Miete, sonst bringe ich dir bei, wie die bei mir eingetrieben wird.«

Sie blickte fragend zu Lucas. »Ich denke …«

»Ich erklär dir …«

»Einen Scheißdreck erklärst du jetzt. Schick die Schlampe weg!«

Als sie hilfesuchend zu Lucas schaute, sah sie in die kalten Augen eines fremden Mannes.

»Komm, hau ab, Baby! Ich erklär dir alles später.« Er schaute zur Bar und machte ein Zeichen mit der Hand, dass Nancy jetzt zurückkam. »Geh an den Tresen. Schau dir die Schlange an. Das kann sie unmöglich alleine schaffen.«

Nancy stand auf, ging an Abu vorbei, der ihr kräftig auf den Hintern schlug, sich von ihrem empörten Ruf »Ey, lass das!« nicht beeindrucken ließ, und trottete zur Bar. Sie wusste nicht, wo es schlimmer war: hier bei Lucas und Abu oder bei der Frau an der Bar.

Abu ließ sich auf den Platz fallen, auf dem Nancy gesessen hatte. »Deine Nutte hat 'nen schönen, heißen Arsch! Da kann man gut seinen Schwanz reinschieben.«

»Weshalb steht ihr Südländer alle so auf Ärsche? Die hat doch auch richtig geile Titten.«

»Du bist eine scheißdeutsche Schwuchtel, Mann. Wenn das jemand über meine Braut sagt, dem würde ich die Eier abschneiden und ihm ins Maul stecken. Kein Wunder, dass niemand vor dir Respekt hat. Du stinkst immer noch nach Pisse!«

Lucas erwiderte nichts.

Er hoffte, dass es für ihn nicht so schlimm werden würde. Abu war allein und hatte wenigstens keine zur Schau gestellte Pistole dabei. Er wusste aber, dass Vorsicht geboten war.

»Hast du neulich gedacht, ich mache Spaß? Ich glaube, du hast keinen Respekt vor mir.«

»Doch, doch«, fühlte Lucas sich genötigt, Abu zu beschwichtigen. »Ich führe deinen Laden doch so, dass er brummt. Die Einnahmen steigen stetig, Drogen werden abgesetzt. Alles paletti.«

»Nichts ist paletti, du Scheiße. Was quatschst du italienisch mit mir, he?« Er schlug Lucas so kräftig auf den Hinterkopf, dass sich sein ganzer Oberkörper nach vorne bewegte. »Das is selbstverständlich. Das habe ich dir schon mal gesagt. Hier geht es um die Schulden für deine Drogen und die Schulden für das Auto.«

»Ich habe da doch schon was am Laufen mit der Kleinen. Habe ich dir doch schon gesagt. Da bin ich dran.«

»Quatsch keinen Scheiß. Das ist doch keine richtige Nutte. Dat dauert, bis die läuft und Geld bringt. Die kannste mir überschreiben. Dann biste 10 000 von deinen Schulden los.«

»Für zehn Riesen? Das ist nicht dein Ernst! Das verdient die in einem Monat.«

Abu schaute ihm in die Augen. »Du hast keine Wahl. Was willst du mir sonst bieten? Warten werde ich nicht mehr.«

»Aber deshalb haben wir das mit der Wohnung doch gemacht.«

»Wir? Du hast das gemacht. Und richtig, die Schulden von der Miete kommen noch obendrauf.« Dann blickte er abfällig zur Bar. »Noch nicht mal eingeritten. Die bringt keine zehn Riesen. Niemals! Außer vielleicht …«

»Was vielleicht …?«, frohlockte Lucas in der Hoffnung, irgendwie aus dieser Situation rauszukommen.

»Die Tschetschenen reiten die gleich mit ein. Die Jungs können das.«

»Das mach ich selber. Ist wie im Gebrauchtwagenhandel. Je mehr Vorbesitzer, desto schlechter ist die Ware.«

»Dein Ding.« Abu lachte. »Das musst du eben mit deinem Ding machen.« Er lachte wieder. »Verstehste?«

Lucas nickte.

Trocken fuhr Abu fort: »Wie soll ich bloß Djadi davon überzeugen, dir morgen nicht die Beine zu brechen? Der freut sich schon darauf. Der konnte dich noch nie so richtig leiden.«

»Möchtest du vielleicht einen Drink haben?«

Abu stierte ihn an. »Von deinem Blut vielleicht. Brauchst nicht ablenken, du. Djadi wird dir Schmerzen zufügen, wie du noch nie hattest. Ich kann jetzt mein Messer in deinen Bauch stechen. Dann verblutest du langsam und schmerzvoll. Bin ich gnädig, ramm ich dir die Klinge nur durch die Hand. Blutest du wie ein Schwein. Vielleicht schneide ich ein paar Sehnen durch. Dann sieht das beim Wichsen sicher lustig aus.« Abu lachte und machte mit einer seltsam verkrampft haltenden Hand ein paar Auf-und-ab-Bewegungen.

Für Lucas wurde die Situation unerträglich. Er war Abu völlig ausgeliefert und hatte keine Idee, wie er aus der Nummer wieder herauskommen konnte.

»Eine Möglichkeit jibt es vielleicht, deine Schulden für kurze Zeit zu stunden. Die Zinsen laufen aber weiter.«

Vorsichtig erkundigte sich Lucas: »Und die wäre?« Jemanden umbringen würde er für Abu nicht. Vielleicht nur Angst einjagen, eine Kniescheibe zertrümmern, krankenhausreif schlagen oder als Kurierfahrer Drogen schmuggeln, ja, das würde er tun. Aber nicht mehr als ein Kilo harter Drogen. Alles darüber hinaus würde zu lange Haftstrafen ergeben, wenn er erwischt werden würde.

»Du fährst morgen mit einem Transporter nach Polen. Da lädst du ein paar Weiber von einem anderen Transporter um. Gib ihnen zu saufen, sorge dafür, dass die noch mal pissen und kacken. Und dann aber über die Grenze im Transporter. Pass auf, dass keine von den Schlampen Zicken macht und abhaut. Musst nicht zimperlich sein. Die haben noch ganz was anderes vor sich.«

Lucas nickte. »Aber nur Stundung? Ist da nicht mehr drin?«

Abu schüttelte den Kopf. »Vergiss es!«

»Ick halte meinen Kopf hin.«

»Denk lieber an deinen Schwanz, du ungläubiger Bastard einer Hure!«

»Und warum ich?«

»Weil du kein Moslem bist. Wie blöd bist du denn?«

»Nein. Warum ich fahren soll.«

»Weil du scheißdeutsche Schwuchtel Schulden hast.«

Lucas wagte noch einen Einspruch. »Da ist doch was faul dran. Ist die Sache zu heiß? Du wirst doch nicht erst seit heute von der Lieferung wissen.«

»Man spricht außerhalb der Familie nicht von solchen Sachen. Erst kurz vorher. Damit uns kein Spitzel bei den Bullen anscheißen kann.«

»Danke für dein Vertrauen.«

»Werd nich frech, du … Am besten is, du fährst mit deiner kleinen Nutte. Das ist unauffällig.«

Jetzt verstand Lucas. »Ah, du brauchst ein Pärchen, das vielleicht ein wenig deutscher aussieht als deine schwarzbärtigen Brüder?«

Abu taxierte ihn. »Bist für einen Deutschen gar nicht blöd.«

Menschenhandel

Als der Morgen graute, verließen Nancy und Lucas den Klub.

»Hättest mir ruhig was von dem Geld geben können. Zahlst ja nicht mal die Miete, und ich bekomme dann mit dem Mistkerl Ärger«, warf sie ihm auf dem Weg zum Auto vor.

»Du verdien erst mal Kohle. Musst dich mal unterordnen und nicht die Prinzessin machen an der Bar.«

»Bist du bescheuert?«

Er drehte sich unvermittelt zur Seite und gab ihr eine Ohrfeige. Das Klatschen und ihr Schrei hallten durch das morgendliche Berlin.

Sie starrte ihn an. »Bist du verrückt?«, meinte sie, sich die Wange reibend.

Schon klatschte es mit solcher Wucht auf ihre andere Wange, dass sie zurücktorkelte. Sie ging in die Hocke und begann zu weinen.

Er ging zu ihr, zog sie hoch und flüsterte: »'tschuldige, Baby! Aber so darfst du nicht mit mir reden. Da verlange ich Respekt.«

»Du hast mir wehgetan!«

»Sorry, Baby! Da isses mit mir durchjegangen. Ick versuche doch, für uns beede Kohle zu machen. Habe da viel im Kopp zurzeit. Abu bedroht mich wegen der Schulden. Der lässt einen ooch über die Klinge springen, wenn man Schuldner bleibt.«

Sie schluchzte. »Aber, aber dann bekommt er doch gar nichts.«

»Ist dem doch ejal. Dann hat er ein Exempel statuiert. Umso pünktlicher zahlen die anderen Schuldner.« Er drückte sie und entschuldigte sich noch einmal.

»Schulden dem denn viele Leute Geld?«

»Dem seinem Verständnis nach schon.«

»Wie meinst du das?«

»Wenn jemandem Schutzjeld abjepresst wird, kann man ja nich von richtijen Schulden sprechen, wa?«

»In Schutzgeld macht er auch?«

»Klar! Allet, wat Jeld bringt: Glücksspiel, Prostitution, Drogen, Waffen. Und Schutzjeld, das ist leicht verdiente Kohle. Die Straßen sind unter den Clans aufgeteilt … Und die fressen sich immer weiter durch die Stadt.«

Als sie ins Auto stiegen, schaute sie zu ihm und dachte, dass ihr Lucas so verdammt gut aussah. Nach ein paar Hundert Metern Fahrt erkundigte sie sich nach der Höhe der Schulden, die Lucas bei Abu hatte.

»Weiß nich jenau. So um die 100 000.«

Plötzlich war sie hellwach. »Wie bitte? 100 000 Euro?«

»Mach keinen Aufriss. Das bekomme ich schon hin.«

»Musst du Zinsen zahlen?«

»Klar.«

»Wie hoch?«

»10 Prozent.«

»Ach du liebe Güte. Wie willst du das jemals zurückzahlen?«

»Morgen fange ich damit an. Kannst ja mitkommen nach Polen. Da soll ich Ware über die Grenze fahren und nach Berlin bringen.«

»Und mich erwischen lassen und in Polen in den Frauenknast wandern, wie? Nee, lass mal. Aber was bekommst du dafür?«

»'ne Stundung.«

Sie blickte ihn entgeistert an. »'ne Stundung?«, wiederholte sie. »Und dafür vielleicht ein paar Jahre in den Knast?« Sie wollte nicht noch einmal fragen, ob er bescheuert sei. Aber die Vermutung drängte sich ihr auf.

Sie fuhren durch die langsam wieder erwachende Stadt in die mittlerweile modern und nicht ganz preiswert eingerichtete Wohnung. Dadurch, dass sie meist mit dem Lift in die Wohnung fuhren, sah Nancy nicht, wie der Briefkasten vor

lauter Rechnungen, Mahnungen und Zustellungen fast über-
quoll. Lucas nahm die Briefe an sich und legte sie zu seinen
eigenen Papieren in eine Kiste im Kofferraum des Wagens.

Mit einem Transporter eines Möbelunternehmens fuhren Lucas und Nancy am folgenden Tag auf die A12 in Richtung
polnischer Grenze.

Lucas hatte ihr am Morgen klargemacht, dass sie keine
andere Wahl hatte. Wenn Abu und seine Familie etwas
wünschten, dann wurde das so gemacht. Und er sagte ihr
auch, dass Abu ihre Anwesenheit bei der Fahrt ausdrücklich
gefordert hatte. Er erzählte von dem Baseballschläger, den
Abu immer im Kofferraum seines Autos hatte, und wie er
Zeuge gewesen war, als Abu und ein paar seiner Cousins
jemanden mit Baseballschlägern so zugerichtet hatten, dass
dem Opfer nicht mehr zu helfen gewesen war.

»Das ist ja fürchterlich.«

Lucas nickte. »Is eben so. Die haben hier dit Sagen.«

»Aber dafür kommen die doch genauso in den Knast wie
alle anderen.«

Jetzt schüttelte Lucas den Kopf. »Nee, nee, da traut sich
doch kein Schwein, gegen die auszusagen.«

Nancy sprach die nächsten Kilometer kein Wort mehr.
Dann stammelte sie: »Wenn, wenn das so ist mit Abu …
Macht der mal Ernst wegen der Miete?«

»Ach Quatsch, da hat er nur den Breiten markiert.«

»Und bei dir, da droht er nicht nur?«

»Das is was anderes. Das is so ’n Araberding. Frauen haben zu gehorchen. Aber verprügelt werden nur Männer.«

Nancy schwieg wieder. Er wusste, dass sie ihm nicht
glaubte. Sollte sie diesmal auch nicht. Ihre Befürchtungen
wollte er nicht mehr ausräumen. Sollte sie ruhig Angst bekommen.

»Was passiert mit den Mädchen?«, wollte Nancy wissen.

»Weiß nicht, habe ich auch nicht gefragt.«

»Werden die zur Prostitution gezwungen?«

Unwirsch wiederholte Lucas: »Weeß ick nich.« Und nach einer Pause ergänzte er: »Kann auch sein, dass die hier nur arbeiten sollen. Kellnerinnen oder sonst was. Vielleicht mussten die auch irgendwo fliehen. Wat weeß ick. Je weniger man weiß, desto besser.«

Nancy schwieg.

Im Transporter legten sie sich für den Fall, dass sie vom Zoll oder der Polizei erwischt würden, eine Ausrede bereit. Auf der Hinfahrt wäre das unproblematisch, da fuhren sie in dem geborgten Transporter nach Polen, um billig Möbel für ihre Wohnung zu kaufen. Sie müssten nur sagen, dass sie preiswert ein Ehebett beschaffen wollten.

»Auf der Rücktour, mit den Weibern hinten drin, da sagst du, dass du im Wagen geschlafen hast, als ich sie übernommen habe«, meinte Lucas. »Mich haben sie sowieso am Arsch.«

»Das ist aber voll glaubwürdig«, erklärte Nancy ironisch.

»Wat hast 'n du für 'ne Idee?«

»Ein libanesischer Clanchef namens Mohamed hat deine Freundin Pinky in der Gewalt. Wenn du die Mädchen nicht rüberfährst, wird er sie töten.«

Lucas schaute das junge Mädchen ungläubig an. »Du guckst zu viele Krimis ... Wir haben doch unterschiedliche Meldeanschriften. Ich kenne dich überhaupt nicht, werde ich den Bullen sagen. Du hast mich auf dem Parkplatz in Polen angesprochen, ob ich dich mit zurücknehmen kann.«

Nancy wiegte ihren Kopf. »Das könnte gehen. Dann muss ich mir nur eine Geschichte einfallen lassen, wie ich dorthin gekommen bin.«

Auf polnischer Seite fuhren sie circa zehn Kilometer, bis hin zum Ort, der im Navi eingegeben war. Am Ende eines Feldwegs, an einer Waldkante, sahen sie einen Kastentransporter mit blauem Aufbau. Ein Mann stand davor und rauchte.

Lucas fuhr dicht neben das auf der linken Seite des Wegs parkende Fahrzeug und betrachtete den Fahrer: ein unauffälliger Typ mit fettigen Haaren, der auch sonst einen sehr ungepflegten Eindruck machte, bekleidet mit schmuddeligen Jeans und einem dunklen T-Shirt. Er fand solche Männer eher abstoßend.

Lucas ließ den Wagen noch einige Meter weiterrollen, bis er die Rückseite des Fahrzeugs sehen konnte. Die Plane war hochgerollt und keine Frau zu sehen. Er stoppte das Fahrzeug. War das eine Falle der polnischen Polizei? Kurz schossen ihm die Berichte von Bekannten über die Haftbedingungen in polnischen Gefängnissen durch den Kopf. Er schaute in den Rückspiegel und sah den Mann, immer noch rauchend, angelehnt am Fahrzeug. So sah eigentlich kein Bulle aus. Aber man wusste ja nie.

»Du bleibst im Transporter«, befahl er Nancy kurz.

Lucas stieg aus und ging zu dem anderen Fahrer, der ihm körperlich unterlegen schien. Er fixierte ihn genau, breitete die Arme aus, zog die Schultern und die Augenbrauen hoch. Das sollte so viel heißen wie: »Wo sind die Frauen?«

Der Mann steckte zwei Finger in den Mund und pfiff so laut, dass Lucas die Ohren summten. Er beugte sich zur Seite und blickte in Richtung Wald. Dort kamen nun eins, zwei … fünf junge Frauen zum Vorschein und bewegten sich auf sie zu.

Lucas verstand und öffnete die Türen zur Ladefläche seines Transporters. Er holte ein paar Flaschen Wasser hervor und gab sie den Frauen, die nach und nach am Transporter eintrafen. Das Wasser wurde gierig getrunken. Das schien bis hierher ja zu klappen. Andererseits war das noch alles Spaß. Er könnte die Situation als Missverständnis verkaufen, wenn er jetzt gefasst würde. Anders sähe es aus, wenn die Mädchen einstiegen und er mit ihnen losführe.

Der andere Fahrer ging zum Fahrerhaus und kam mit fünf Pässen zurück, die er Lucas übergab. Dieser nickte und gab an die Mädchen gerichtet mit dem Arm ein Zeichen, dass sie einsteigen sollten.

Nancy und Lucas war die Anspannung anzumerken. Beide schwiegen. Lucas wählte die gleiche Strecke für den Rückweg. Auf der Höhe der Abfahrt Frankfurt an der Oder/West stand ein Fahrzeug der Bundespolizei an der Autobahn.

»Nicht so hinglotzen!«, befahl er ihr.

»Und weggucken ist besser?«

»Weeß ick doch nich! Jedenfalls nischt Auffälliges machen.«

»Dann ist ja gut. Da können wir uns auch streiten.«

»Ach Baby. Dit is doch alles nie richtich ernst. Ich liebe dich doch so sehr!«

»Auch wenn du mich schlägst?«

Er nickte. »Auch dann.« Nun huschte ein schmutziges Lächeln über sein Gesicht »Und wenn ich dir so richtig auf 'n Arsch klatsche, dann besonders. Am besten, wenn die Hand feucht von dir oder Champagner is, dann klatscht es so richtig gut!«

Auch Nancy lächelte. »Hm. Tut zwar weh. Aber die Lust danach ist noch größer.«

»Au Mann, wenn du so was sagst. Das macht mich gleich wieder ganz geil.«

»Um meinen Po könntest du dich auch mal wieder kümmern …«

»Versprochen, Baby, versprochen!«

Nancy lachte.

Verunsichert fragte er: »Wat lachst 'n?«

»Siehst du, so sind wir an der Polizei vorbei, ohne dass die was gemerkt haben. Wir müssen wie ein verliebtes Paar ausgesehen haben.«

Jetzt lachte auch Lucas. Man merkte ihm an, dass sich etwas von der Anspannung gelöst hatte. »Wie ein geiles Paar«, korrigierte er. Ein Blick auf den Tacho zeigte ihm, dass er zu schnell fuhr. Lucas bremste ab. Von hinten schrien die Frauen und klopften an die Ladewand. Er pochte zurück an die Wand des Fahrerhauses und brüllte: »Fresse halten, sonst Polizia, Miliz, klaro?«

Nancy ließ ihren Gedanken freien Lauf. »Vielleicht wäre das für die Mädchen nicht das Schlechteste.«

»Wat?«

»Na, von der Polizei aufgegriffen zu werden.«

»Und zurückgeschickt, da, wo se herkommen? Nee, da woll'n die auch nich mehr hin.«

»Aber hier? Wo sie vielleicht zur Prostitution gezwungen werden?«

»Weshalb quatschst du immer von ›jezwungen‹? Wenn jenuch Kohle rüberkommt und man auch auf seine Kosten kommt. Vielleicht ham se ooch Spaß am Ficken. Irgendein Scheißjob im Büro mit 'nem bescheuerten Chef, der einem die ganze Zeit an die Wäsche will und an die Titten grapscht, von seiner Ollen heult, mit der er seit Jahren nicht mehr fickt, dit is ooch nich bessa.«

»Da ist sicher was dran. Anstatt etwas Neues auszuprobieren, scheuen sie Veränderungen und nehmen lieber Antidepressiva, um weitermachen zu können wie bisher.«

»Jenau! Guck se dir doch an, wenn se mit heruntergezogener Fresse durch graue Straßen gehen.«

Aus dem Fenster schauend, sinnierte Nancy: »Ihr Leben ist ein Schauspiel, ein schlechter Trick. Sie hängen am Alten und es wird ihr eigener Strick.«

Er riss die Augen auf. »Jetzt musste nich gleich wieda Goethe zitieren und die Jebildete raushängen lassen, wa.«

»Ich habe mich nur daran erinnert, was ich mal selber aufgeschrieben habe.«

»Nich schlecht, Herr Specht. Aba von so 'nem Unsinn kannste nich leben.«

»Aber vom Ficken mit fremden Männern?«

»Jefickt wird imma. Dit is krisensicher.«

»Das stimmt vielleicht. Aber für die Russen auf den Strich gehen …«

»Dit is scheiße, ja. Aba du könntest doch ooch mal für Jeld ficken. Dann biste den Scheißärger am Tresen los.«

In einem Ton, als ob sie ihm ein Geheimnis verraten würde, flüsterte sie: »Weißt du, dass ich schon mal daran gedacht habe?«

Lucas musste sich bemühen, seine Freude über diese Frage zu unterdrücken. »Ist doch nur natürlich. Du hast 'nen heißen Körper und würdest sicher viel Kohle machen.«

»Wovon ich gleich mal die Hälfte an einen Zuhälter abdrücke. So ein Scheißtyp, der mich bei Wind und Wetter auf die Straße prügelt.«

»Muss doch nicht auf der Straße sein. Und 'nen Zuhälter brauchste nich. Ick kann dich beschützen.«

Nancy sprach einen schon länger gehegten Verdacht aus: »Das machst du auch für einige Mädchen von der Straße?«

»Für einige, ja. Aber die meisten haben ihre eigenen Leute. Und für Pinky mach ich das …«

Nancy sah ihn mit großen Augen an. »Pinky geht auf 'n Strich?«

»Nee, nich draußen. Hat se früher mal jemacht. Aba jetzt, da hat se ihre Stammkunden. Da fährt se jemütlich ins Büro oder zu denen nach Hause oder lässt sich bei 'ner Firmenfeier auch mal von ein paar Freiern ficken und anpissen. Da jibt's richtich Schotter. Und ich meine wirklich die große Kohle.«

Nancy verfolgte Lucas' Monolog mit immer größer werdenden Augen.

Lucas erzählte frei von der Leber weg. »Neulich, da hat sich so een bekannter Anwalt aus einer Riesenkanzlei, so 'n Wirtschaftsjurist, der ooch manchmal im Fernsehen zu sehen is, von Pinky anpissen lassen. Findet der supergeil.«

»Sonst den Macher raushängen lassen und sich dann von einer Nutte anpissen lassen.« Nancy schüttelte mit dem Kopf.

»Is vielleicht gerade deshalb, weeste?«

»Du meinst, dass die, die immer so superkorrekt tun und so, als ob sie die Zügel in der Hand hielten, das als Ausgleich brauchen?«

»Da jibt's sicher irjendwelche psychologischen Theorien zu, wetten?«

»Mag sein … Aber Pinky, das hätte ich nicht gedacht.«

»Na, und für dich, da finden wir für den Anfang sicher ooch einen ganz netten, nicht zu hässlichen Freier. Eenen von der schüchternen Sorte, weeste? Da musste nur uffpassen, dassa sich nich verliebt.«

Nancy schüttelte mit dem Kopf. »Besser nicht. Aber was wäre, wenn ich es mal als Go-go-Tänzerin versuchen würde? Ich würde es gerne mit Poledance an der Stange versuchen.«

Lucas' Enthusiasmus war sofort gebremst. Er hatte sich schon darauf gefreut, dass das alles viel einfacher werden würde. Aber das war wohl wieder nichts. »Können wir ja mal drüber nachdenken«, meinte er zu Nancys Vorschlag.

Ohne Zwischenfälle fuhren Nancy und Lucas mit den Mädchen weiter zum vereinbarten Lieferort in Berlin, wo er einem Tschetschenen die Frauen und die Pässe in einer Weise übergab, als ob er irgendwelche x-beliebigen Waren transportiert hätte.

In der Falle

Nancy ließ nach dieser Fahrt gegenüber Lucas nicht locker, dass sie im Klub als Go-go-Tänzerin an der Stange auftreten wolle.

»Da hab ick die Befürchtung, dass das ooch so 'n Reinfall wird wie am Tresen«, meinte er, neben Nancy in seinem Zimmer in der oberen Etage des Klubs liegend. Immer öfter übernachtete er allein im Klub. Was Nancy nicht ahnte, das waren die für alle im Klub bekannten Nächte bei Pinky, die ihr Zimmer im Klub direkt neben Lucas' Zimmer nutzte.

Das waren weder Wohnungen noch Hotelzimmer, aber um so etwas wie Genehmigungen oder Nutzungsänderungen kümmerten sich weder die Libanesen noch Lucas.

Nancy drehte sich zu ihm und streichelte ihn zärtlich. »Och bitte! Ich möchte doch auch ein bisschen Kohle machen.«

»Dit wäre schon jut. Die janzen Raten von dem Zeug in der Wohnung, und icke schaff dit mit der Miete und so ooch nich alles alleine.«

»Na siehst du«, meinte sie zustimmend.

»Bevor du da ufftreten kannst, musste aba richtich ranklotzen. Dit ist nicht so leicht, wie es von unten aussieht. Pinky hat dit ooch mal versucht und is kläglich jescheitert.«

»Das kann ich mir vorstellen.« Sie glitt mit ihrer Hand von seinem Hals in Richtung seines Oberkörpers. Sie mochte insbesondere seine kräftige Brustmuskulatur und streichelte ihn zärtlich weiter. »Vielleicht kann mir eine von den Tänzerinnen was beibringen.«

»Dit machen die aba ooch nicht umsonst. Kannste glooben.«

»Dann bekommen die eben von mir einen Schuldschein oder so was. Ich habe schon mal mitbekommen, wie sie so was einem Mädchen angeboten haben. Und sobald ich Geld zusammenhabe, bekommt sie es auch zurück.«

»Stell dir dit nich so einfach vor. Die hatten alle 'ne Ausbildung bei Profis.«

Sie glitt mit ihrer Hand über seine Bauchmuskeln. Dabei streckte sie die Fingerkuppen wie Krallen nach unten und kratzte leicht über seinen Körper.

»Dit macht mich völlich geil, du.«

»Ich weiß«, flüsterte sie in sein Ohr und begann, leicht an seinem Ohrläppchen zu knabbern.

»Du solltest daran denken, mit anderen Kerlen für Jeld zu schlafen. Da bekommste in extrem kurzer Zeit einen richtigen Haufen Schotter zusammen.«

»Nein. Das will ich nicht. Ich möchte nur dich lieben.«
Sie küsste ihn. »Ich liebe dich über alles in der Welt. Du bist
mein Ein und Alles.«

Da er mit seiner Idee, sie allmählich zur Prostitution zu
bewegen, nicht durchdrang, ließ er sich zunächst auf ihre
Ideen ein.

Für den ersten Unterricht hatte Nancy bei einer der Tänzerinnen einen Vertrag und einen Schuldschein ausfüllen
müssen.

Bis dahin hatte sie keinen einzigen Euro verdient und Lucas jedes Mal anbetteln müssen, um einen Euro zu bekommen. Er wäre nicht mehr bereit, noch weiter in sie zu inves-
tieren, erklärte er.

Pinky ermutigte Nancy in der Hoffnung, dass sie auch dabei scheitern werde, und half ihr zum Schein beim Training,
soweit sie es konnte. Sie habe es ebenfalls schon probiert,
erklärte sie Nancy, genau wie viele andere Mädchen im Klub,
bekäme aber die Koordination von Körperbewegung und
Musik nicht mehr hin, sobald sie die Stange mit in den Tanz
einbeziehen wolle. Bei Pinky sah es dann aber aus, als wolle
sie gegen eine Wand rennen. Nancy hoffte, das besser hinzu-
bekommen.

Mit dem Geldboten, der die Einnahmen aus dem Klub, den
Drogenverkäufen und der Prostitution einsammelte, kam
Abu selbst.

Er nahm Lucas beiseite. »Hast dich mit deiner Nutte ja
nich so doof angestellt, Alter. Die tschetschenischen Ge-
schäftspartner waren zufrieden.«

»Freut mich!«, erklärte Lucas unterwürfig.

»Ich stunde dir die Rückzahlung der Schulden weiter,
wenn du weiterhin fährst. Aber nich nur Nutten.«

Lucas witterte eine Chance. »Drogen? Waffen? Dann kann
doch aber auch ein kleiner Schuldenerlass drinne sein, wat?«

Abu stieß ihm mit dem Zeigefinger so stark gegen die Brust, dass es wehtat. »Du bist zu gierig. Das wird dir noch mal das Genick brechen.«

»Wenn die mich mit so 'nem Zeug erwischen, dann gehe ich ab; für Jahre.«

»Das machen wir auch anders. Du musst nicht länger über die Grenze fahren. Du holst die Ware hier in Deutschland ab.«

»Hört sich ja schon besser an.«

»Ein Freund hat ein altes, abgelegenes Gehöft in der Nähe der polnischen Grenze. Du tust mit deiner deutschen Schlampe so, als ob ihr es als Wochenendgrundstück herrichten wollt.«

Lucas nickte.

»Und dann kommt ab und zu ein Transporter mit Nutten oder irgendwelchen Kisten, die dich nicht interessieren.«

Wieder nickte Lucas.

»Und dann bringst du das Zeug zu uns oder den Tschetschenen. Das ist völlig gefahrlos für dich.«

Lucas wusste, dass es nicht gefahrlos war. Aber er sah auch keine Möglichkeit, Abus Forderung abzulehnen.

Bevor er ging, kündigte Abu an, dass er bald Nancys Wohnung räumen werde, da die Schlampe die Miete nicht bezahle.

»Wie schade«, sagte Lucas gekünstelt, »wo soll se dann hin, die Arme? Dann liegt se doch aufer Straße.«

»Du machst da zu viel Gewese drum. Lass se ordentlich von den Tschetschenen einreiten, und dann ab auf den Strich.«

Nancy musste erkennen, dass ihr Können als Go-go-Tänzerin an der Stange für einen öffentlichen Auftritt noch lange nicht ausreichte. Sie suchte sich im Internet eine Poledance-Schule mit einer professionellen Lehrerin. Da sich Poledancing auch zum Work-out mittlerweile als Trendsportart entwickelt hatte, konnte sie in Berlin zwischen Dutzenden Schulen wählen.

Das Problem waren nur die Kosten. Der Einzelunterricht hatte eben seinen Preis. Nancy nahm die kostenfreie Probestunde bei einer Lehrerin, die ihr auf Anhieb gefiel. Der Tanz sah bei ihr perfekt aus.

Der erste Versuch, es ihr nachzuahmen, fiel, trotz der ersten Übungen mit Pinky und der Tänzerin im Klub, ziemlich kläglich aus. Nancy erkannte, dass das Geld bei der Tänzerin im Klub rausgeschmissen war und sie diese Lehrerin hier brauchte.

Am Abend nach dem ersten Probeunterricht ging Nancy wieder in den Klub. Noch war nicht so viel los. Richtig gut besucht wurde der Klub auch in der Woche erst ab ein Uhr. Sie setzte sich neben Lucas.

»Wie hattest du das neulich gemeint, mit dem Probefick bei einem Freier?«

»Soll ich da was organisieren?«

»Wie viel würde ich denn dafür bekommen?«

»Na ja, du bist ja noch Neuling«, meinte er langsam.

»Das kann doch auch ein Vorteil sein. Vielleicht mögen das die Männer.«

»Vielleicht irgendwelche Perverse, die lieber Kinda ficken als erwachsne Frauen und dann sonst etwas vorhaben … Nee, nee, da kenne ich mich nu mal aus. Denkste, ein Teenie schluckt gerne und macht andere Sachen, wofür Kerle zahlen wollen?«

»Wie viel nun?«

»Du wärst ja keine Straßenhure, wo nur der nächste Schuss zusammengefickt werden muss. Für dich sind 50 bis 100 für einen Fick gut drin. An einem Abend kannst du also locker mal 300 Euro machen. Das Problem ist dann, immer genügend Freier in den entsprechenden zeitlichen Abständen ranzuschaffen. Wenn die hier sind, dann sind die meist auch so geil, dass die bald abspritzen wollen. Und je schneller das passiert, desto besser für dich. Die wollen dann meist auch schnell wieder los.«

»Besser, als wenn sie einschlafen, wie bei ihrer Alten zu Hause.« Beide lachten.

Lucas organisierte ihr einen Kunden, von dem er annahm, dass es mit ihm beim ersten Mal klappen könnte. Es war ein Ex-Kunde von Pinky, der ihr nur noch auf die Nerven ging. Seit seiner Scheidung hatte er sich zum Frauenhasser entwickelt und keine neue Beziehung mehr knüpfen können. So musste er nun für Sex bezahlen. Er heulte sich jedoch nach dem vollzogenen Akt über die Ungerechtigkeit des Lebens aus, dass seine Frau ihn verlassen und ausgenommen und sich nun auch die gemeinsame Tochter von ihm abgewendet habe. Pinky und dann auch Nancy konnten die Ehefrau und Tochter gut verstehen.

Der Kunde zahlte aber gut, und wichtig war ihm, dass er in ein sauberes Haus gehe, wo man nicht ausgenommen werde und auch Diskretion erwarten könne. Alle vermuteten, dass dieser Kunde irgendwo in der öffentlichen Verwaltung arbeitete.

Mit dem durch diesen ersten Freier verdienten Geld, das ihr Lucas komplett überließ, konnte Nancy die Tanzlehrerin bezahlen. So wurde gleich der erste Auftritt vor dem Publikum ein Erfolg und beflügelte Nancy regelrecht. Sie wollte keine andere Tänzerin neben sich an der zweiten Stange; zu offensichtlich wäre der Unterschied gewesen; sie wusste, dass sie noch einigen Unterricht, aber auch das nötige Geld dafür bräuchte. Nach ein paar Auftritten war sie auch bereit, eine von den professionellen Tänzerinnen neben sich zu dulden. Sie würde weiter Unterricht nehmen, bis sie das Poledancing so hinbekam, wie es ihren Ansprüchen genügte. Allerdings benötigte sie dafür immer mehr Geld; so folgte ein Freier dem nächsten.

An einem der folgenden Abende passte ein Mann zwischen fünfzig und sechzig nicht so recht in das Bild des meist viel jüngeren Publikums. Vielleicht wollte der sich was Jüngeres angeln. Beim Tanz sah Nancy nur ein paarmal, wie er stolz ein Selfie von sich machte. Sicher wollte er das seinen Kumpels beim Rollatortreffen im Seniorenheim zeigen.

Wie Nancy es bei den anderen Tänzerinnen gesehen hatte, zog sie in den letzten Stunden ihr enges, kurzes Tanzkleid aus und präsentierte sich in BH und Slip. Erst war es ihr ein wenig unangenehm, da sie die gierigen Blicke spürte, die sie auf sich zog. Dieses Gefühl mischte sich jedoch schnell mit so etwas wie einem gewissen Stolz auf ihren Busen und ihren einerseits sehr weiblichen und andererseits auch gut trainierten Körper. Sie sah, dass kein Mann mehr in ihre hübschen Augen schaute. Als dann ein Besucher einen ersten Zehner zückte und zu ihr kam, schob sie elegant ihre Hüfte in seine Richtung, damit er den Schein platzieren konnte. Gelegentlich konnte sie so auch einen Freier gewinnen, mit dem sie entweder noch nach ihrer Arbeit in eines der Zimmer im oberen Stockwerk ging oder sich für einen anderen Tag verabredete.

Der ältere Mann war noch einmal zu sehen. Diesmal hatte Nancy kurz den Eindruck, dass er gar kein Selfie, sondern ein Foto von ihr machte. Das wiederum war ihr einen Augenblick peinlich, aber nur so lange, bis sie sich wieder von der Musik wegtragen ließ. Nancy dachte sich, dass der vielleicht mal ein Freier werden würde, wenn er sich erst ein paarmal an ihren Bildern aufgeilt hätte. Je angetrunkener die Männer waren, desto spendabler wurden sie. Aber der eine oder andere versuchte auch, mehr zu berühren oder zu sehen. Bis zum Morgen hatte sie so knapp 200 Euro verdient, die ihr Lucas anfänglich ließ, dann aber begann er, ihr die Hälfte abzunehmen. Wenn sie protestierte oder ihn über die Höhe der Einnahmen belog, gab es wieder Ohrfeigen.

»Wir machen heute 'nen Ausflug ins Brandenburgische«, erklärte Lucas seiner Freundin beim mittäglichen Kaffee.

»Du bist ja richtig spontan. Wohin geht es denn?«

»Wirste schon sehen.«

»Ach so«, erwiderte Nancy resigniert, »irgendwelche Geschäfte für Abu und seinen Clan.«

Lucas nickte. »Du wolltest doch neulich wissen, wo ich den janzen Tach war.«

»Bist ja häufig weg, immer öfter, und auch ganze Nächte.«

»Mach mal nich den Affen hier. Hab eben viel zu tun. Und was allet mit den Libanesen läuft, dit möchteste jar nich wissen.«

»Und was machen wir heute für den?«

»Auf einem verlassenen Bauernhof Ware entgegennehmen und nach Berlin bringen.«

»Müssen wir wieder nach Polen?«, fragte sie skeptisch.

»Nee, deshalb ham wa ja jetzt 'nen Bauernhof uff deutscher Seite der Grenze. Da könnten wir beede es uns hübsch machen. Draußen im Grünen.«

Nancy hatte inzwischen zu viel mit ihm erlebt, um ihm das abzunehmen. »Ah, hat der Herr plötzlich seine Ader fürs Ländlich-Romantische entdeckt?«

»Musste mir nich gleich doof kommen.«

»Aber ich kann heute gar nicht mitkommen. Ich habe doch nachher Tanzunterricht.«

»Der fällt heute aus, und basta!«

Ein paar Stunden später fuhren sie mit Lucas' Auto aus Berlin raus, in Richtung polnischer Grenze. Nancy kannte diese Gegend nicht. Sie überquerten den Berliner Ring auf einer darüberführenden Bundesstraße und fuhren über Dörfer und Kleinstädte mit Namen wie Tasdorf, Rüdersdorf und Herzfelde immer weiter in Richtung Osten.

Circa zwanzig Kilometer vor Frankfurt an der Oder fuhren sie von der Bundesstraße ab. Ein paar Minuten später standen sie vor einem verlassenen Bauernhof. Der war nicht allzu sehr heruntergekommen. Offenbar hatte hier jemand sogar noch bis vor ein paar Jahren versucht, das Gelände in Schuss zu halten. Lucas stieg aus, schloss das mit einer Stahlkette gesicherte Hoftor auf und fuhr das Fahrzeug auf den Hof. Mit einem anderen Schlüssel öffnete er die Haustür. »Los, schau dir das mal an!«, forderte er.

Der Flur sah völlig heruntergekommen aus. In einem der Zimmer der unteren Etage stand ein uraltes Bett. Durch das Metallgestell wirkte das Bett, als ob es aus einem Knast stammte. Herumstehende Becher zeigten ihr, dass Lucas sich hier auch schon etwas länger aufgehalten hatte. In Ermangelung eines Garderobenständers hatte er ein paar Nägel in die Wand geschlagen und Sachen von sich drangehängt.

Vor dem Haus warteten sie nun schon seit geraumer Zeit auf ein weißes Lieferfahrzeug für Blumen; auf diesem sollte sich die Ware befinden: »eine Kiste mit Blumen«.

»Is doch jar nich so schlecht, oda?«

Nancy riss die Augenbrauen hoch. »Weißt du, was man hier an Geld, Arbeit und Zeit reinstecken muss, um das wieder bewohnbar zu machen?«

»Aba das wär für uns, Baby. Abu hat jesagt, dass wa dit für uns haben können. Müssen ebend nur imma mal wieda ’n paar Leute auf unseren Hof lassen, wenn die Waren umjeladen werden.«

»Du müsstest doch inzwischen genau wissen, dass Abu niemandem etwas schenkt. Der braucht doch bloß ein paar Blöde, die das hier für ihn in Ordnung bringen und halten.«

»Sieh doch nich imma allet so negativ.«

»Und wenn er uns nicht mehr benötigt, dann schmeißt er uns hier raus.«

»Na und, dann hatten wa wenigstens ’ne schöne Zeit.«

Tatsächlich ließ sich Nancy wieder auf Lucas’ Vorschläge ein. »Weshalb eigentlich nicht? Wenn man schon unvernünftig ist, dann sollte es auch Spaß machen.«

»Ja. So gefällst du mir wieda. Das ist mein Baby!« Er zog sie an sich und küsste sie.

Nach ein paar Stunden sahen sie einen weißen Transporter den Feldweg entlangkommen. Das Anwesen befand sich am Ende des Weges. So konnten Nancy und Lucas das Fahrzeug schon einige hundert Meter weit kommen sehen. Wegen der Schlaglöcher auf dem Feldweg konnte hier niemand heranpreschen.

»Und was ist in der zu übernehmenden Kiste?«

Lucas schüttelte den Kopf. »Dit willst nich wissen.«

»Doch«, widersprach Nancy, »möchte ich schon. Man will doch wissen, wofür man in den Knast kommt.«

Nancy wusste inzwischen, wie sie ihn beeinflussen konnte. Sie lehnte sich an ihn, streichelte seine Muskeln. »Mein Bad Boy ist ein richtiger Gangster.«

Er lächelte.

»So richtig abgefahrenes Zeug oder Knarren zum Rumballern?«

»Ach Baby«, erklärte er stolz, »was für richtige Männer … halb automatische Waffen … damit kannste in den Krieg ziehen.«

Sie staunte. »Bahnt sich denn da was an zwischen den Clans?«

»Weeß ich nich. Hab aba von so was nischt jehört. Die brauchen dit Zeug für den Notfall … oda woll'n dit weiterverscheuern. Dafür jibt's richtich Kohle.«

»Und auch richtig Knast. Lass dich bloß nicht erwischen. Woher weißt du eigentlich«, sagte sie mit einer Kopfbewegung zum Transporter, der nun dicht vor ihnen fuhr, »dass da keine Bullen drin sind?«

Lucas zog die Schultern hoch. »Kann man nie wissen.«

Das Fahrzeug fuhr auf den Hof und vollzog gleich eine Kehre. So stand die Ladefläche gleich zum Haus. Der Transporter hatte ein polnisches Kennzeichen. Zwei Männer stiegen aus, musterten das Paar, das Haus und die Umgebung.

Nancy und Lucas wunderten sich, als einer der Männer akzentfrei forderte: »Wenn wir noch einmal herkommen sollen, dann ist da vorne ein Tor dran, durch das Neugierige nicht gucken können, und nicht so 'n löchriges Metallgittertor.«

Lucas nickte. »Ich nehme hier nur die Ware entjegen. Werde ich aba ausrichten.«

Der stämmige Kerl fuhr mit seiner Wunschliste fort: »Am besten wäre eine Scheune. Da können die Bullen auch nichts mit Drohnen entdecken.«

Jetzt nickte Lucas nur noch. Der fand sich ja ganz wichtig. Wichtig für ihn war nur, dass Abu zufrieden war. Also durfte es hier keine Zwischenfälle geben.

Die Männer zogen sich warme Jacken an und stiegen in den Laderaum des Kühltransporters. Nach einiger Zeit kam der Mann, der akzentfrei Deutsch sprach, wieder vor und sprang herunter. An Lucas gewandt, rief er: »Komm mal her, entgegennehmen!«

Beide nahmen die Kiste entgegen, die ihnen der zweite Mann auf den Boden des Laderaums stellte. Sie hatte ein gehöriges Gewicht.

»Gleich ins Auto?«, erkundigte sich der neben Lucas Stehende.

»Erst mal ins Haus, um nachzuschauen, ob alles okay ist.«

»Bei uns immer. Aber hält das Autochen die Last aus?«, fragte er mit Blick auf den BMW.

»Das wird es.«

»Ich frage ja nur wegen der Löcher auf der Straße.«

Als Nancy mit ins Haus wollte, gebot ihr Lucas, draußen zu bleiben. Nach ein paar Minuten kamen die Männer aus dem Haus und verluden die schwere Kiste. Der BMW senkte sich mit seinem Hinterteil zum Boden.

Pfändung und Verlust der Wohnung

Immer häufiger fuhren Nancy und Lucas getrennt in die von Nancy angemietete Wohnung. Sie war meist schon eher fertig mit der Arbeit und hatte davor häufig schon einen Freier zu bedienen. Nach ihrer Arbeit an der Pole-Stange war Nancy dann so geschafft, dass sie oft nicht mehr auf Lucas warten wollte. Ab und zu nahm auch sie einfach eines der oberen Zimmer des Klubs. Dafür musste sie aber gleich bezahlen, weil für diese Zeit keines der Mädchen von der Straße in dieses Zimmer konnte. Da das Geld am gleichen Abend von Abus Geldboten in Empfang genommen wurde, hatte sie für die Nacht immer im Voraus zu zahlen.

Als sie wieder einmal zusammen in Nancys Wohnung fahren wollten, ließ sich ihr Freund geschafft in den Fahrersitz seines Autos fallen. Nancy ging zum Kofferraum, um ihre Tasche mit der verschwitzten Tanzkleidung, die sie häufig schon während des Abends wechselte, reinzuwerfen. Als sie seine Trainingstasche mit den verschwitzten Sportsachen aus dem Sportstudio zur Seite legte, fiel ihr Blick auf eine Kiste mit sehr viel Post. Ein gelber Umschlag des Landgerichts Berlin, der obenauf lag, stach ihr ins Auge. Der war an sie gerichtet, und »Zustellungsurkunde« stand darauf; adressiert war das Ganze an »Nancy Lindholz«. Ihr wurde völlig anders zumute und sie begann, sich mehr und mehr Briefe anzuschauen.

»Wat machst 'n dahinten so lange?«, rief Lucas laut.

Da sah Nancy den Brief eines Gerichtsvollziehers, ebenfalls an sie gerichtet. Sie riss den Umschlag auf. Der hatte sich für den heutigen Tag angemeldet. Sie schlug die Kofferraumklappe so kräftig zu, dass vom Fahrersitz ein »Ey, lass den Wagen ganz!« erscholl. Schon mit dem Aufreißen der Fahrertür warf sie ihm die Mitteilung des Gerichtsvollziehers auf den Schoß. »Wann wolltest du mir davon erzählen? In ein paar Stunden steht der Gerichtsvollzieher vor der Tür.«

»Ich wollte nicht, dass du dir unnötig Sorgen machst, Baby«, sagte er betont ruhig. »Komm, setz dich. Wir fahren nach Hause.«

»Nach Hause, da, wo der Gerichtsvollzieher schon wartet?« Sie stieg ein, er startete den Wagen und fuhr los.

»Ich denke, der kommt erst in ein paar Stunden. Dass ihr Weiber imma gleich übertreiben müsst. Lass den doch kommen. Ist es eine Frau oder ein Mann?«

»Weshalb soll das wichtig sein?«

»Weil es Menschen sind.« Er setzte wieder sein Grinsen auf.

»Die pfänden mir den Arsch weg und du grinst bloß dämlich!«

»Wat soll denn passieren? Du wackelst mit dem Arsch, heulst ein wenig und fragst, was du machen sollst.«

»Der räumt mir die Bude aus!«

»Davon gehört dir doch nichts. Da steht alles im Eigentum der Versandhändler, solange es noch nicht bezahlt ist.«

Nancy sah ihn skeptisch an. »Und dann?«

»Was und dann? Von dem Jeld, was du im Slip hattest, wees der doch nischt und auf deinem Konto is doch ooch nischt.«

In ihrer Naivität wollte sie Lucas gleich Weitsicht unterstellen. »Deshalb hast du mir nie Geld gegeben oder überwiesen?«

Lucas freute sich über diese Vorlage. »Janz jenau. Und wenn der fragt, als was du arbeitest ... da schreibe ich dir nachher gleich mal cine Kündigung in der Probezeit und du kannst wahrheitsjemäß mitteilen, dass du keenen Job mehr hast. Die Kündigung schreibe ich gleich zu Hause. Und morgen, äh, heute gehst du zum Amt und beantragst Hartz IV. Zu pfänden jibt es bei dir nischt, und der zieht wieder ab.«

Mit Zweifel in der Stimme fragte sie: »So einfach ist das?«

Im Brustton der Überzeugung gab Lucas zurück: »Natürlich ist das so einfach. Wenn der Gerichtsvollzieher kommt, machste dem een Kaffee, schicke Oogen und heulst rum, wie schlecht es dir geht, dass du schon die Mieten nicht zahlen kannst, dein Handyvertrag gekündigt wurde …«

»Was?«, empörte sie sich.

»Na ja, das muss ja alles stimmig sein. Da kannste auch gleich fragen, ob du besser eine Privatinsolvenz anmelden sollst.«

»Na, dir geht es wohl noch gut. Jetzt stehe ich mit einem Haufen Schulden da und habe nicht einmal ein Handy.«

»Die Kündigung kam erst gestern. Musst mal in dem Stapel genauer gucken.«

»Scheiße, scheiße, scheiße!«, schrie sie und klopfte auf das Armaturenbrett.

»Wat haste dir so? Läuft doch allet. Mit dem Jeld ausm Schlüpper kannste dir 'nen Prepaid-Handy kaufen und surfen, solange dein Jeld reicht.«

»Das Geld muss ich aber immer privat irgendwo bunkern, weil mein Konto gepfändet ist.«

»Is ja nich das Schlimmste, die Taschen immer volla Jeld zu ham, wa.«

Der Gerichtsvollzieher ließ sich jedoch nicht so einfach von Nancys erotischem Outfit beeindrucken. Dass das Mädchen einen jungen, schlafenden Mann im Bett hatte, stellte schon eher ein Problem dar. Die auf einem Tisch stehende Kiste mit den größtenteils ungeöffneten Briefkuverts hatte er stirnrunzelnd registriert.

»Raten Sie mal, weshalb ich mich angekündigt hatte, Frau Lindholz!«

»Das habe ich erst gestern gesehen. Mein Freund hat das alles für mich aus dem Briefkasten geholt.«

Der Gerichtsvollzieher antwortete trocken: »Da kommt es auf die Zustellung an. Wenn Sie Ihre Post nicht in Ordnung halten, dann ist das bedauerlich. Aber so etwas mündet dann häufig in Vollstreckungen. Sagen Sie dem jungen Mann bitte, dass ich mir auch das Schlafzimmer anschauen muss.«

Ein paar Minuten später stand Lucas mit einer dampfenden Tasse Kaffee in der Küche. Nachdem der Gerichtsvollzieher keine pfändbaren Sachen gefunden hatte, forderte er Nancy auf, die Vermögensauskunft abzugeben.

»Muss se da nich die eidesstattliche Versicherung abjeben?«, wollte Lucas wissen.

Der Gerichtsvollzieher hatte verstanden und musterte ihn. »Da haben Sie Ihrer Freundin aber ordentlich was eingebrockt.«

Das wurde Nancy bewusst, als sie mit dem Gerichtsvollzieher den Vordruck ausfüllte und immer wieder seinen ungläubigen Blick sah und seine Unverständnis signalisierenden Nachfragen.

»Nur dass ich es richtig verstehe«, fasste der Gerichtsvollzieher die Fragen zur Erwerbstätigkeit zusammen, »Sie haben gerade Ihren Job verloren, beziehen weder Arbeitslosengeld noch haben Sie Hartz IV beantragt, nehmen aber auch keine Ausbildung auf …« Der Mann schüttelte den Kopf. »Nur mal so … sind Sie denn überhaupt krankenversichert?«

Nancy schaute Lucas fragend an. Dieser meinte: »Vielleicht noch über deine Mutter?«

An einem der nächsten Abende, als Nancy an der Stange tanzte, glaubte sie, ihren Augen nicht zu trauen. Durch die von Nebel und Laserstrahlern geschwängerte Luft sah sie ihre Mutter. Sie hörte auf zu tanzen und stieg hinab Mutter. Zum Glück war es noch früh am Abend, sodass sie noch ihr kurzes Kleidchen trug.

Pinky hatte die Situation sofort erfasst und machte sich auf den Weg zu Nancy.

»Was tanzt du hier herum wie eine, eine …?« Der Mutter fiel es schwer, das Wort herauszubringen. »Wie eine Nutte.«

»Mutter!«, rief Nancy empört. »Ich bin hier als Tänzerin.«

»Du wirfst dein Leben weg. Komm wieder mit nach Hause!«

»Das ist jetzt woanders«, meinte Nancy stolz und trotzig.

»Mit diesem …?«

»Ja, mit Lucas. Er liebt mich.« Sie sah ihre Mutter um Verständnis heischend an. »Und er sieht so gut aus.«

»Das ist doch nicht alles im Leben. Er tut dir nicht gut. Du wirfst dein Leben weg.«

»Es müssen nicht alle so leben, wie du es für richtig hältst«, rief sie der Mutter entgegen.

Pinky, die ihr nicht zur Seite gestanden hatte, als es Ärger mit den anderen Tresenkräften gab, war nun angekommen und spielte die Beschützerin: »Belästigt dich diese Frau?«

Die Mutter blickte erstaunt zu Pinky. »Ich bin die Mutter!«

»Das schließt ja nich aus, dass Sie hier herummotzen, Ärger machen und bei der Arbeit stören.«

Nancy beschwichtigte Pinky. »Is schon jut. Die hat nur Angst, dass ich hier verkomme.« Sie wählte einen Ton, der die Behauptung der Mutter mit Lächerlichkeit strafen sollte, was aber nicht recht gelang.

Die Mutter rief: »Schau dich um!«

»Wie bist du denn überhaupt reingekommen?«

»Bitte? Möchtest du deine Mutter nicht hierhaben?«

Nancy nickte. »Ganz gewiss nicht! Und jetzt lass mich ein für alle Mal in Ruhe! Ich muss hier arbeiten.«

»Dich zur Schau stellen wie ein Straßenmädchen!«

Sie blickte an sich herunter. »Ist das vielleicht ein Kleid?«

»Kleidchen!«, berichtigte die Mutter, laut gegen die Musik schreiend. »Und später tanzt du fast nackt. Ich habe die Bilder gesehen.«

»Du spionierst mir hinterher?«

»Was soll ich denn machen? Du meldest dich ja nicht mehr.«

Erbost rief die Tochter: »Das werde ich auch nicht mehr. Nie, nie mehr! Verstehst du das endlich?«

Wütend zog Nancy das Tanzkleidchen aus und stieg, begleitet von den Pfiffen einiger Männer, nur noch mit BH und

Slip bekleidet, hoch zur Stange. Sie gab sich Mühe, besonders lasziv zu tanzen, nahm die Stange beim Tanz zwischen ihre Brüste. Die Männer johlten bei dem Anblick. Dann nahm Nancy die Stange zwischen die Beine und rieb sich daran hoch und hinunter. Sie spielte beim Tanz einen Orgasmus vor und schaute dabei in die Augen ihrer Mutter. Dann begann sie, zur Musik ihren Kopf wild nach hinten und vorne zu werfen, sodass ihre feuerroten Haare wie ungebändigte Flammen durch die Luft wirbelten. Der Techniker ließ die Scheinwerfer auf Nancy stehen.

Pinky feuerte sie mit einem »Yeheee« an. Die Männer klatschten Beifall. Nancys Mutter konnte die Szenerie nicht länger mit ansehen und wollte gehen. Dann entschied sie sich aber zu bleiben und ging an die Bar.

In einer Pause huschte Nancy zu Lucas, der wieder an seinem Stammplatz saß, obwohl er sich in den letzten Tagen wegen irgendwelcher Aufträge, die er für Abu zu erledigen hatte, selten im Klub sehen ließ. Lucas wusste über den Auftritt der Mutter bereits von Pinky Bescheid und bot ihr an, die Mutter rausschmeißen zu lassen.

»Nein, lass mal, damit werde ich auch alleine fertig.«

Nancy ging auf dem Weg zur Pole-Stange an der Bar vorbei und fauchte ihre Mutter an: »Bist ja immer noch da.«

Ein Mann an der Bar drehte sich zu den beiden Frauen und taxierte Nancy, die sofort wusste, was der sich im Augenblick vorstellte.

»Wenn ich sonst meine Tochter nicht sehen kann«, rief die Mutter in die Musik.

Nancy fokussierte die Augen ihrer Mutter und meinte böse: »Mich hast du nicht mehr als Tochter.«

»Solange ich lebe, wirst du meine Tochter sein.«

Nancy sprach den Mann an der Bar laut an: »Wollen wir hochgehen und ficken? Weils schnell gehen muss, bist du mit 50 Euro dabei. Ich hab gleich wieder meinen nächsten Auftritt.«

Die Mutter riss die Augen auf. »Jetzt ist aber gut«, fuhr sie lautstark dazwischen.

Nancy freute sich, weil sie das so provoziert hatte, und legte noch einen drauf. »Meine Mutter lässt sich nämlich für umsonst ficken und Kinder andrehen, für die sie auch noch alleine zahlt, blöd, wie sie ist.«

Die Mutter ließ sich aus der Reserve locken, erhob die Hand und wollte zuschlagen. Der Mann, der mit Nancy hinaufgehen wollte, ergriff blitzschnell den Arm. »Hier wird nicht geprügelt.«

Der Türsteher kam herbeigeeilt. »Machen Sie keinen Ärger! Verlassen Sie den Klub! Ich spreche Ihnen hiermit ein Hausverbot aus! Sollten Sie sich jetzt nicht sofort hinausbegeben, machen Sie sich eines Hausfriedensbruchs strafbar.«

Die Mutter wandte sich zum Gehen. »Ich verlasse dieses Etablissement. Das ist kein normaler Klub, sondern ein verdeckter Puff. Nichts anderes ist das hier. Und das, was Sie hier machen, ist Zuhälterei und Förderung der Prostitution.«

Jetzt wurde der Sicherheitsmann lauter, postierte sich unmittelbar vor Nancys Mutter und deutete mit seinem Zeigefinger in Richtung Ausgang. »Verlassen Sie augenblicklich den Klub!« Da die Mutter nicht reagierte, ging er noch einen Schritt vorwärts und stieß sie so mit seinem Brustkorb in Richtung Ausgang.

Nancy betrachtete das Herausdrängen ihrer Mutter mit steinerner Miene, so als ob sie das alles nichts angehen würde.

Hinter dem großen Security-Mann hervorblickend, rief die Mutter noch: »Ich habe keine Tochter mehr!«

Nancy wandte sich scheinbar ungerührt ab und schaute zur Bar.

»Na, wie wär's jetzt mit uns? Wollen wir gleich hochgehen?«, fragte der neben Nancy stehende Mann.

»Kannst du dir vorstellen, dass mir jetzt nicht danach ist?«, fragte sie zurück.

Der Kerl glotzte blöd. »Wie? Das geht doch aber trotzdem. Brauchst dich auch nur hinzulegen. Ich mach dann schon.«

Nancy drehte sich angewidert weg.

An diesem Abend fuhr Nancy mit dem Taxi allein nach Hause; ihre Gedanken waren immer noch bei dem Streit mit der Mutter. Als sie den Briefkasten öffnen wollte, bemerkte sie, dass ihr Name nicht mehr daran stand. Auf der Briefkastenanlage stand ein an sie gerichteter gelber Umschlag, mit dem durch das zentrale Mahngericht Wedding wieder einmal ein Mahnbescheid gegen sie erlassen worden war. Die Firma, die dort als Gläubiger genannt war, sagte ihr überhaupt nichts. Über ihre finanzielle Situation hatte sie völlig den Überblick verloren. Weshalb ihr Namensschild entfernt worden war, darauf konnte sie sich noch keinen Reim machen. Als jedoch ihr Schlüssel nicht passte, da überkam sie eine Ahnung. Zum Glück war sie wieder Besitzerin eines bar bezahlten Handyvertrags. So konnte sie schnell Lucas anrufen. Es sah so aus, als ob Abu wegen der Mietschulden Ernst gemacht hätte und das Schloss ausgewechselt hätte. Der Handyvertrag nutzte ihr aber nicht so viel; Lucas war nicht zu erreichen. Sie rief ein Taxi und fuhr im Morgengrauen zurück zum Klub.

Bis auf zwei Frauen der Reinigungsfirma war im Klub niemand zu finden. Sie ging hoch zu den Zimmern. Ein Freier, der sich noch einen Hemdzipfel in die Hosentasche steckte, kam ihr auf der Treppe entgegen. Da sie von den Mädchen, die hier die Zimmer mieteten, kaum eines kannte, ging sie zu Pinkys Zimmer. Sie fiel fast vom Glauben ab, als sie dort im Bett neben Pinky ihren Freund Lucas liegen sah.

»Was geht denn hier ab?«, schrie sie.

Lucas drehte sich zur Seite. Pinky machte den Eindruck, überhaupt nichts gehört zu haben.

Sie ging ans Bett und riss die Decke herunter. Beide lagen nackt da. »Scheiße, Mann, habt ihr rumgefickt?«

Lucas öffnete die Augen. »Jetzt mach mal nicht so 'n Theater.«

Pinky wurde wach, beugte sich wortlos vor und fischte nach der Decke, die Nancy weiter nach hinten hielt, sodass Pinky sie nicht zu fassen bekam.

Nancy schrie weiter: »Ihr fickt hier rum und dein Kumpel Abu hat das Schloss getauscht. Vielleicht schon die Wohnung geräumt.«

»Dit wird er sicha jemacht ham. Da kannste eenen druff lassen. Wenn de die Miete nicht zahlst, is dit sein jutes Recht. Jetzt werd aba nicht gleich hysterisch!«, forderte Lucas, stand auf und fasste die Decke. Nancy hielt sie weiter fest. Ohne eine Vorankündigung schlug er ihr mal wieder mit der flachen Hand ins Gesicht und entriss ihr mit voller Kraft die Decke.

Sie begann zu weinen und wollte weg, nur weg. Lucas stürmte zur Tür, schloss sie erst jetzt von innen ab und nahm den Schlüssel in die Faust. »Jetzt mach mal halblang! Wir haben einfach wie in alten Zeiten mal wieder 'ne Nummer geschoben. Wat ist dabei?« Er schaute ihr in die Augen. »Ich liebe doch aba nur dich ... aba wenn ich euch so sehe«, meinte er, seine Blicke abwechselnd zu beiden Frauen werfend, »können wa doch mal zu dritt, oda?«

Nancy riss die verheulten Augen auf. »Nie!«, schrie sie.

Er verpasste ihr mit der Faust, in der er den Schlüssel hielt, einen Schwinger von der Seite.

»Aua!«, schrie sie. »Wie kannst du nur ... und Abu schmeißt uns raus.«

»Jetzt hör uff, hier so 'n Theater zu machen, sonst setzt es richtig Prügel«, drohte er.

Mit dem Schlüssel in der Hand ging Lucas nackt zu seinen Sachen, kramte sein Handy hervor und tat so, als ob er Abu anrufe.

»Da jeht um die Uhrzeit keena ran.«

Nancy fragte schluchzend: »Und jetzt?«

»Jetzt schläfste erst mal nebenan in einem Zimmer!«

»Wie? Und du?«

Eiskalt in ihre Augen blickend, sagte er: »Ick bleibe hier und ficke mit Pinky.«

Wortlos ging er völlig nackt mit Nancy in das Nebenzimmer, stieß sie hinein und zog den Schlüssel ab.

»Ick schließ dich ein, damit de keenen Ärjer machst. Und wenn de hier den Affen machst, dann gibt es das erste Mal richtich eens uffs Maul.«

Auf der Straße

Erst sehr spät und völlig verheult war Nancy eingeschlafen. Plötzlich kam Lucas in das Zimmer und forderte: »Ab heute Nachmittag stellst du dich auf die Straße, dahinten auf den Strich.« Er deutete in die Richtung, in der die Prostituierten die Straße am Abend bevölkerten.

»Als Straßenhure? Nee, du! Das mache ich nicht mit.«

Sie hatte bei seinem ernsten Gesicht von Anfang an eine böse Ahnung. Er ohrfeigte sie aber nicht. Er schlug ihr mit der Faust schräg vor das linke Ohr und traf die Schläfe. Nancy wurde schwindelig, sie taumelte nach hinten. Er setzte nach und schlug mit der Faust mehrfach kräftig auf den behaarten Teil des Kopfes. Das schmerzte so sehr, dass Nancy schreiend und weinend zu Boden sank.

»Du saublöde Kuh! Was denkst du dir, wie du deine Unterkunft hier bezahlst?«, schrie er Nancy, immer weiter auf sie einprügelnd, an. »Die Schulden bei Abu hast du auch abzuarbeiten. Was denkste, wie de aussiehst, wenn der seine Schulden bei dir eintreibt!«

»Aber, aber das hat do… doch auch bisher ohne Straße geklappt mit den Freiern«, stotterte sie entschuldigend.

»Du hast nicht die Zeit, um nur auf Edelfreier zu warten oder für ein paar Kröten an der Stange herumzuhopsen. Du nimmst ab heute alles, was du auf der Straße auffischst.« Er wartete keine Antwort ab, sondern ließ weiter seine Fäuste auf ihren Kopf niederprasseln. Sie hatte das Gefühl, vor Schmerz gleich ohnmächtig zu werden. Eine kleine Blutspur zeichnete von der Stirn bis zur linken Augenbraue ihren Weg. Von da tropfte das Blut auf das Augenlid.

»Du machst dich nachher fertig für die Arbeit. Pinky hilft dir. So wie du jetzt aussiehst, bist du allenfalls für SM-Spiele zu gebrauchen.« Bevor er das Zimmer verließ, ging er an ihre Handtasche und nahm den Ausweis heraus. »Wo is 'n dein Pass?«

Immer noch schluchzend, antwortete sie: »Da musst du deinen Kumpel Abu fragen.«

»Ach du Scheiße! Biste denn zu blöde, auf deine paar Scheißsachen aufzupassen?«

Sie schaute ihn fragend an.

»Den nimmt der doch als Pfand, bis du die Miete gezahlt hast und die Raten für das Auto.«

»Die Raten für das Auto?«

»Dafür hast du dich doch verbürgt, weeßte das denn nich mehr?«

Nancy liefen immer noch die Tränen. Trotzig meinte sie: »Soll er sichs doch einklagen.«

»Das hat er schon und auch Urteile gegen dich. Der Schuldenberg wird immer größer. Das kriegst du ooch mit einer Privatinsolvenz nich weg. Du wusstest nämlich von Anfang an, dass de nich zahlen kannst, und das is Betrug.«

Ungläubig schaute Nancy ihn an. »Wie?«

»Wie wat? Stell dich nich blöder, als du bist. Und dein Problem is, dass Abu nich mit 'nem Gerichtsvollzieher vorbeikommt. Der oda eener vom Clan vollstrecken höchstpersönlich. Ein abgehackter Finger fördert deine Zahlungsmoral erheblich, sage ich dir. Und ick habe dir doch ooch die Scheiße mit den Baseballschlägern erzählt, wo die einen totjeprügelt haben. Da kannste hinkrauchen, wo de willst, die sind überall. Ob de in Berlin, München, Hamburg, Düsseldorf, Dresden oder aufm Mond bist. Solange du Schulden bei ihm hast, haste die zu tilgen. Selbst wenn de im Knast bist.«

Sie schüttelte mit dem Kopf. »Da haste mich in eine schöne Scheiße geritten.«

»Icke dir?« Wieder krachte sein Knöchel auf ihre Schädeldecke. »Jetzt benimmste dich mal! Wat denkste, wat dir die Mädchens da draußen aufm Strich erzählen können, was passiert, wenn se nicht spuren!«

Am Abend stöckelte Nancy schwankend in Nylons, mit kurzem gelbem Röckchen und gleichfarbigem Top nervös in Richtung Straßenstrich; das viele Gelb war durch die Haare und die Highheels in Feuerrot eingerahmt. Ihr Schädel brummte von den Schlägen so, als ob eine Lokomotive darin führe. Pinky hatte ihr in allen Einzelheiten erklärt, wo sie die Fahrer mit deren Auto hinlotsen sollte, damit das Geschäft abgewickelt werden könnte. Wichtig wäre, dass das Geld zu Lucas gebracht würde, sobald sie etwas verdient hätte. Nicht, dass irgendein durchgeknallter Freier noch auf die Idee käme, ihr das Geld abzunehmen.

»So was passiert auch?«, hatte sie staunend gefragt.

»Du bist auf der Straße. Da kann alles passieren. Aber du hast ja Lucas, der auf dich aufpasst.« Irgendwie spendete ihr diese Erklärung keinen Trost.

Wenn ein Kunde etwas mehr Zeit und Geld dabeihätte, erklärte ihr Pinky weiter, könne sie auch ein Zimmer oberhalb des Klubs mieten.

Die anderen Frauen sprachen nicht mit Nancy. Wenn die Fahrzeuge mit den einzelnen Herren mit verlangsamter Geschwindigkeit an ihnen vorbeifuhren, blickte Nancy meist nach unten. Auch nach eintretender Dunkelheit hatte sie noch keinen Freier für sich gewinnen konnte. Bis auf eine Frau, die sie auf über vierzig schätzte, war sie die Einzige, die noch nicht von einem Freier mitgenommen worden war. Die anderen Mädchen stiegen meist nach zwanzig oder dreißig Minuten wieder aus dem Auto aus, in das sie zuvor eingestiegen waren. Nancy schaute immer wieder in Richtung Klub, um herauszubekommen, ob Lucas sie beobachtete. Ob sie einen Mann für sich gewinnen und ihn überreden könnte, sie von hier wegzufahren, irgendwohin?

Als ein jüngerer Fahrer in einem dunklen Fahrzeug neben Nancy hielt und die Scheibe herunterließ, traute sie sich aufzublicken. Dabei durchfuhr sie ein Schreck. Sie glaubte, in ihm einen jungen Lehrer der Schule erkannt zu haben. Aber das wäre für ihn genauso peinlich wie für Nancy. Sie bekam schnell mit, dass sie sich geirrt hatte.

Der junge Mann fragte: »Na, wird was aus uns?«

»Weshalb nicht? Irgendwelche Sonderwünsche?«

»Nee, janz normal.«

»Ein Hunderter?«

Der Mann riss die Augenbrauen hoch. »Ey, dafür kann ick das Auto volltanken. Wir sind hier aufm Straßenstrich.«

Sie grinste ihn an. Schade, sie hatte nicht auf das Kennzeichen geachtet. Wenn es einer aus dem Umland war, würde der nicht unverrichteter Dinge fahren wollen. Ein Berliner würde Gas geben, wenn es zu teuer werden würde, und ein paar Straßen weiter fahren. Trotzdem versuchte sie es mit einem »Hauptstadtzuschlag eben«.

Der Mann sah taxierend zu den anderen Frauen und schätzte richtig, dass es sich bei Nancy mit Abstand um die jüngste Prostituierte hier handelte.

»Okay, komm rein.«

Nancy dirigierte den Mann mit seinem Wagen auf den Hinterhof eines um diese Uhrzeit schon fast völlig verlassenen Bürohauses und stand eine knappe halbe Stunde später wieder an ihrem alten Platz, um sich einzureden, dass es so schlimm nicht gewesen sei.

Die Nacht schritt voran und selbst die Berliner Straßen wurden langsam leerer. Nancy konnte sehen, wie vor dem Klub der Andrang größer wurde. Was hätte sie dafür gegeben, wenn sie wieder dort tanzen dürfte! Mit Lucas würde sich sicher wieder alles einrenken. Sie hatte sich auch zu stur angestellt, dachte sie. So schlimm war das hier draußen doch eigentlich nicht. Und dass im Augenblick sehr viel mehr Geld gebraucht wurde, das sah sie doch ein.

Sie ging zu einer der anderen Frauen und sprach sie an. »Für wen schaffst du hier an?«

Die Prostituierte musterte das junge Mädchen mit feindseligen Augen. »Meinst wohl, weil du 'nen deutschen Zuhälter hast, biste was Besseres, hä?«

»Zuhälter? Das ist mein Freund!«

Die Nutte prustete und rief zu den anderen: »Mädels, Lucas ist nicht ihr Zuhälter, sondern ihr Freund.«

Alle lachten oder lächelten. Bei einer Frau war so etwas wie ein Bedauern im Gesicht zu sehen. Später ging diese in auffälligem Rot gekleidete Hure zu Nancy und flüsterte ihr zu: »Hier stellt man keine neugierigen Fragen und nennt keine Namen. Sonst wirste hier nicht alt.«

»Ich dachte …«, begann Nancy.

Die Rotgekleidete fiel ihr ins Wort: »Dit lass hier mal besser sein. Hier haste zu spuren, und jut is. Sonst …« Sie reckte das Kinn. Unterhalb des Unterkiefers war eine lange Narbe zu sehen.

Nancy erschrak. »Wer …?«

»Lass mal sein. Und dass Lucas dein Freund is und dich hier beschützt, dit vergiss mal janz schnell. Der Clan hält die Hand über uns. Wenn das Schwein Lucas hier 'nen Euro nebenher machen will, dann hoffe ick für dich, dass das allet mit den Arabern abjesprochen is. Wat de sonst erleben kannst, dagegen is dat hier«, sie tippte auf ihre Narbe, »ein kleiner Kratzer.«

»Lucas ist kein Schwein. Er ist mein Freund. Und Abu …«

Die andere Hure ging einen Schritt zurück. »Biste blöde? Keene Namen. Und dit jibt noch welche, die da drüber sind und viel mehr zu sagen haben.« Sie entfernte sich. »Musst noch 'ne Menge lernen, wenn de hier überleben willst.«

Nur wenige Minuten später fuhr ein weißer SUV an den Straßenrand. Nancy bekam nicht mit, dass nun die anderen Frauen etwas zurücktraten und sonstwohin blickten. Die Scheibe der Beifahrerseite wurde hinuntergelassen und ein dicker Mann auf der Fahrerseite hatte Mühe, sich zur Beifahrerseite zu beugen.

»Du da«, befahl er, auf Nancy zeigend, »steig ein!«

Nancy ging an das Fenster. »Wie viel möchtest du denn springen lassen?«

Er schaute sie unverändert an. »Einsteigen, habe ich gesagt!«

Etwas in Nancy sagte ihr, dass sie das besser nicht tun sollte.

»Wenn de das Geld nicht brauchst, auch gut.« Er ließ die Scheibe hochfahren und ließ den Wagen langsam anrollen.

»Hey, hey, nicht so schnell mit den alten Pferden«, rief Nancy.

Der dicke Mann hielt an und ließ das Fenster auf halber Höhe geöffnet. »Oh, Pferdchen, das klingt gut!« Er schaute noch einmal zu Nancy. »Aber alt? Du scheinst mir hier das Fohlen auf dem Gnadenhof zu sein.«

Nancy konnte bei diesem Kompliment sogar wieder lächeln.

Die Rotbekleidete entschloss sich dennoch dazu, Nancy zu warnen. Diese aber sah das nicht und hüpfte in den SUV. Der Fahrer sah im Beifahrerspiegel die heraneilende rote Frau und startete das Fahrzeug mit quietschenden Reifen durch.

»Da hat's aber jemand eilig.«

Er lächelte. »Und ob …«

»Fahr da vorne rechts in die Nebenstraße …«

Der Mann reagierte nicht.

»Schön langsam! Wir müssen dann gleich wieder scharf links in den Durchgang …«

Der Dicke fuhr an der Nebenstraße zügig vorbei.

»Ey! Halt mal. So geht das aber nicht.«

»Fresse halten! Ich lass mir doch von den ganzen Büroschnöseln nicht beim Ficken zusehen.«

»Fährst mich aber zurück!«

»Klar doch.«

Wenig später parkte er das Auto an einem kleinen öffentlichen Parkplatz unter der auf diesem Abschnitt über ihnen fahrenden U-Bahn. Nancy war erleichtert, dass der Dicke sie nicht zu weit weggefahren hatte. Die Gegend hier machte aber keinen freundlichen Eindruck. Sogar den Berlinern war dieser Parkplatz zu abgelegen und dunkel, um da das eigene Fahrzeug abzustellen.

Der Mann griff auf den Rücksitz und holte ein dickes Hundehalsband mit Stahlkette hervor. »Anlegen!«, gebot er ihr.

Nancy traute ihren Augen nicht. »Wollen wir nicht erst über den Preis reden?«

Schon hatte sie, wie in letzter Zeit so oft, eine schallende Ohrfeige eingesteckt.

»Spinnst du?«

Schon klatschte die Hand wieder in ihr Gesicht. Der Dicke umfasste mit seiner fleischigen Hand Nancys Hals. Er spuckte sie an, als er ganz nahe kam und sie anschrie: »Anlegen, habe ich dir befohlen, du dreckige Straßenhure!«

Isabel überlegte sich, dass sie einen weiteren, aber gewiss letzten Versuch unternehmen würde, um Nancy zu erreichen. Zwar hatte Nancy sich nicht bemüht, sie zu treffen, aber wer weiß, wie dieser Lucas das hintertrieben hatte! Nancy selber hatte ihr nicht gesagt, dass sie nichts von ihr wissen wolle, das war nur dieser Lucas gewesen. Und auch zum achtzehnten Geburtstag waren es nur Lucas und ein weiterer Mann, die sie verfolgten. Nancy war an alldem nicht für sie erkennbar beteiligt. Und weshalb sie hinter ihr hergerannt waren und was sich dahinter verbarg, weshalb Lucas die Beziehung zwischen ihnen beenden wollte, all das würde sie doch in Erfahrung bringen. Dafür war sie nun einmal, wie sie war.

So rief Isi wieder einmal ihren Lieblingstaxifahrer an, mit dem sie sich im Verlauf der letzten Wochen immer weiter angefreundet hatte. Seinen Avancen widerstand sie nur schwer. Aber gut sah der schon aus. Auch wenn er viel älter war als sie. Der Psychotherapeut der Mutter würde in ihrem Hang zu älteren Männern sicher die Suche nach einem Vaterbild erkennen wollen.

»Och, ich bin grade fertich mit der Fahrerei und wollte mich aufs Ohr hauen.«

»Jetzt schon? Wie langweilig!«

»Haste mal auf die Uhr geschaut?«

»Stimmt, für ältere Herren ist es schon spät. In meinem Alter beginnt die Nacht jetzt erst richtig.«

»Wat soll dit heißen?«

»Nichts weiter. Wollte es nur mal so gesagt haben.«

»Irgendwann bekommst du noch mal eine auf deinen Hintern, meine Liebe.«

»Hui, da bekomme ich jetzt richtig Angst.«

»Wat hast 'n vor?«

»Ich wollte zu der Freundin in den Klub, von dem du damals gesagt hattest, dass es mal ein Bordell gewesen wär.«

»Habe ich nie gesagt.«

»Doch, hast du!«, rief Isi empört ins Handy.

»Nee, ich hab jesagt, dass das mal ein Puff war und dass das noch gar nicht so lange her ist.«

Isi stöhnte am Telefon »O Mann, eben ein Puff.«

»Ja jenau, das habe ich gesagt … aber warte mal, da kannst du nicht alleine hin. Die haben dich doch verfolgt.«

»Genau deshalb wollte ich ja auch, dass du mich hinfährst. Wie in einem Film mit einem Banküberfall. Ich da rein, und du wartest draußen mit laufendem Motor.«

»Verjiss es. Du jehst da nich alleene rin. Entweder gehe ich da alleine rein …«

»Du weißt doch gar nicht, wie Nancy aussieht.«

»Rote Haare, haste jesagt … Wenn du da überhaupt mit reindarfst, dann nur zusammen mit mir.«

»Wenigstens sind wir jetzt so weit, dass du mich fährst.«

»Muss es denn genau heute sein, Mädchen?«

»Ja!«

»Ich komme, muss ich aber erst noch zur Tankstelle fahren. Dit Pferd braucht Hafer.«

Nancy rannte mit blutender Lippe, ihre Highheels in der Hand haltend, die Straße entlang und dann auf dem Fußgängerweg. Der weiße SUV startete mit laut aufkreischendem Motor, parkte wie wild aus und fuhr hinter Nancy her. Schnell war das Fahrzeug auf Nancys Höhe. Der dicke Mann betätigte die Lichthupe, Nancy rannte weiter. Die kleinen Steine, der Schmutz und kleine Glasscherben hätten sie sonst daran gehindert, barfuß zu laufen. Jetzt jedoch hatte sie Angst um ihr Leben.

Der SUV-Fahrer fand eine Lücke und steuerte den Wagen auf den Fußgängerweg, um Nancys Fluchtweg zu blockieren. Als Nancy einfach hinter dem Fahrzeug vorbeilaufen wollte, sah sie noch kurz die weißen Rückfahrscheinwerter aufblitzen. Schnell wollte sie noch einen Satz nach vorne machen, um sich zu retten, jedoch erfasste sie das Fahrzeug mit der Stoßstange hinten links. Das Fahrzeug hielt sofort. Nancy jedoch flog auf die Kante des Bürgersteigs und schrie laut auf.

Der Mann stieg aus. Nancy rappelte sich auf. Ihre Schmerzen völlig vergessend, lief sie nun mit aufgeschlagenen Knien, Ellenbogen und Händen weiter. Das Blut tropfte weiter auf ihren Körper und die hellen gelben Sachen.

»Mach keinen Scheiß, du Nutte!«, rief der Dicke ihr hinterher, aufgrund seines Körpergewichts nicht in der Lage, Nancy zu folgen.

Nancy rannte nur noch.

Ein paar Autofahrer, meist männliche Personen, fuhren vorbei und schauten, als ob sie einen Geist gesehen hätten. Sie machten aber weder Anstalten, Nancy zu helfen, noch, Hilfe zu rufen. Nancy schaute jedes Mal panisch zu den Autos, weil sie Angst hatte, der Dicke würde sie weiter verfolgen.

Als sie eine Viertelstunde später da ankam, wo die anderen Prostituierten standen, liefen ihr die Rotbekleidete und noch eine andere Frau entgegen und halfen ihr, zurück in den Klub zu gelangen.

»Wie siehst du denn aus?«, schrie Lucas im vorwurfsvollen Ton, als er Nancy im Flur erblickte. »Biste untern Lkw gekommen? Mach nur keen Jewese im Klub.« Und an die beiden Frauen gerichtet: »Bringt sie hoch in das Zimmer neben Pinky!«

Aus Nancy brach es nun heraus. Sie begann zu heulen.

»Ach du Scheiße, so 'ne Flennerei. Hatse euch erzählt, was passiert ist?«

»Nee«, meinte die Rotgekleidete. »Aba da war wieder der Dicke, der Tracy vor 'nem Monat zusammenjeprügelt hatte.«

»Aba für ordentliche Kohle«, fuhr Lucas dazwischen und betrachtete Nancy. »So schlimm sieht dit doch jar nich aus. Wie viel hast 'n dafür bekommen?«

Nancy weinte noch lauter. Ihre Antwort war kaum verständlich. »… wolltest mich doch beschützen.«

»Bin doch kein Kindermädchen! Natürlich gucke ich! Wie viel hast 'n nu bekommen?«

»Nichts!«

»Dafür siehste aber wirklich ramponiert aus.«

»Lasst mich«, schrie sie die Mädchen an. »Ich gehe alleine hoch!«

Lucas nickte, die Frauen ließen Nancy los und sie begann zu schwanken. Schnell ergriff sie das Geländer und zog sich hinauf.

»Ick besorg dir Stoff. Danach geht's dir gleich wieda besser. Wirst sehen!«

Ein paar Minuten später stand Lucas mit einem kleinen silbernen Getränketablett im Zimmer. Nancy lag weinend im Bett. »Ich will das nicht mehr!«

Lucas kam ans Bett und streichelte ihren Kopf. »Is doch jut, meine Kleene.« Er holte ein kleines rotes Plastiktütchen mit einem aufgedruckten schwarzen Teufel hervor, riss es auf und schüttete das Pulver auf das mitgebrachte Tablett. Mit seiner Geldkarte formte er zwei kleine Linien und rollte einen Geldschein zu einem kleinen Röhrchen.

Nancy hörte auf zu weinen, setzte sich auf und zog eine Linie tief ein. Sie schloss die Augen und genoss die Wirkung. »Danke!«, hauchte sie.

»Nischt zu danken, Kleenes. Aber die Kohle dafür kommt uff deine Rechnung.«

»Was denn, schon wieder?«

»Schon wieda? Immer noch! Bin doch nicht die Heilsarmee! Wat denkst du, wie du das alles bezahlen willst? Für deine Schulden müsstest du dein janzes Leben Zeitung austragen.« Er machte eine kleine Pause. »Oder dich ein paar Monate aufm Strich ficken lassen.«

Sie riss trotz ihres Zustandes ihre Augen wieder weit auf. »Nein, um Himmels willen! Nein, nein, nein! Nie wieder!« Sie begann wieder, leise vor sich hin zu weinen.

Wie es Nancy mittlerweile schon oft widerfahren war, schlug Lucas ihr unvermittelt mit der flachen Hand ins Gesicht. »Bist wohl blöde, du Schlampe! Sag das nie wieder! Du gehst dich für Geld ficken lassen oder ich bringe dir bei, was Gehorsam ist.« Er ballte die Hand zur Faust und schlug zu.

»Los, komm hoch!«

»Was? Ich kann nicht. Ich kann nicht mehr …«

Lucas schubste Nancy zurück ins Bett und brüllte: »Du wartest hier.« Er stürmte aus dem Zimmer.

Nancy dachte bei sich, dass sie jetzt hier wegmüsse. Auf der Stelle! Sonst würde das Ganze ein böses Ende für sie nehmen. Sie quälte sich allein aus dem Bett. Jetzt spürte sie, wie sehr ihr ihre Fußsohlen, Knie und all ihre Verletzungen schmerzten. Taumelnd bewegte sie sich zum Stuhl, auf dem noch ein Pelzmantel lag, zog die roten Highheels wieder an und nahm, ohne sich über die Sinnhaftigkeit Gedanken zu machen, auch noch ein paar schwarze Stöckelschuhe mit.

Lucas hatte einen Kabelbinder, Schnur und Handfesseln dabei, als er in das Zimmer trat und feststellte, dass Nancy weg war. Er rannte hinunter und nahm den Weg zur Hintertür. Er sah Nancy gerade noch auf der Treppe, genau da, wo Abu ihn einmal hinuntergestoßen hatte, und rannte auf sie los.

Mit der Hand, in der er die Handschellen trug, schlug er ihr so auf den Hinterkopf, dass die Metallringe, die rechts und links herausschauten, auf den Schädel krachten. Nancy schrie auf und stürzte die letzten Stufen von der Treppe. Sogleich setzte er ihr mit einem Sprung hinterher und schlug mit beiden Fäusten auf die am Boden Liegende ein.

Sie schrie, krümmte sich und flehte: »Hör auf!«

»Wie denn? Du kannst hier nicht einfach abhaun! Soll ich für deine Schulden bestraft werden?«

Lucas zog sie an den Haaren halb hoch und zerrte sie zum Auto.

Inzwischen erreichten Isabel und ihr Freund, der Taxifahrer, die Vorderfront des Klubs. Die Schlange vor dem Eingang wurde in den Morgenstunden langsam kleiner.

»Schau mal nach einem Parkplatz! Wir gehen da rein.«

Der Taxifahrer drehte sich zur Seite. »Echt jetzt?«

»Natürlich! Jetzt, wo wir schon einmal da sind.«

»Wir können auch ganz schnell wieder weg sein.«

»Nein! Jetzt, wo wir hier sind, gucken wir auch nach Nancy!«, bestimmte das Mädchen. Der Fahrer sah, wie jemand auf ein Fahrzeug zuging und steuerte seinen Wagen dorthin. »Jedenfalls bekommen wir einen Parkplatz, wie es aussieht.«

Lucas legte Nancy auf dem Hof vor dem Auto die Kabelbinder um die hinter dem Rücken verschränkten Handgelenke und zog sie kräftig zu. Auf ihren Schrei »Aua!« schlug er ihr wieder mit der Faust ins Gesicht. Er öffnete den Kofferraum und stieß sie hinein. Nancy schlug mit dem Kopf an die Kofferraumklappe, wegen der Fesselung unfähig, sich zu halten. Sie lag halb im Kofferraum; die Füße baumelten noch draußen. Er packte die Füße und stopfte sie in das Auto. Als sie weiterschrie, nahm er seine verschwitzten Sportsocken aus der Tasche und stopfte sie Nancy in den Mund. Er stopfte sie so weit in den Rachen, dass Nancy ein starker Würgereiz überkam. Er nahm eine Schnur und wickelte sie zur Befestigung des Knebels um den Kopf. Als er damit fertig war, rief er: »Wir machen jetzt eine Spazierfahrt!«

Sie musste sich vor Ekel übergeben. Das Erbrochene spritzte durch die Nasenlöcher hervor. Lucas hatte Angst, dass Nancy damit seine Bekleidung beschmutzte, und ging einen Schritt zurück.

Nancy riss die Augen auf und schlug mit dem Kopf hin und her. Da Lucas die Sorge umtrieb, dass Nancy an ihrem Erbrochenen ersticken könnte, ging er wieder dicht an die Kofferraumklappe heran, löste den Strick, nahm sein Sport-T-Shirt und zog mit diesem seine stinkende Sportsocke aus Nancys Mund heraus. Er zog Nancy an ihrem roten Schopf so weit über den Rand, dass sie das Erbrochene ausspucken konnte.

»Pass auf, dass du mich nicht dreckich machst«, schrie er sie an.

»Bitte, bitte, nicht im Kofferraum. Ich bin auch artig.«

Er schaute sie skeptisch an. »Warum machste denn erst so ne Scheiße?«

»Tut mir wirklich leid.«

»Na los! Kommste eben mit nach vorn. Fahrn wa zusammen zum Jehöft.«

Nancy nickte. Er löste die Fesseln und zog sie aus dem Fahrzeug.

»Würd dich ja fast in den Arm nehmen. Stinkst aba janz schön nach Kotze. Wisch mal richtich sauba.«

Als Lucas mit seinem BMW den Hof verließ, sah Isi ihn sofort.

»Nicht aussteigen«, rief Isi.

»Wat denn nu?«, wollte der Taxifahrer wissen.

»Da ist ihr Freund, dieser Lucas, mit seinem BMW.«

Der Taxifahrer schaute ins Auto. »Sieht aber aus, als ob er alleine wäre.«

Das Fahrzeug fuhr an ihnen vorbei.

»Nein! Da saß Nancy drin. Nur sehr tief in den Beifahrersitz gerutscht. Hat sogar so etwas wie einen Pelz an.«

»Und nu?«, wollte der Taxifahrer wissen.

»Hinterher!«

»Das war aber so nich jeplant«, protestierte der Mann.

»Jetzt sei mal ein bisschen spontan«, forderte Isi.

Der Taxifahrer startete wieder sein Auto und folgte dem BMW.

In Berlin war es um diese Uhrzeit noch relativ einfach, an einem anderen Fahrzeug dranzubleiben. Zweimal musste der Taxifahrer bei gerade auf Rot umgeschalteter Ampel über die Kreuzung fahren. Er kannte die Blitzerampeln in Berlin. Dann fuhr der BMW jedoch die Bundesstraße 1 in Richtung Osten.

»Lass ihn nicht verschwinden!«, meinte Isi im Morgengrauen.

»Ick bleib schon dran. Aber der sieht doch jenau die Scheinwerfer. Wenn ick da zu dicht dran bin, bekommt der sofort mit, was Phase is.«

Das Mädchen schaute den Mann von der Seite an. Weshalb wollte sie seinen Angeboten widerstehen? Er sah gut aus, drängte sie nicht und war für sie da, wenn sie ihn brauchte. Das war mehr, als die meisten Frauen hatten.

Er bemerkte ihren Blick. »Wat is 'n?«

»Ich wollte nicht widersprechen. Du hast ja recht. Ich möchte auch nicht, dass der uns bemerkt ... Ist aber auch wirklich eine blöde Zeit. Sonst ist die Straße hier sicher voll von Polen, die nach Berlin fahren.«

»Biste hier noch nich jewesen?«

»Nein. Was sollte ich hier?«

»Hier jibt es wunderschöne Gegenden und Seen«, schwärmte er.

»Ob der sie irgendwo in den Osten hin verkaufen will?«

Er warf ihr einen kurzen Blick zu. »Du siehst zu viele Krimis.«

Sie lächelte ihn an. »Und du glaubst zu sehr an das Gute im Menschen. Der da«, sie wies mit der Hand in Richtung des BMW, »ist kein ... Pass auf! Der biegt ab, ohne zu blinken.«

»Scheiße! Da hat er uns vielleicht bemerkt!«

»Was sollen wir jetzt machen?«

»Hinterher! Jetzt sind wir schon so weit jefahren, fast in Polen, und der biegt ab nach Süden.«

»Was ist denn da?«

»Die Straße führt in Richtung Frankfurt an der Oder.«

»Zum Glück warst du vorher noch mal tanken.«

Er strahlte über das ganze Gesicht. »Hab ick doch gleich jesagt.«

Sie strahlte zurück. »Niemand mag Klugscheißer!«

Er griff hinüber nach rechts und ergriff ihre Hand. »Bin doch ein netter Klugscheißer.«

Sie fuhren, sich die Hände haltend, noch ein paar Kilometer.

»Das erwartet man hier nicht«, sagte Isi in die innige Stille.

»Wat 'n?«

»So eine Senke, fast ein Tal, und das hier auf dem flachen Land, und dann unten ein Dorf.«

Der Mann lächelte. »Haste mal dit Ortsschild nich jelesen?«

»Nein.«

»Dann mach mal, wenn wa rausfahren.«

»Gib Gas! Die blöden Hügel und Kurven hier!« Sie schaute auf das Ortsausgangsschild: »Georgenthal«. »Bitte«, flehte sie, »gib richtig Gas! Wer weiß, was er mit ihr anstellt, wenn er sie so weit rausschleppt.«

»Jetzt geht aber deine Fantasie mit dir durch!«

Lucas bremste stark ab. Nancy, die inzwischen eingeschlafen war, wurde in den Sicherheitsgurt geschleudert. Scharf bog er auf die schmale Dorfverbindungsstraße nach rechts ab und lenkte gleich wieder gegen. Die Lenkbewegungen übertrieb er dabei absichtlich, um Nancy zu zeigen, wer hier das Sagen hatte. Auf dem Weg zu seinem Ziel ließ er rechts und links ein paar einzeln stehende Gehöfte liegen. An einem kleinen Feldweg bog er nach links. Die Vorstellung, schnell über die Schlaglöcher zu fliegen und die blöde Kuh so richtig durchzuschütteln, gefiel ihm. Das konnte er jedoch seinem Auto nicht antun. Sein Gesicht verfinsterte sich bei dem Gedanken daran, was Abu mit ihm anstellen würde, wenn er das Auto nicht pfleglich behandeln würde.

Statt den BMW vor dem Tor des Gehöftes ausrollen zu lassen, trat er nochmals kräftig auf die Bremse.

Er nahm die dicke, schwergliedrige Metallkette vom Tor und fuhr das Auto eingedenk der Waffenschieber, die ein Hoftor mit besserem Sichtschutz wünschten, so auf den Hof, dass es von der Straße nicht zu sehen war.

Er öffnete die Beifahrertür. »Los, schnall dich ab!«

»Was wollen wir denn hier?«

»Wirste gleich sehen.«

Grob fasste er Nancys Oberarm, zog sie nach draußen, zerrte an ihrem Oberkörper und stellte sie auf die Füße, die ihr gleich wieder nachgeben wollten.

»Mach mal nich schlapp. Dit jeht erst richtich los.«

Er griff sich seine Sachen und ging mit ihr in das Haus. Ihre Handgelenke taten ihr von der Fesselung mit dem Kabelbinder noch weh.

»Was wollen wir denn nun hier?«

»Hier bleibste, biss de nich mehr so stur bist und wieder uff den Strich jehst.«

Sie wurde lauter »Das will ich aber nicht mehr. Und weh getan hast du mir mit den Kabelbindern auch.«

»Das war noch ja nischt zu dem, was dich jetzt erwatet.«

»Lass den Scheiß!«, rief sie.

»Hier kannste schreien, so viel du willst.«

Nancy hielt die Hände nach vorn und betrachtete die Stellen, an denen die Kabelbinder sich in das Fleisch geschnitten hatten.

»Hätte alles nich sein gemusst. Du darfst nich so störrisch sein.«

Nancy wiederholte ihre Frage: »Was machst du hier mit mir?«

Ohne zu antworten, reichte er ihr eine Flasche Wasser. »Hier, trink einen Schluck!« Für die Mädchen, die hier auf dem Gehöft umgeladen wurden, hatte er Wasser und Toilettenpapier besorgt. Mehr brauchten die nicht. Wenn Wartezeit zu überbrücken war, schloss er sie unten in die feuchten, dunklen Kellerräume ein. »Geh noch mal pissen, wenn de musst.«

Ein paar Minuten später setzte er sie an die Gitterwand des Bettes, entkleidete sie, zog ihre Arme durch die Gitter und befestigte die Handschellen an den Handgelenken.

»So kann ich aber nicht schlafen.«

Er lachte und äffte sie nach. »So kann ich aba nich schlafen. Denkste, dit interessiert mich? Ick haue jetzt wieda ab. Mal seh'n, ob ich's schaffe, in den nächsten Tagen vorbeizugucken. Du bleibst hier, biste mich anbettelst, wieda uffn Strich zu jehn.«

Sie schüttelte den Kopf. »Aber das kannst du doch nicht mit mir machen.«

»Und ob ich kann.«

»Ich liebe dich doch.«

Er lächelte böse. »Ich dich ooch, Baby. Wat ick hier machen muss, tut mir mindestens so weh wie dir.«

»Warum machst du es dann?«

»Du hast viel Zeit, drüber nachzudenken. Vielleicht bringe ich ooch 'n paar Tschetschenen mit. Die kennen sich aus damit, wie man Nutten jefügig macht.«

»Lass mich nicht alleine!«

Schon an der Tür, drehte er sich noch mal um zu ihr. »Jut, ich lass die Haustür offen. Vielleicht bekommste dann Besuch. Ich würde an deiner Stelle nich so laut schrein. Sonst spricht es sich bei den Bauern der Gegend herum, dass hier eine ans Bett gefesselt ist, die es braucht. Ein paar Wolfsrudel sind hier auch unterwegs. Die riechen deine Wunden von Weitem.«

Als Lucas vor dem Haus stand, fuhr auf der Dorfverbindungsstraße ein Auto vorbei. Es war das erste Mal, dass er hier ein Auto entlangfahren sah.

»Da ist keiner mehr vor uns!«, rief Isi aus. »Los, zurück!«

Schweigend wendete der Fahrer.

»Vielleicht da rein?« Er deutete mit der Hand nach links.

»Na los. Kann auch jede andere Einfahrt gewesen sein.«

»Jo. Aber mit einer müssen wir anfangen.«

Sie hielten an den ersten Gehöften, stiegen aus und nach fruchtloser Suche wieder ein.

»Fahren wir einfach mal weiter. Der kann ja sonstwo sein.«

Nach erfolgloser Suche fragte Isi zweifelnd: »Ob wir zur Polizei sollten?«

»Wat willste denen denn sagen? ›Meine Freundin Nancy ist mit ihrem Freund hier in die Pampa gefahren und ich befürchte, dass er ihr etwas antut.‹«

»Verdammt, ich weiß ja selbst, dass das alles sehr dünn ist. Aber jetzt stell dir mal vor, dass da gerade ganz was Schlimmes geschieht.«

Angekettet

Nancy versuchte, ihre durch die Handschellen am Bettgestell fixierten Arme irgendwie aus der Zwangshaltung zu befreien. Als die Schultergelenke dadurch immer mehr schmerzten, hörte sie mit diesen Versuchen auf. Die mit den Handschellen gefesselten Handgelenke versuchte sie so wenig wie möglich zu bewegen, da sie seit der Fesselung mit den Kabelbindern quälend schmerzten. Wie sollte sie das in dieser Haltung hier aushalten?

Schon nach ein paar Stunden glaubte sie, von den Schmerzen in den Schultern, Armen und Händen verrückt zu werden. Sie hatte Hunger und Durst, war müde und wusste nicht, wie spät es war. Ihr Kopf nickte vor Müdigkeit nach vorne, um gleich wieder hochzuschnellen. In dieser Haltung konnte sie nicht schlafen.

Während sie in den ersten Stunden noch über Lucas fluchte und ihn verwünschte, überlegte sie beim Eintritt der Dunkelheit, ob sie diese Situation nicht hätte verhindern können, indem sie sich Lucas und ihrem Schicksal ergeben hätte.

In der Nacht wurde ihr kalt. Die Blase drückte. Wenn sie jetzt Wasser lassen würde, müsste sie weiter darin sitzen.

Sie hielt ein. Der blöde Pelzmantel hing links neben ihr über dem Ende des Bettes. Lange würde sie es nicht mehr so aushalten. Die Handgelenke schmerzten von den Handschellen. Sie hatte das Gefühl, dass die sich bis auf ihre Knochen durchgefressen hatten.

Sie wollte sich zwingen, strukturiert an bestimmte Sachen zu denken. Das war aber nicht möglich. Weshalb hatte sie sich dem letzten Kunden so widersetzt? Vielleicht wäre es gar nicht so schlimm gewesen, die Hundeleine anzulegen. Es war nur ihre blöde Angst, diesem feisten Typen dadurch noch mehr ausgeliefert zu sein, als sie es ohnehin schon gewesen war.

Dann begann sie zu weinen. Sie fiel in eine Art Dämmerzustand.

Warum verging die Zeit nicht? Wenn sie einmal schnell vergehen sollte, dann klappte das nicht. Die Blase drückte und drückte. Irgendwann merkte sie nicht mal mehr, dass die Blase sich leerte. Das war ihr jetzt auch egal. Immer wieder fiel der Kopf nach vorne. Wie gerne würde sie sich jetzt einfach nur auf dieses Bett legen und schlafen!

Isabel und der Taxifahrer hatten ihre Suche unverrichteter Dinge abbrechen müssen. Sie fuhren zurück nach Berlin und entschieden, nochmals beim Klub nachzuschauen. Sie kamen nun aus der Richtung der Straße, wo sonst die Prostituierten standen.

Die Nacht hatte nur eine der Frauen am Strich übrig gelassen.

»Die hat noch nich zusammen für den nächsten Schuss«, erklärte der Fahrer.

Isi schaute im Vorbeifahren hin. »Nein, so heruntergekommen sieht die nicht aus. Wer weiß, was sie hier noch macht!«

»Ich gloobe, die stehen hier mittlaweile rund um die Uhr.«

Beide staunten nicht schlecht, als sie den blauen BMW am Klub wieder auf dem Hof stehen sahen. Der Klub selbst war noch geschlossen, weshalb es jetzt aus ihrer Sicht wenig Sinn machte, dort nach Nancy forschen zu wollen.

»Pass auf, die beiden liegen in der Kiste und ruhen sich von der nächtlichen Spritztour aus und wir … wir ham uns die janze Nacht um die Ohren gehaun. Ich gloobe, dass du Jespenster siehst.«

Isi schüttelte energisch den Kopf. Ihre blonden Haare flogen. »Das passt alles nicht zusammen … Wie der mich verfolgt hat, dass die nach einer langen Nacht zusammen fast bis zur Grenze fahren und dann gleich wieder hier sind …«

»Vielleicht ham die jeschmuggelte Ware übernommen und hierherjebracht.«

Sie blinkerte ihn mit ihren blauen Äuglein an. »Wer sieht jetzt Gespenster? … Komm, bring mich nach Hause!«

Als er sie vor der wie häufig verlassenen Villa ihrer Eltern aussteigen ließ, ging er um das Auto und wollte sie küssen. Sie drückte ihre kleine Hand vor seinen Mund. »Nein, nicht hier! Komm mit …« Sie nahm ihn an die Hand und zog ihn ins Haus …

Stunden später schmiedeten sie einen Plan. Die nächsten Tage hatte er frei, und sie nahmen sich vor, in der Nacht wieder zum Klub zu fahren. Er meinte, dass sie zunächst im Klub nach Nancy fahnden sollten; sie meinte, gleich wieder dem blauen BMW zu folgen, alles andere würde nur zu viel Aufsehen erregen. Ohne sich auf eine der Varianten festgelegt zu haben, schliefen beide ein.

Letztlich entschieden sie sich für Isabels Variante und beobachteten aus dem Wagen von Isabels neuem Freund den blauen BMW auf dem Hof des Klubs. Die Zeit des Wartens vergingen den Liebenden wie im Flug. Nach stundenlanger Beobachtung des BMW fuhr dieser tatsächlich in den frühesten Morgenstunden vom Hof und nahm den gleichen Weg wie am Vortag.

Isi erkannte es sofort: »Der ist alleine im Auto.«

Spaßig erwiderte er: »Vielleicht hat er sie im Kofferraum eingesperrt.«

Sie schaute ihn skeptisch an. »Los, fahr los! Fahr ihm hinterher! Weißt du, dass das in dieser Situation nicht mal zu weit hergeholt ist, was du da sagst?«

Er fuhr los. »Du bist ja verrückt! Aber auch dafür liebe ich dich! So eine Freundin wie dich muss man erst mal finden. Nancy kann froh sein, dass es dich gibt.«

»Wird das jetzt nicht zu auffällig, wenn wir ihm folgen?«, fragte Isi.

»Mag sein«, meinte ihr Freund und bog in eine andere Straße ab als der BMW. »Wir müssen aber nicht hinterherfahren. Jedenfalls nicht die ganze Strecke. Der fährt doch, als ob er alle Zeit der Welt hätte. Ich fahre ein paar Schleichwege und gebe hinter Berlin etwas Gas. Da müssen wir nur in Rüdersdorf und Müncheberg aufpassen. Da gibt es mehr Wildschweine als Menschen. Wenn wir uns sicher sind, dass er nicht mehr vor uns sein kann, schleichen wir ab Müncheberg und lassen uns von ihm überholen.«

Isi war skeptisch. »Hoffen wir, dass es klappt.«

Lucas fuhr die gewohnte Strecke zum Bauernhof in den Kreis Märkisch-Oderland. Zwischen Müncheberg und Georgenthal sahen Isi und ihr Freund den BMW im Morgengrauen hinter sich ankommen und ließen sich kurz vor der Stelle, wo sie ihn am Tage zuvor aus den Augen verloren hatten, von ihm überholen.

»Schau mal, der blinkt rechts«, rief Isi, »da sind wir doch gestern auch reingefahren.«

»Genau!«, bestätigte der Freund. »Jedenfalls fühlt er sich nicht verfolgt.«

»Woher willst du das wissen?«

»Dann hätte er uns dichter rankommen lassen, nach links geblinkt und getan, als ob er da den Weg reinmöchte, gewartet, dass auch wir links blinken, und wäre nach rechts eingebogen. Da hätten wir alt ausgesehen.«

Isi blickte ihren Freund skeptisch von der Seite an. »Jetzt bist du aber derjenige, der zu viele Krimis schaut.«

»Nö! Aber was denkst du, wie oft ich in all den Jahren schon jemanden verfolgen musste!«

Isi erwiderte spöttelnd: »Ja klar, da springen die Gäste immer in dein Taxi und sagen: ›Folgen Sie dem Fahrzeug vor uns!‹« Sie lachte.

Er wandte sich zu Isi und erklärte: »Du bist ja ooch so ein Fall.«

»Pass auf, sonst ist er wieder weg!«

»Wo will der denn hin, hier in der Pampa?«

Als Lucas nach links fuhr, in Richtung des Gehöfts, entschied der Verfolger: »Da können wir jetzt aba nich hinterher. Ich fahre weiter.«

Lucas fuhr bis vor das verschlossene Tor. Als er das Vorhängeschloss mit der langen Kette vom Tor abwickelte, hatte er eine Idee. Er steckte sie nicht wie sonst durch die Gitterstäbe, sondern legte sie auf den Boden des Autos, fuhr sein Fahrzeug auf den Hof und schob die Torflügel einfach zusammen, ohne sie abzuschließen.

Er nahm die Kette und das Schloss aus und ging in Richtung Haus.

»Hallo, Baby, ich bin wieder zu Hause!«, rief er freudig, als ob nichts gewesen wäre.

Nancy war nicht in der Lage, sich zu ihm zu drehen oder ihn zu begrüßen.

Im Zimmer mit dem Bett ließ er krachend die Kette mit dem Schloss auf den Boden fallen.

»Hui, da freue ich mich ja, dass ich die Schlüssel für die Handschellen nicht vergessen habe.«

Er ging zum Bett, zog Nancys Arme nach hinten und schloss die Handschellen auf.

Die Rötungen um die Handgelenke sahen entzündet aus. Nancy zog langsam die Arme durch die Gitterstäbe des Bettes und ließ sich nach vorne fallen. Sie blieb so liegen.

»Da hat ja mein Baby eingepisst! Du kleines Schweinchen!« Er schlug ihr auf den Hintern. »Könnte dich trotzdem gleich ficken.«

Sie reagierte nicht.

»Ich hole dir wat zu trinken.«

Nancy nickte kaum merklich.

Er kam mit einer Wasserflasche in der Hand und reichte sie ihr. Nancy richtete sich auf und trank hastig.

»Hast du nichts vergessen?«, erkundigte sich Lucas.

Sie blickte ihn mit einem leeren Blick an und flüsterte kaum hörbar: »Danke!«

»Siehst du. Es geht doch! Ich muss doch jar nich böse zu dir sein.«

Sie wiederholte wie in Trance: »Nicht böse sein.«

Isis Freund fuhr das Auto weiter bis zum Ende eines Feldes und hielt vor einem Waldrand. »Was machen wir jetzt?«

»Erst mal abwarten«, schlug sie vor und ergriff wieder seine Hand. »Wenn er hier wirklich nur etwas geholt hat, dann kommt er sicher gleich wieder.«

»Wollen wir ihm dann wieder folgen? Das macht wenig Sinn.«

Fröhlich lächelte sie ihn an. »Ja, das würde wenig Sinn ergeben. Dann sollten wir uns mal auf dem Gehöft umsehen.«

»Und … wenn er da jetzt drinbleibt?«

Entschlossen meinte sie: »Dann sehen wir nach, was er da macht.«

»Habe ich dir heute schon gesagt, dass du verrückt bist?«

»Ich hole was, um dich sauber zu machen.« Lucas ging und holte noch ein paar Wasserflaschen und Lappen, um Nancy damit abzuwischen. Er gab Nancy noch einen Schluck zu trinken und begann, scheinbar liebevoll ihre Wunden zu säubern und den Schmutz von den Füßen, Händen und dem Körper zu wischen.

»Das war die schlimmste Nacht meines Lebens«, flüsterte sie.

Lucas nickte langsam und bewegte beim Reinigen seine Hände immer zärtlicher auf ihrem Körper.

»Mach so etwas bitte nie wieder!«, flehte sie.

Er gab keine Zeichen der Zustimmung und berührte sie weiterhin zärtlich.

Sie freute sich über seine Nähe und die wiedergefundene Zuneigung. Sanft umarmte sie ihn und er drückte sie auch zärtlich.

»Mir ist kalt und ich habe Hunger.«

Lucas griff zu der Pelzjacke, die über dem Bett hing, und legte sie ihr über.

»Da muss noch wat in de Küche sein. Wenigstens Kekse oder so wat.« Er ging in die Küche.

Als er wiederkam, lag Nancy schlafend im Bett.

»Willst du das Auto wirklich hier stehen lassen?«

Isis Freund lachte. »Dir ist der Weg bis zum Haus zu weit, was?«

»Püh!«, erwiderte sie schnippisch, warf ihren Kopf energisch herum, dass ihre blonden Haare nur so flogen, und stiefelte los.

»Warte! Wir sollten aber nicht die Zufahrt nehmen. Die ist zu gut einsehbar.«

Isi blickte sich um. »Na ja, das Gehöft ist von Feldern umgeben. Da sieht man uns auch schon von Weitem.«

»Hast recht. Auf dem Weg können wir wenigstens dicht entlang der Apfelbäume … Weißt du, ob der eine Waffe hat?«

»Keine Ahnung. Ausgeschlossen ist das wohl nicht.«

Lucas versuchte, Nancy zu wecken, rüttelte an ihren Schultern und rief: »Hier, was zum Futtern!«

Nancy reagierte nicht.

»Ey, Baby, du bist nicht zum Pennen hier.«

Wieder reagierte sie nicht. Er schlug mit aller Kraft auf ihren Po.

»Aua! Nicht so doll«, raunte sie.

Noch einmal klatschte es durch das Haus, als seine Hand die gleiche Stelle traf. Nun war sie wach. »Was soll das?«

»Dreh dich um«, forderte er, »meine Eier explodieren gleich, ich brauch was zum Ficken.«

Sie drehte nur den Kopf zu ihm. »Muss das jetzt sein?«

»Sicha! Dann bleib eben so liegen. Steck ich ihn eben von hinten rein.« Er zog sich die Hose herunter und bestieg sie.

»Ach du Scheiße!«, flüsterte Isis Freund und tauchte vom Fenster ab. »Die vögeln sich hier die Seele aus dem Leib, und du machst dir Sorgen, dass deiner Freundin etwas angetan wird.«

»Echt?«, fragte sie zweifelnd.

»Kannst ja gucken!«

»Bin doch keine Spannerin!« Sie schüttelte den Kopf und murmelte: »Ich wollte doch nur helfen.«

»Siehst du«, erklärte Lucas, von Nancy steigend, zufrieden, »genauso machst du das mit den Kunden.«

»Hä?«

»Du musst die Freier nicht lieben. Lass dich einfach besteigen und kassier die Kohle.«

»Das möchte ich aber nicht!«

Er glotzte sie an, als wäre sie von einem anderen Stern. »Ich dachte, dit ham wa jetzt durch.«

Sie schüttelte den Kopf. Er griff fest in ihre Haare und riss den Oberkörper hoch. Sie schrie auf.

»Kapierste dit denn nich? Jetzt muss ich dich wieder erzieh'n! Warum machst 'n so 'n Scheiß!« Er zerrte sie vom Bett. Geschwächt, wie Nancy war, folgte sie ihm. Auf dem Weg in das kahle Nebenzimmer hob er seine Sporttasche, die schwere Torkette und das Schloss auf.

Leise fragte sie: »Was hast du vor?«

Er warf sie im anderen Zimmer so kräftig auf den Boden, dass sie wieder aufschrie. Als sie sich auf den Boden gesetzt hatte, nahm er die Kette und wickelte sie unter ihrer flehenden Bitte, dass er es sein lassen solle, fest um ihre Handgelenke. Anschließend nahm er einen Kabelbinder und zog ihn dicht an den Handgelenken so durch ein paar Kettenglieder, dass die Kette nicht mehr ihre Haut berührte. Das andere Ende der Kette zog er durch das Zimmer, wickelte es um den Heizkörper und befestigte es mit dem Schloss.

Zufrieden betrachtete er sein Werk. »Hier verbringst du die nächste Nacht!«

Ungläubig sah sie zu ihm auf und rief, dass er das nicht machen könne.

»Ick gloobe, ick hab 'n Déjà-vu oda wie man da sacht. Weeste, Baby, solange du nich mitspielst, bleibste hier anjekettet. Du machst es mir wirklich schwer, nett zu dir zu sein. Und wenn es nach dieser Nacht nicht klappt … wir ham ja noch den Kella, wo ick die Nutten einsperre, die hier auf Durchreise sind. Da is et aba nich so warm und die Spinnen da unten …«

Wieder begann Nancy zu weinen und flehte: »Mach das nicht!«, und rief mit fast erstickter Stimme »Hilfe!« hinterher.

Befreiung

Isi und ihr Freund stritten sich leise darüber, ob das, was sie da nun im Haus seit dem Schrei beobachtet hatten, nun einvernehmlich war oder gegen Nancys Willen geschah.

»Und wenn sie es nun etwas härter mögen?«, wandte der Freund ein.

Isabel funkelte ihn mit den Augen an. »Du bekommst es von mir gleich härter!«

Er glotzte verständnislos.

»Los, ruf die Polizei!«, forderte Isi.

»Mach du mal, ich kann dis so schlecht erklären.«

Isi schüttelte den Kopf. »Männer! Gib dein Handy«, befahl sie, »ich brauche beide.«

Stumm übergab er ihr sein Handy.

Sie prüfte die Geodaten des Standortes auf dem Handy ihres Freundes und rief die 110 an. Sie ließ wissen, dass gegenwärtig eine Freundin von einem Zuhälter in dessen Gewalt genommen und an den Ort hier verschleppt worden sei. Der stehe mit einem blauen BMW vor der Tür. Sie selbst habe gerade Schreie aus dem Haus gehört und gesehen, wie der Täter das Opfer an den Haaren nackt durch das Haus geschleift habe. Die Frau sei an eine schwere Metallkette gefesselt und sie, die Anruferin, befürchte nun das Schlimmste. Der Täter könne auch bewaffnet sein. Nach ein paar kurzen Rückfragen und dem Hinweis des Polizisten, dass sie selbst nichts weiter unternehmen und sich schützen solle, wurde das Gespräch mit der Bemerkung beendet, dass Kollegen gleich vor Ort sein würden.

Isi und der Taxifahrer gingen an die Seite des Hauses, sodass Lucas sie auch dann nicht sehen konnte, wenn er aus dem Haus käme. Aus ihrer Sicht verging die Zeit nicht.

Der Freund fragte: »Vielleicht haben die es vergessen.«

Isi schaute ihn mit ungläubigem Blick an. »Meinst du das im Ernst?«

Der Freund schüttelte den Kopf.

»Schau mal auf die Uhr!«, forderte sie.

»Na ja, immerhin schon sechs Minuten her seit dem Anruf.«

Isi ließ ihren Blick über das Land schweifen. »Was denkst du, wo die hier herkommen sollen!«

Nach einer Viertelstunde verließ Lucas das Haus. Isi und ihr Freund zogen sich noch ein Stück weiter hinter das Haus zurück, um nicht gesehen zu werden. Aus dem Haus hörten sie Nancy rufen, dass er sie nicht allein lassen solle.

»Dann bekommen sie ihn doch nicht«, fluchte Isi.

»Weshalb nicht? Mit unseren Angaben zum Fahrzeug und dem, was du über den Klub weißt ...«

»Der wird sich doch rausreden. Der behauptet noch, dass Nancy das so wollte. Und wer weiß, ob sie dann nicht sogar mitspielt!«

»Aber das scheint mir zu spät, wenn er jetzt weg ist ...«

»Was macht ihr denn hier?«, brüllte Lucas, mit einer Eisenstange in der Hand. Aus dem Haus drang noch ein leiser Hilferuf.

Beide schreckten zusammen.

»Los, langsam vors Haus kommen«, befahl Lucas. »Sonst werde ich euch hiermit totprügeln und in die Jauchegrube schmeißen. Da findet euch nie wieda jemand.«

»Mal langsam ...«, wollte Isis Freund ansetzen.

Erst jetzt erkannte Lucas Nancys Freundin. »Was schleichst du denn hier herum?«

»Los, lass Nancy frei!«

»Was für eine Nancy?«

»Du bist ja noch blöder, als ich gedacht habe«, schrie Isi ihn an. »Überlege doch selbst, was wir hier machen.«

»Runter vom Grundstück! Sofort! Ihr habt hier nichts verloren.« Lucas hob bedrohlich die Eisenstange. »Ich kann euch hier totprügeln, wie ich will. Hier draußen treibt sich so oft so 'n Pack rum, da darf man schon mal ein wenig härter zuschlagen, wenn man Diebe erwischt.«

Jetzt fasste auch Isis Freund wieder Mut. »Wem willst 'n das erzählen, wir und Diebe!«

»Das sieht man denen eben nicht gleich an.« Er strahlte die Eisenstange an. »Wenn ich erst mal fertig bin mit euch beede, dann seht ihr schon aus wie Dreckspack.«

Isi trat ein wenig zur Seite. »Und das willst du vor den Augen der Polizei machen?«

»Du denkst aba ooch, ick bin wat blöde, wa?«

Isi nickte.

»Du verzogne kleene, reiche Göre. Ick dreh mich um und ihr haut ab oda ihr schubst mich. Ich könnte mich bepissen vor Lachen.«

Der erste Wagen der Polizei, ein Mannschaftswagen, ließ kurz das Sondersignal aufheulen.

Das war ein Umstand, der Lucas dazu veranlasste, kurz und laut das Wort »Scheiße« auszurufen, jedoch nicht die Eisenstange aus der Hand zu legen. Er drehte sich nur für einen kurzen Augenblick zu der heranrückenden Kavallerie um.

Die ersten Polizisten sprangen mit Schutzbekleidung aus dem Mannschaftswagen und öffneten das nur angelehnte Tor. Beide Fahrzeuge fuhren auf das Grundstück, während die Polizisten, die das Tor geöffnet hatten, auf Lucas zurannten.

»Die Eisenstange auf den Boden, sofort!«, forderte einer der Polizisten.

Da Lucas ihnen immer noch mit dem Rücken zugewandt war und die Stange weiter in der Hand hielt, rief der zweite Polizist nur noch »Los, runter damit!« hinterher.

Lucas war mit der Situation augenscheinlich überfordert. Man sah förmlich, wie er überlegte, wie heil da herauskommen konnte.

Die beiden Polizisten näherten sich zügig von hinten. Einer der Beamten trat Lucas in die Kniekehle des Standbeines. Lucas fiel nach vorn und ließ die Eisenstange aus der Hand gleiten. Der Polizist setzte nach, landete auf Lucas Oberschenkel und drückte dessen Gesicht tief in den ungemähten Rasen. Zu Lucas' Nachteil war die Stange genau auf der Höhe gelandet, auf der nun seine Stirn zu liegen kam. Als er anfing zu schreien und herumzuzappeln, drückte der Beamte das Gesicht so tief in den Boden, dass Lucas Erde zwischen seine Zähne bekam.

»Keine Sperenzien, Bursche, sonst gibt es richtig Ärger«, mahnte der Polizist, drehte Lucas' Arme auf den Rücken und drückte die Handfesseln so fest zu, dass Lucas ein unterdrücktes Stöhnen entfuhr.

»Möchtest du ein Taschentuch für die Tränchen?«, spottete der Polizist, während er und sein Kollege Lucas auf die Beine stellten. Sein Gesicht war mit Erde und Blut verschmiert. Sie führten ihn zum Mannschaftswagen.

Der Einsatzleiter wandte sich mit der Frage, ob noch jemand im Haus sei, an Isabel und ihren Freund. Jetzt, wo wieder etwas Ruhe eingetreten war, konnte man Nancys Hilferufe wieder lauter hören.

»Nur meine Freundin«, rief Isi. »Er hat sie angekettet.«

Der Polizist nickte und lief in das Haus, den Hilferufen entgegen.

Nancy sah den ersten Polizisten und wurde sich der Situation bewusst. Sie senkte vor Scham ihren Kopf.

Der Einsatzleiter schaute sich kurz um, sah das Schloss und lief wieder nach draußen, hin zum Mannschaftswagen, in dem Lucas schon saß.

»Den Schlüssel her!«, forderte er von Lucas.

»Wat für einen Schlüssel denn?«, fragte Lucas mit schmutzigem Lächeln zurück, das zu seinem mit Blut und Erde verschmierten Gesicht passte.

»Aussteigen!«, forderte der Polizist eindringlich.

Als Lucas gerade im Begriff war auszusteigen, gab ihm der im Mannschaftswagen sitzende Polizist einen Stoß, sodass Lucas vor dem Fahrzeug im Dreck landete. Der Einsatzleiter durchsuchte die Taschen.

»Das dürfen Sie nicht!«, rief der auf dem Bauch Liegende.

»O doch! Gefahr im Verzug!«

»Sie wollen doch nur an meinem Schwanz rumfummeln!«

Und wieder landete Lucas' Gesicht tief im Dreck und wurde dort von einer kräftig auf den Hinterkopf drückenden Hand fixiert.

Der Einsatzleiter fand den Schlüssel des Vorhängeschlosses in der rechten Hosentasche, ging mit einer Decke in das

Haus und befreite Nancy aus ihrer Lage. Lucas hatte keine Möglichkeit mehr, sie dahingehend zu beeinflussen, was sie nun zu tun oder zu lassen und insbesondere, was sie gegenüber der Polizei zu sagen hatte. Sie war glücklich über ihre Befreiung und erzählte, was ihr widerfahren war.

Lucas hingegen schilderte gleich vor Ort und auch bei seinen späteren Vernehmungen, dass alles mit Nancys Einverständnis geschehen sei.

Wie weiter?

Nancy wusste nicht mehr wohin und wandte sich mehr aus Verzweiflung denn aus wiedergefundener Familienliebe wieder an ihre Mutter. Die Mutter freute sich, wieder eine Tochter zu haben; was ihre Tochter ihr an den Kopf geworfen hatte, war vergessen, so wie alle Mütter dieser Erde ihren Kindern fast alles verzeihen.

Für Nancy war aber nichts mehr wie früher. In der Schule wollte sie sich nicht mehr sehen lassen, egal wie sehr die Mutter sie bekniete. In der Wohnung hatte nun die jüngste Schwester Nancys Zimmer okkupiert und sah nicht ein, weshalb sie es nun wieder räumen sollte. Obwohl Isi sich so sehr um die Freundin bemüht hatte, mied Nancy den Kontakt. Sie stahl ihrer Mutter das wenige, was diese hatte, um sich Drogen zu beschaffen.

Von einer Ausbildung zur Bankkauffrau riet ihr die Ausbildungsberaterin bei der Bundesagentur für Arbeit wegen der vielen Schulden und der nun fälligen Privatinsolvenz ab. Eine andere Ausbildung wollte sie nicht beginnen. Vom Arbeitsamt wurde eine Maßnahme in einer Diakonie vermittelt, damit Nancy sich auf einen Pflegeberuf vorbereiten könne. Das Spazierengehen mit den älteren und den behinderten Bewohnern machte ihr sogar Spaß. Die Pflege der Personen jedoch, die war ihr zu anstrengend. Die Einrichtung war

nach Beendigung der Maßnahme nicht bereit, sie weiterzu-
beschäftigen und die Kosten für eine Schulung zur Pflegehel-
ferin zu bezahlen.

Nancy versuchte es bei einer privaten Arbeitsvermittlung,
die ihr zumindest Gelegenheitsjobs vermittelte. Sie kam bei
größeren Veranstaltungen als Kellnerin zum Einsatz. Eine
dieser Gelegenheiten nutzte sie jedoch, um die Brieftasche
eines Gastes zu stehlen. Der bekam es mit und forderte die
junge, attraktive Frau auf, mit ihr in sein Zimmer zu gehen,
um mit ihm Sex zu haben. Dann könne auch was aus seiner
Brieftasche für sie herausspringen. Er hatte mit ihr Sex, be-
zahlte sie aber nicht, sondern meinte nur, dass dies die Strafe
dafür sei, dass sie ihn habe bestehlen wollen. Der Arbeitsvermittlung teilte er den Diebstahlsversuch mit und meinte,
dass er von einer Anzeige Abstand nehmen würde. So verlor
sie auch diesen Job.

Nach dem Leben, das Nancy mit Lucas geführt hatte, war
alles, was sich ihr nun eröffnete, nicht das, was sie sich er-
hofft hatte. Und irgendwie war Lucas trotz all der Dinge, die
er ihr angetan hatte, immer noch präsent.

Ein erster Selbstmordversuch führte dazu, dass sie psy-
chiatrisch behandelt wurde.

Die Beraterin bei der Bundesagentur sah zwar, dass Nancy
versuchte, sich zu bewerben, sah aber auch, wie sehr die
junge Frau sich selbst im Weg stand. Als ihr Psychotherapeut
sich so weit mit ihr beschäftigt hatte, dass Nancy über das
Geschehene sprechen konnte, schrieb sie das auch in ihren
Bewerbungen.

Als sie eines Abends, als eine der flüchtigen Bekanntschaften, die sie jetzt immer mal wieder einging, sie in eine
Bar einlud, auf einen Gastronom, Inhaber mehrerer Bars
und Restaurants, traf, holte der nach ein paar Drinks sein
Smartphone heraus und rief ein Dokument auf. Die umher-
sitzenden Besucher amüsierten sich prächtig, als er laut vor-
las: »Meine Kindheit war vom Zerwürfnis meiner Eltern ge-

prägt. Nach meiner Schulzeit war ich auf der Suche und habe Schlimmes durchlebt. Deshalb bin ich mir nicht sicher, ob ich den Anforderungen im Arbeitsalltag gewachsen bin, werde aber immer versuchen, mein Bestes zu geben, dessen können Sie sich sicher sein. Psychisch bin ich zurzeit ein wenig instabil, hoffe aber, mit medizinischer Hilfe wieder meine Frau im Leben stehen zu können. Bitte geben Sie mir eine Chance.«

»Ach du Scheiße«, rief einer der Gäste, »da sind ja die Probleme schon vorprogrammiert.«

Der Gastronom nickte. »Ich kann nicht glauben, dass das ernst gemeint ist. Das klingt wie die Bewerber, die von der Bundesagentur zu Bewerbungen gezwungen werden, obwohl sie überhaupt nicht arbeiten wollen.«

Auf den Kommentar einer stillen Frau mit dunklen, langen Haaren und wachen, klugen Augen, die meinte, dass es für sie eher nach einem Hilferuf klinge, reagierte niemand.

Die Prozesse

In dem Strafverfahren gegen Lucas Bistard, in dem ich als Zeugenbeistand beigeordnet worden war, kamen zunächst nur die im Zusammenhang mit der Freiheitsberaubung und Zuhälterei gegen Nancy Lindholz begangenen Taten zur Verhandlung. Da die Freiheitsberaubung im Bereich der örtlichen Zuständigkeit des Amtsgerichts Frankfurt an der Oder begangen worden war, denn dort war Lucas auch auf frischer Tat erwischt worden, war auch dieses Amtsgericht für das Strafverfahren zuständig.

Die Ermittlungsergebnisse aus diesem Fall konnten für weitere Ermittlungen, die gegen Lucas Bistard und Abu Ahmad sowie einige Clanmitglieder geführt wurden, genutzt werden. Das Landeskriminalamt Berlin hatte schon längere Zeit gegen mehrere Clanmitglieder ermittelt. Dort war bekannt, dass Bistard in dem Gesamtgefüge nur eine untergeordnete Rolle spielte, da er nicht direkt zur Familie gehörte und auch Abu Ahmad in der Hierarchie noch entfernt vom eigentlichen Familienoberhaupt und Clanchef agierte. Gegen beide Täter wurde Monate später in einem Strafverfahren vor dem Landgericht Berlin verhandelt.

In der Kanzlei hatte Doreen zunächst auf meine Bitte hin versucht, Nancy Lindholz anzurufen. Aber unter der uns bekannten Telefonnummer meldete sie sich nicht mehr. Sodann versuchte es Doreen mit einem Brief an die uns bereits bekannte und wieder vom Gericht mitgeteilte Anschrift, unter der auch die Mutter lebte.

Erst nach einem zweiten Schreiben bekamen wir einen Anruf der Mutter, die kurz am Telefon die Situation schilderte und insbesondere auf die Drogenabhängigkeit der Tochter und ihre psychiatrische und psychotherapeutische Behandlung hinwies. Doch Umstände, die darauf hindeuteten, dass sie deshalb nicht in der Lage sei, vor dem Amtsgericht als Zeugin auszusagen, ergaben sich nicht. Die Mutter versicherte mir, dass sie zusammen mit ihrer Tochter in die Kanzlei kommen würde.

Da Nancy Lindholz Opfer der Taten des Lucas Bistard war, stand uns ein Akteneinsichtsrecht zu. Die Akten waren schneller als Nancy in der Kanzlei. Bistards Anwalt hatte unter Hinweis auf die Drogenabhängigkeit und die psychische Erkrankung der Zeugin nichts unversucht gelassen, um die Glaubwürdigkeit meiner Mandantin schon im Vorfeld der Verhandlung zu erschüttern.

Nancy erschien dann tatsächlich in Begleitung ihrer Mutter in der Kanzlei. Das war ein Umstand, auf den ich nach der Aktenlektüre nicht mehr hätte wetten wollen.

Nancy lehnte es vehement ab, gegen Lucas auch als Nebenklägerin aufzutreten, sodass ein Antrag auf Zulassung der Zeugin auch zur Nebenklage nicht gestellt werden konnte. Ebenso lehnte sie es ab, einen Adhäsionsantrag zu stellen, mit dem Bistard zur Zahlung eines Schmerzensgeldes wegen der erlittenen Schmerzen und psychischen Beeinträchtigungen hätte verurteilt werden können.

Die Unterstützung durch Opferverbände lehnte sie ebenso ab, obwohl ihr verschiedene Möglichkeiten der Inanspruchnahme von Hilfe aufgezeigt worden waren.

Am Tag der Eröffnung des Hauptverfahrens gegen Lucas wollte Nancy nicht anwesend sein. Sie wollte lediglich ihre Zeugenaussage in meinem Beisein als Zeugenbeistand machen und ansonsten nichts mehr mit dem Verfahren zu tun haben.

Es war aber weder Desinteresse noch Angst vor ihrem früheren Peiniger, die sie zu einem solchen Verhalten bewegten. Nancy Lindholz empfand nach allem, was sie erlebt hatte, oder gerade deshalb, immer noch Zuneigung zu dem Täter.

Während der Zeugenaussage der Nancy Lindholz lungerte Bistard in seinem Stuhl herum, drehte sich demonstrativ kaugummikauend weg vom Gericht, änderte nun seine Sitzhaltung und saß tief versunken und breitbeinig im Stuhl. Wenn Nancy etwas sagte, schüttelte er zum Zeichen der angeblichen Unwahrheit den Kopf oder zog die Augenbrauen hoch und den Mund breit.

Als er dazwischenrief, dass das so nicht stimme, mahnte ihn die Richterin zur Ruhe.

Dann fragte sie: »Haben Sie einen Kaugummi, den Sie da kauen?«

Unverfroren log er: »Nein!«

»Aber Sie kauen doch etwas.«

»Ich kaue nur auf meiner Zunge herum, wenn ich nervös bin.«

Ungläubig fuhr die Richterin mit der Vernehmung meiner Mandantin fort.

In ihrer Zeugenaussage legte Nancy sachlich die Umstände der Freiheitsberaubung dar und trug damit maßgeblich zur Verurteilung des Täters bei. Sie zeigte keinerlei Tendenzen dahin gehend, den Angeklagten Bistard darüber hinaus zu belasten.

Der Verteidiger des Angeklagten wollte auch aus diesen Umständen Honig für seinen Mandanten saugen. Seine Fragen an die Zeugin Lindholz zielten darauf ab, dass sie doch Wohlwollen gegenüber dem Angeklagten empfinde und es gar nicht zu dem Verfahren gekommen wäre, hätte sich nicht ihre Freundin Isabel eingemischt. Dann könne das mit der Freiheitsberaubung doch überhaupt nicht so einschneidend gewesen sein, wie von der Anklage behauptet.

Auf Glatteis begab sich der Verteidiger, als er sich zum Drogenkonsum meiner Mandantin erkundigen wollte. Ich hatte bezüglich einer Beantwortung dieser Frage darauf bestanden, dass meine Mandantin sich hier nicht selbst belasten müsse. Was sie dann jedoch sagte, das war etwas, was der Kollege nicht so gerne hören mochte. Nancy ließ wissen, dass all die Drogen, die sie jemals zu sich genommen hatte, sämtlich von Lucas stammten. Der Kollege verspürte nun keine gesteigerte Lust mehr, seine Frage zu vertiefen.

Wozu er sich aber nicht verstieg, das war die Behauptung bezüglich eines Verlöbnisses zwischen dem Angeklagten und der Zeugin Lindholz, um so der Zeugin zu suggerieren, sie sei überhaupt nicht verpflichtet, gegen seinen Mandanten auszusagen.

Daher war sie trotz aller kaum rational nachzuvollziehenden Gefühle für den Angeklagten verpflichtet, wahrheitsgemäß auszusagen.

Die Richterin blickte weiter auf den Angeklagten. »Sie kauen ja doch einen Kaugummi.«

»Na und«, tat Bistard kaltschnäuzig, »wat woll'n Se denn dajegen machen? Mir den ausm Mund nehmen?« Bistard grinste frech.

»Nein, aber ein Ordnungsgeld wegen der Missachtung des Gerichts verhängen.«

Bistard ließ den ganz coolen Typen raushängen. »Na und? Bekomme Hartz IV und bin inna Privatinsolvenz, da is nüscht zu holen.«

Die Richterin unterbrach die Verhandlung und gab dem Angeklagten die Gelegenheit, sich mit seinem Verteidiger zu beraten.

Nach dieser Unterbrechung bemühte sich Bistard, die Verhandlung nicht allzu sehr zu stören.

Erst in dem späteren Verfahren vor dem Landgericht Berlin wurden Abu Ahmad und Lucas Bistard wegen der weiteren schweren Delikte angeklagt, die von Menschenhandel im schweren Fall über Ausbeutung von Prostituierten und Zuhälterei bis hin zu Waffen- und Drogendelikten reichten.

Da diese Delikte jedoch schon vor der Verurteilung des Bistard wegen Freiheitsberaubung vor dem Amtsgericht Frankfurt an der Oder begangen worden waren, konnte später im Wege der nachträglichen Bildung einer Gesamtstrafe eine lang andauernde Haftstrafe ausgesprochen werden. Wegen der Schwere der Delikte und seiner Vorstrafen und da das Gericht beim besten Willen nur wenige Umstände fand, die sich hätten strafmildernd auswirken können, wurde gegen ihn eine Freiheitsstrafe verhängt, die über acht Jahre betrug; Ahmad wurde zu einer Haftstrafe von über zehn Jahren verurteilt.

Gegen dieses Urteil waren sowohl die Staatsanwaltschaft wie auch Bistards und Ahmads Verteidiger in Revision vor den Bundesgerichtshof für Strafsachen gegangen.

Die Verteidiger rügten, dass die Folgen der Taten ihrer Mandanten nicht so gravierend seien wie vom Ausgangsgericht angenommen. Man müsse den Fokus auf das tatsächliche Geschehen lenken und nicht den Hintergrund einer angeblichen Clankriminalität hervorzaubern, mit der Ahmad nichts weiter gemein hatte als das Verwandtschaftsverhältnis und Bistard gar keine Berührungen hatte.

Ahmads Verteidiger kritisierte, dass die Entwicklung seines Mandanten nicht ausreichend gewürdigt worden sei. Für ihn gab es in diesem Land keine Chancengleichheit, wegen des Aufenthaltsstatus nicht die Möglichkeit, einer regulären Arbeit nachzugehen, und immer wieder die Stigmatisierung, ein krimineller Ausländer zu sein.

Bistards Verteidiger beanstandete, dass nicht genügend berücksichtigt worden sei, dass sein Mandant überhaupt nicht zur Familie des Clans gehöre, dem Ahmad zugehörig sei. Die Zukunft seines Mandanten sei nicht von einem kriminellen Lebensentwurf geprägt gewesen. Das Ganze habe sich nur unter dem Einfluss des älteren Clanmitglieds ergeben und aus einer ganz speziellen Situation heraus entwickelt. Er sei von dem Clan unter Druck gesetzt und körperlich misshandelt worden, folglich im gleichen Maße Opfer gewesen wie die Frauen.

Die Bundesanwaltschaft hingegen rügte, dass das Gericht keine Sicherungsverwahrung in Betracht gezogen hatte. Der Hauptangeklagte Ahmad sei bereits seit seiner Jugend durch die Begehung von Straftaten aufgefallen und als sogenannter Intensivtäter bekannt. Er sei für die Allgemeinheit gefährlich. Auch wenn dies für den jüngeren Lucas Bistard nicht in gleichem Maße gelte, müsse auch für ihn wegen der Skrupellosigkeit, Häufigkeit und Intensität, mit der er die Taten begangen hatte, die Sicherungsverwahrung geprüft werden.

Der Bundesgerichtshof für Strafsachen gab der Bundesanwaltschaft zu, dass die Sicherungsverwahrung zu prüfen gewesen wäre. In Bezug auf die Frauen, die zur Prostitution genötigt wurden, verwies der Beschluss darauf, dass die Opfer auch heute noch unter den psychischen Folgen des ausgeübten Zwanges litten. Ähnlich wie Nancy Lindholz waren auch andere junge Frauen wirtschaftlich abhängig gemacht und dann finanziell ruiniert worden. Das Gericht erkannte hierin Handlungen, die nicht nur den jeweiligen Situationen geschuldet waren, sondern auch zielgerichtet eingesetzt wurden, um die Frauen zur Prostitution zu bewegen. Der Bundesgerichtshof hob das Urteil gegen Ahmad und Bistard teilweise auf und verwies die Sache an das Landgericht zurück, weil keine Sicherungsverwahrung für die Angeklagten geprüft worden war.

Nancy besuchte Lucas während seiner Haft in Berlin-Moabit. Er versicherte ihr, wie leid ihm das alles tun würde und dass er sie aufrichtig liebe. Bei einem ihrer Besuche begegnete sie vor dem Besuchertor Pinky, die ebenfalls gerade bei Lucas gewesen war und zu ihr sagte, dass sie ja nicht unbedingt gleich einen Kaffee zusammen trinken müssten, aber Nancy sich jederzeit im Klub sehen lassen könne. Einer von Abus Cousins betreibe jetzt den Laden.

Einige Monate später suchte Nancy den Klub auf, den sie so gut kannte, und erkundigte sich nach dem neuen Betreiber ...